Wolfgang Benz

Flucht aus Deutschland

Zum Exil im 20. Jahrhundert

Deutscher Taschenbuch Verlag

Weitere lieferbare Titel von Wolfgang Benz
am Ende des Bandes

Originalausgabe
Juni 2001

www.dtv.de

Umschlagkonzept: Balk & Brumshagen
Umschlagfoto: © Ullstein Bilderdienst
Satz: KCS GmbH, Buchholz/Hamburg
Gesetzt aus der Adobe Caslon 10/11,75˙ (QuarkXPress)
Druck und Bindung: C. H. Beck'sche Buchdruckerei, Nördlingen
Gedruckt auf säurefreiem, chlorfrei gebleichtem Papier
Printed in Germany · ISBN 3-423-30809-5

Inhalt

Vorbemerkung 7

Asyl und Meinungsfreiheit.
Deutsche politische Emigration und eidgenössische
Politik im Ersten Weltkrieg 11

Ausgrenzung, Verfolgung, Vertreibung:
Nationalsozialistische Politik gegen Unerwünschte 43

Widerstand im Exil – Exil als Widerstand 84

Die Vertreibung jüdischer Künstler und Wissenschaftler
aus Deutschland 104

Schwierige Wege nach Erez Israel 120

Politisches Denken im Exil.
Nachkriegsplanungen im Council for a Democratic
Germany 1944–1945 151

Der Moskauer Schriftstellerkongreß 1934.
Ein Forum des frühen Exils 173

Internierung und Deportation:
Unfreiwillige Auswanderung nach Australien 190

Nachweise 203

Vorbemerkung

Absicht dieses Buches, das Arbeiten der letzten Jahre zur Exilforschung zusammenfaßt, ist es, einige Grundlinien und zentrale Aspekte der Emigration als erzwungene Wanderung, als Flucht und Vertreibung aus Deutschland im 20. Jahrhundert deutlich zu machen. Die Wechselwirkungen zwischen Asylland und Exilanten sind ein roter Faden, die Betonung der biographischen Dimension von Entwurzelung und Akkulturation und des Emigrantenalltags sind andere wesentliche Elemente, die mich unter der Leitidee, das »Exil der kleinen Leute« zu beschreiben und verständlich zu machen, seit langem beschäftigen.

Nicht weniger wichtig als die Darstellung der Wirkungen des Exils – oft allzu vordergründig als larmoyante Klage über den Verlust an kultureller und intellektueller Substanz für Deutschland formuliert – sind die Analyse und die Beschreibung der Ursachen: Ausgrenzung, Verfolgung und Vertreibung, wie sie als Politik des nationalsozialistischen Deutschland gegen Unerwünschte, gegen Minderheiten, gegen politisch Mißliebige agiert wurden, gegen »Feinde« und als fremd oder »entartet« Erklärte, die im provinziellen Kulturverständnis eines wild gewordenen nationalistischen Spießertums keinen Platz haben durften und denen im Vollzug der Rassenideologie als Juden erst das Bürgerrecht, dann das Recht zu leben aberkannt wurde.

Die Betrachtung zum politischen Exil im Ersten Weltkrieg in der Schweiz – ›Asyl und Meinungsfreiheit‹ – versteht sich als Auftakt, der im Vergleich zur existentiellen Flucht aus Hitlerdeutschland noch als Idylle anmutet, obwohl die Verbindungslinien zum zweiten Exil schon deutlich genug in Erscheinung treten.

Im Bemühen, möglichst viele Facetten des politischen Exils wie des Exodus der deutschen Juden zu zeigen, sind die auf Vorträgen und Aufsätzen basierenden Beiträge dieses Buches ausgewählt worden. Mit einer Ausnahme (›Asyl und Meinungsfreiheit‹) sind die Texte für diesen Band neu gestaltet, also erheblich überarbeitet, erweitert und ergänzt worden.

Die Erforschung des Exils hat mit der Erinnerung der Emigranten und zeitlich etwas später mit der Beschäftigung mit Werk und Leben prominenter Vertriebener – neben einigen Politikern waren das vor allem Künstler, Literaten, Wissenschaftler – begonnen. Und Exilforschung ist immer noch in hohem Maße biographische Forschung, die in allerersten Linie nach dem Schicksal des Individuums fragt. Exponenten des künstlerischen und literarischen Exils widmen sich Gesellschaften, die zum Beispiel Else Lasker-Schüler oder Erich Maria Remarque, Anna Seghers oder Hanns Eisler, Kurt Tucholsky, Arnold Zweig, Carl Zuckmayer zum Mittelpunkt haben. Erst viel später ist dem »Exil der kleinen Leute« Aufmerksamkeit geschenkt worden, also dem Alltag und der Sozialgeschichte der Nichtprominenten, die nicht durch ihre Werke, sondern nur durch ihre Lebensumstände, ihre Verfolgung, die Suche nach einer neuen Heimat und den Aufbau einer neuen Existenz Interesse beanspruchen können. Aber nur aus der Summe ihrer Erfahrungen läßt sich das kollektive Schicksal des Exils erkennen; daher sind die biographischen und autobiographischen Zeugnisse aller Exilanten so wichtig. Zusammengesetzt ergeben sie das Bild der Lebensumstände von der Vertreibung aus Deutschland bis zur Akkulturation in den USA, in Südamerika, Großbritannien, Israel oder in anderen Ländern der Emigration, oder in den selteneren Fällen der Remigration nach Deutschland. Und immer neue Quellen zu dieser Sozialgeschichte des Exils kommen ans Licht. Eindrucksvoll und bewegend ist das vor einigen Jahren publizierte, aber kaum beachtete Tagebuch der damals 16jährigen Tochter Friedrich Stampfers, die das Umherirren des sozialdemokratischen Parteivorstands nebst familiärem Anhang im Frühjahr 1940 in Frankreich auf der Flucht vor den Nationalsozialisten als Gruppenporträt einer menschlichen Tragödie beschreibt (Marianne Loring: Flucht aus Frankreich 1940. Die Vertreibung deutscher Sozialdemokraten aus dem Exil).

Der Werkbeschreibung und biographischen Betrachtung der Großen folgte die Beschäftigung mit einzelnen Sparten künstlerischer und wissenschaftlicher Betätigung im Exil. Schriftsteller und Musiker, Maler und Architekten, Filmschaffende und Theaterleute sind Gegenstand forschender Neugier und sammelnden Fleißes geworden. Nach ersten Ansätzen, die den Prominenten des literarischen Exils gewidmet waren, dann Politikern wie etwa Heinrich Brüning oder Friedrich Stampfer galten, wurden auf dem Feld der Literatur Entstehungsbedingungen der Werke des Exils und Lebensumstände der Autoren in die Betrachtung einbezogen, die Historiker wendeten sich politischen Gruppierungen, deren Aktivitäten und Wirkungen zu, wie etwa den Sozialisten in Großbritannien, der »German Labor Delegation« oder dem »Council for a Democratic Germany« in New York. Daraus entwickelten sich weitere differenzierte Fragestellungen, wie die nach dem Verhältnis von Exil und Widerstand, nach dem Einfluß des Exils auf die Nachkriegsplanungen und der Präsenz und Realisierung politischer Vorstellungen des Exils im besetzten Nachkriegsdeutschland und in der politischen Wirklichkeit der Bundesrepublik und der DDR.

Von der massiven Präsenz des Moskauer kommunistischen Exils – der »Gruppe Ulbricht« und der »Gruppe Ackermann«, die im Frühjahr 1945 im Gefolge der Roten Armee nach Ostdeutschland zum politischen Neuaufbau gekommen waren – abgesehen, haben sich beide Nachfolgestaaten des Deutschen Reiches den Erfahrungen des Exils weitgehend verweigert, die DDR aber sicherlich weniger, wenn die Emigranten ideologisch konform waren oder sich wie Bertolt Brecht, Johannes R. Becher, Anna Seghers glanzvoll in den Aufbau des Sozialismus einbinden ließen. Aber die Vertreter der »Westemigration« waren in der DDR nicht willkommen – selbst wenn sie Kommunisten waren, galten sie als suspekt. Im Westen wurden Emigranten eher generell mit Argwohn betrachtet, der bis zur Diffamierung als Landesverräter reichte, wie Willy Brandt noch zu Beginn der sechziger Jahre zu spüren bekam.

Die Flucht aus Deutschland bildet mit ihren Motiven und Wirkungen ein noch nicht genügend erhelltes Kapitel der Geschichte des 20. Jahrhunderts. Dieses Buch will einen Beitrag dazu leisten. Der Verfasser weiß sich den vielfältigen Impulsen aus den Disziplinen der Wissenschaft ebenso wie Zeitzeugen der Emigration und den Freunden in der Gesellschaft für Exilforschung dankbar verpflichtet.

Berlin, im Januar 2001 Wolfgang Benz

Asyl und Meinungsfreiheit

Deutsche politische Emigration und eidgenössische Politik im Ersten Weltkrieg

Die auf ihre Neutralität bedachte Schweiz war im Ersten Weltkrieg sowohl Tummelplatz kriegerischer Propaganda der kämpfenden Parteien, die dort außer ihren diplomatischen Missionen, Pressebüros und Agenturen auch eigene Zeitungen unterhielten – wobei die Gegensätze und konträren Sympathien zu den Kriegführenden zwischen den frankophonen und den deutschsprachigen Kantonen eine erhebliche Rolle spielten[1] –, als auch Refugium für Emigranten, die freundlich geduldet Asyl genossen, ohne in der Regel im Heimatland ausdrücklich durch Verfolgung bedroht zu sein. Im folgenden soll die Rede sein von deutschen Oppositionellen, die sich als Kritiker des Wilhelminischen Obrigkeitsstaates oder doch seiner Kriegsführung exponiert und von Deutschland abgewendet hatten, die von der Schweiz aus publizistisch gegen das Kaiserliche Deutschland Agitation trieben. Motive und Ziele dieser Publizistik sind ebenso von Interesse wie die eidgenössischen Reaktionen.[2]

I.

Zu den deutschen Emigranten gehörten nicht nur bekannte Pazifisten wie Alfred H. Fried, der sich mit der ›Friedens-Warte‹ in die Schweiz zurückgezogen hatte, sondern auch der Sohn des einstigen Reichskanzlers Alexander Prinz von Hohenlohe-Schillingsfürst (1862–1924), der Reichstagsabgeordneter und Bezirkspräsident im Elsaß gewesen war, der, nachdem er sich als Herausgeber der

»Denkwürdigkeiten« seines Vaters den Zorn Wilhelms II. zugezogen hatte, bis August 1914 als Privatmann in Paris lebte und dann in die Schweiz übersiedelte, wo er gelegentlich durch Artikel für die ›Neue Zürcher Zeitung‹ und für Organe wie die ›Friedens-Warte‹ oder die ›Weltbühne‹ in Erscheinung trat.

Der bayerische General Max Graf von Montgelas, der 1915 Probleme mit der Obersten Heeresleitung hatte und zur Disposition gestellt war, sich aus Empörung über die Mißachtung der belgischen Neutralität zum Pazifismus wandte und zum engagierten Gegner des deutschen Militarismus wurde (was ihn später nicht daran hinderte, sich im Rahmen des parlamentarischen Untersuchungsausschusses des Reichstags gegen den Kriegsschuldartikel des Versailler Vertrages zu engagieren), wartete in Bern das Ende des Krieges ab.

Wie offen im Vergleich zur Emigration aus Hitlerdeutschland die Situation war, wie wenig von einer hermetisch abgeschlossenen, von Verfolgung bedrohten Existenz der Exilanten in ihrem Heimatland die Rede sein konnte, geht auch daraus hervor, daß etwa Friedrich Wilhelm Foerster, Inhaber eines Lehrstuhls für Pädagogik an der Münchner Universität, trotz kritischer Artikel in deutschen Zeitungen, trotz unverhohlener Sympathien für Frankreich, trotz der Forderung Ludendorffs nach seiner Verhaftung zwischen der Schweiz und dem Deutschen Reich hin- und herreisen konnte, ebenso wie der Redakteur der sozialdemokratischen ›Münchner Post‹ Adolf Müller, der sich oft in Bern aufhielt.[3]

Mehr noch als der umtriebige (und deshalb ins Zwielicht geratende) Foerster, der für eine Minderheit deutscher Intellektueller stand, die ihre kulturelle Neigung zu Frankreich nicht blindlings auf dem Altar des deutschen Patriotismus zu opfern bereit war, geriet die intellektuelle Existenz einer Annette Kolb als deutsch-französischer Schriftstellerin durch den Krieg in äußerste Gefährdung, der sie sich schließlich nach Behinderungen und Verboten in Deutschland um die Jahreswende 1916/17 in die Schweiz entzog, wo sie sich (am 5. April 1917) in einem offenen Brief im ententefreundlichen ›Journal de Genève‹ gegen die »Boches« in Deutschland wandte.

René Schickele, mit dem sie befreundet war, stand als Elsässer zwischen den Fronten und lebte deshalb ab 1916 in der Schweiz.[4] Ähnlich motiviert war der elsässische Sozialdemokrat Salomon Grumbach[5], der freilich auch im Sinne der französischen Sozialisten von der Schweiz aus Politik machte, u. a. als Herausgeber einer Serie politischer Broschüren unter dem Titel ›Republikanische Bibliothek‹, die in Lausanne erschien und in der die Klassiker der These der deutschen Kriegsschuld publiziert wurden, argwöhnisch beobachtet von der Schweizer Zensur. Zu den großen Namen deutscher Kultur, die sich während des Ersten Weltkriegs in der Schweiz aufhielten, gehören auch die Schriftsteller Hermann Hesse und Rainer Maria Rilke, Leonhard Frank, Claire und Iwan Goll. Letztere sympathisierten besonders mit dem in Genf lebenden französischen Pazifisten Romain Rolland, der sich wie seine deutschen Gesinnungsgenossen im Kampf gegen den Wilhelminismus in der Auflehnung gegen den französischen Chauvinismus exponiert und isoliert hatte.

Eine nicht unbeträchtliche Rolle sollte auf der Schweizer Bühne in den Kriegsjahren auch ein Diplomat spielen, der bis 1914 deutscher Konsul in Belgrad gewesen war. Hans Schlieben (1865–1943) hatte sich nach Kriegsausbruch pensionieren lassen, war dem pazifistischen Bund Neues Vaterland[6] beigetreten wie auch die regimekritischen Diplomaten Fürst Lichnowsky (ehemals Botschafter in London), Graf von der Gröben (Paris), Graf von Leyden (Stockholm) und Graf Monts (Rom), die alle erhebliche Zweifel an der Integrität Deutschlands hegten und artikulierten. Ab 1917 war Schlieben erst hinter den Kulissen, dann auch öffentlich die wesentliche Gestalt der ›Freien Zeitung‹, von der noch ausführlich die Rede sein wird. 1917 war Schlieben durch ein Pamphlet hervorgetreten, das unter dem Titel ›Die deutsche Diplomatie, wie sie ist und wie sie sein sollte‹ erschienen war.[7]

Am rigorosesten im moralischen Engagement und nicht zuletzt deshalb von großem Einfluß auf die deutsche Emigration in der Schweiz war die regimekritische, gegen den Wilhelminischen Obrigkeitsstaat und gegen den preußischen Militarismus gerichtete Haltung Wilhelm Muehlons, der nie zur organisierten Friedensbewegung gehörte, der sich selbst nicht zu den Pazifisten rechnete und der, eine weitere Ironie, bis zum Herbst 1914 Direktor der Abteilung für Kriegsmaterial bei Krupp in Essen gewesen war. Muehlon hatte im Juli 1914 nach Gesprächen und Erkundigungen wirklich gut unterrichteter Kreise – Helfferich, Krupp von Bohlen und Halbach, Staatssekretär Jagow – den Eindruck gewonnen, daß Berlin den Krieg unbedingt wollte. Muehlon zog daraus zunächst persönliche Konsequenzen und gab seine glänzend bezahlte Position bei Krupp auf. Im Auftrag des Auswärtigen Amtes erwarb er sich in der Folgezeit Verdienste um Lebensmittellieferungen an das Deutsche Reich aus Ungarn und Rumänien, die er aufgrund persönlicher Beziehungen zuwege brachte.[8] Sosehr er den Krieg verabscheute, hielt er diese diplomatischen Sondermissionen doch für seine Pflicht, jedenfalls bewies er damit seinen Patriotismus, der ihm bald danach öffentlich abgesprochen wurde. Im Spätherbst 1916 war er in die Schweiz übergesiedelt, wo er im Interesse eines Verständigungsfriedens freiwillig in der deutschen Gesandtschaft mitarbeitete. Nach der Ankündigung des uneingeschränkten U-Boot-Krieges durch Deutschland am 1. Februar 1917 brach er jedoch den Verkehr zu allen offiziellen Stellen in Deutschland ab.

In einem sorgfältig formulierten Brief an den Reichskanzler Bethmann Hollweg begründete Muehlon Anfang Mai 1917 seine Verurteilung der deutschen Kriegsführung und sagte sich förmlich und »endgültig von den Männern des heutigen deutschen Regimes« los: »So zahlreich und schwer auch die Irrtümer und Verfehlungen auf deutscher Seite von Kriegsbeginn an waren«, schrieb Muehlon nach Berlin, »so glaubte ich lange Zeit hoffen zu können, daß eine bessere Einsicht und Gesinnung bei unseren maßgebenden Persönlichkeiten allmählich durchdringen werde. In dieser Hoffnung hatte ich während des Krieges meine Mitarbeit in Rumänien in gewissem Maße zur Verfügung gestellt, und war ich bereit, auch in meinem jetzigen Aufenthaltslande, der Schweiz, mitzuhelfen, soweit das Ziel der Bemühungen Annäherung der feindlichen Parteien sein sollte ... Seit Anfang dieses Jahres ist mir jede Hoffnung hinsichtlich der heutigen Leiter Deutschlands geschwunden. Das Friedensangebot ohne Angabe der Kriegsziele, der verschärfte Unterseebootskrieg, die Deportationen der Belgier, die Verwüstungen in Frankreich, die Versenkung englischer Hospitalschiffe sind Beispiele der Handlungen, die immer wieder von neuem unsere verantwortlichen Persönlichkeiten derartig disqualifiziert haben, daß sie nach meiner Überzeugung für eine gutwillige, gerechte Verständigung überhaupt nicht mehr in Betracht kommen.«

Im August 1917 verfaßte Muehlon über seine persönlichen Beobachtungen zu den Kriegsvorbereitungen im Juli 1914 ein Memorandum, das nur den Abgeordneten des Deutschen Reichstags zugedacht war, jedoch seinen Weg in die Öffentlichkeit fand und ab Ende 1917 als Beweis der deutschen Schuld am Kriege zusammen mit der Denkschrift des Fürsten Lichnowsky von der gegnerischen Propaganda in großem Stil benutzt wurde.[9] Der Hauptausschuß des Reichstages beschäftigte sich im März 1918 mit dem Fall und erledigte ihn auf die damals übliche Weise, indem der Verfasser des gefährlichen Memorandums als nervenkranker Phantast abqualifiziert und seine Ausführungen als »Ausgeburt einer kranken Phantasie« diffamiert wurden. Muehlon reagierte mit der Veröffentlichung seines Tagebuchs aus dem Herbst 1914. Die Publikation unter dem Titel ›Die Verheerung Europas‹ in einem Schweizer Verlag erreichte große Verbreitung, wurde in viele Sprachen übersetzt und brachte den Verfasser, weil die Entente Raubdrucke des Büchleins über deutschen Schützengräben abwarf, endgültig in den Ruch des Vaterlandsverräters und Söldlings der Feinde Deutschlands.[10]

Nichts hatte Muehlon, einem Mann liberaler und demokratischer Überzeugung, der aber Bindungen an Parteien und Vereinigungen auswich, ferner gelegen. Er hatte Zeichen setzen wollen auf dem Weg zu Neubesinnung und Umkehr, und das blieb auch nach 1918 sein Anliegen. Er war der Mittelpunkt eines illustren Kreises von deutschen Friedensfreunden und Gegnern des Wilhelminismus und Militarismus. Zu diesem Kreis gehörten die schon genannten Schriftsteller ebenso wie Prinz Alexander Hohenlohe, der ehemalige bayerische General Montgelas, der in Zürich lehrende Professor Hermann Staudinger, zeitweise auch die Radikaldemokraten um die ›Freie Zeitung‹ und viele andere Leute mit großem Renommee.

Muehlons Credo von der »versöhnenden Kraft ehrlicher Selbstanklage« mochten allerdings nur wenige folgen; im Sommer 1918 hatte er geschrieben, die wirkliche Aussöhnung nach dem Weltkrieg scheine ihm »nur dann möglich zu sein, wenn eine der streitenden Parteien damit beginnt, ihre eigene Schuld, die den Kampf verursacht hat, zu untersuchen, zu erkennen und auf sich zu nehmen, nicht aber die des Gegners.«[11] Möglicherweise war das naiv oder doch im Anspruch zu hoch, jedenfalls war in der ersten Nachkriegszeit des 20. Jahrhunderts in Deutschland kaum jemand bereit, diesen Weg zu beschreiten.

Muehlon war das Vorbild für die politischen Publizisten in der Schweiz, die in reichlicher Anzahl Bücher und Pamphlete erscheinen ließen, die je nach Perspektive als deutschfeindliche Propagandaschriften erst Gegenstand des Protestes der deutschen Gesandtschaft in Bern, daraufhin Objekt der Untersuchung durch die Eidgenössische Presskontrollkommission bzw. Element radikaldemokratischer Aufklärung waren, in deren Mittelpunkt die Erörterung der Schuldfrage stand, die von den Autoren mit eindeutiger Zuweisung an die deutsche Regierung, die deutsche Schwerindustrie und das deutsche Militär beantwortet wurde. Kaiser Wilhelm II. und das Haus Hohenzollern waren in das Verdikt einbezogen, und die Forderung nach dem Sturz der Monarchie war stets Bestandteil der Anklage. Protagonist dieser Literatur war ein Publizist, der im Gegensatz zu seiner einstigen politischen Bedeutung völlig vergessen ist. Richard Grelling war von Haus aus Jurist, und als Schriftsteller und Mitgründer der »Literarischen Gesellschaft« in Berlin hatte er einen guten Namen. Er war Syndikus des Deutschen Schriftstellerverbandes und mit Bertha von Suttner und Alfred Hermann Fried 1892 einer der Geburtshelfer der »Deutschen Friedensgesellschaft«. Bis zur Jahrhundertwende führte er als Vizepräsident deren Geschäfte.

Er propagierte, etwa in einer damals stark verbreiteten pazifistischen Werbeschrift, auf der Linie des aufklärerischen Fortschrittsoptimismus einen Rüstungsstopp durch übernationale Abkommen: »Nur durch internationale Vereinbarungen kann dem Rüstungsfieber Einhalt geboten werden. Das ist vielleicht schon heute die öffentliche Meinung Europas, wenn sie auch in der Tagespresse nicht genügend zum Ausdruck kommt. Das ist das Heilmittel, über dessen Notwendigkeit und Nützlichkeit in wenigen Jahren – wenigstens bei den Regierten – kein Zweifel mehr bestehen wird.«[12] Grelling plädierte durchaus moderat nicht für vollständige Abrüstung, sondern lediglich für einen Stillstand: »Mögen sie vorläufig ›jeden Mann und jeden Groschen‹ behalten. Aber nur keine neuen Männer und keine neuen Groschen!«[13]

Grelling zog sich 1903 auf ein Landgut bei Florenz ins Privatleben zurück, er schrieb auch nichts mehr. Die Julikrise 1914 lockte ihn freilich wieder nach Berlin. Er kam zu der Überzeugung, daß der Kriegsausbruch von Deutschland provoziert war, daß Deutschland einen Angriffskrieg führte, und diese Überzeugung machte ihn zum Ankläger. 1915 ließ Grelling anonym in der Schweiz im betont ententefreundlichen Verlag Payot in Lausanne eine Schrift erscheinen, die unter dem Titel ›J'accuse‹ sensationellen Erfolg hatte.[14] Ermuntert hatten ihn drei Männer aus der sozialdemokratischen Minderheit, die sich über die Verweigerung der Kriegskredite dann zur USPD zusammenfand: Eduard Bernstein, Karl Kautsky und Hugo Haase. Grellings Anklageschrift erregte den Abscheu aller vaterländisch Gesonnenen, und das um so mehr, als das Buch in viele Sprachen übersetzt und von der alliierten Propaganda gegen Deutschland benutzt wurde. Phantastische Vorstellungen kursierten über die Summen, die der Verfasser aus den Reptilienfonds der Entente-Mächte erhalten haben sollte. Im Mai 1918 wurde Grelling vom Oberreichsanwalt in Abwesenheit des Landesverrats angeklagt. Nach dem Krieg blieb er in Acht und Bann, als sich in der Kriegsschuld-Debatte die Reihen fest geschlossen hatten: Wer an der Unschuld des Deutschen Reiches zu zweifeln wagte, galt als Nestbeschmutzer, Vaterlandsverräter, als ein von der Entente gedungenes Subjekt. Richard Grelling, der noch eine Reihe von Büchern zur Kriegsschuldfrage verfaßte und als einer der besten Kenner der diplomatischen Vorgeschichte des Ersten Weltkrieges galt, kam in Deutschland nur noch in pazifistischen und linksrepublikanischen Blättern zu Wort, etwa in der ›Weltbühne‹, in der Zeitschrift ›Die Menschenrechte‹ oder in ›Das Andere Deutschland‹.

II.

Unmittelbar nach Ausbruch des Krieges beschloß die eidgenössische Bundesversammlung Maßnahmen zum Schutz des Landes und zur Aufrechterhaltung der Neutralität. Dazu gehörte außer der Erklärung des Bundesrats an die Garantiestaaten der Neutralität von 1815 und an weitere Regierungen ein Aufruf an das Schweizer Volk und die Einführung von Zensur für militärische Nachrichten; nach einer Verordnung vom 10. August 1914 wurde sie von militärischen Behörden ausgeübt. An eine allgemeine politische Zensur war zunächst nicht gedacht, vielmehr erinnerte ein zweiter Aufruf am 1. Oktober 1914 die Eidgenossen noch einmal an die Pflichten und Opfer, die eine neutrale Haltung des von kriegführenden Nachbarn umgebenen Landes erforderte, und mahnte ausdrücklich zur Zurückhaltung in der Beurteilung der Ereignisse und in der Sympathiebekundung für die einzelnen kriegführenden Nationen; insbesondere habe die Presse »die hehre Aufgabe, überbordende Leidenschaft zurückzudämmen, die zentrifugalen Strömungen zu bekämpfen und überall ihren mäßigenden, versöhnenden Einfluß geltend zu machen«.[15]

Der Appell war so notwendig wie vergeblich, denn die Schweiz war in ihren Sympathien für die Kriegsparteien gespalten: Während die Alemannen überwiegend für Deutschland und die Mittelmächte Partei ergriffen, hielten die Welschen die Sache der Entente für die gerechte, und in den Zeitungen wurde das jeweils unübersehbar bekundet. Die Kriegführenden taten ein übriges, die Schweiz mit Propagandaliteratur, mit Flugblättern, Postkarten und Broschüren zu überschwemmen. Einzelne Kantone erließen Anordnungen zum Schutze der Neutralität wie z. B. Zürich, wo ab 1. April 1915 folgendes galt: »1. Der Straßenverkauf von Zeitungen aus einem der kriegführenden Staaten wird vom 1. April 1915 an verboten. Der Verkauf solcher Zeitungen bleibt auf die Abgabe in geschlossenen Räumen und die Kiosks beschränkt. Sie dürfen nicht ausgerufen werden. 2. Gegenüber inländischen Zeitungen, welche die Neutralitätspflicht dadurch verletzen, dass sie ihrer Parteinahme oder Sympathie für Teile der Kriegführenden in verletzenden Verleumdungen der andern Teile Ausdruck geben, wird der Ausschluß vom Straßenverkauf und das Verbot des Anschlages auf öffentlichem Grund angedroht. 3. Die Schaufensterauslagen und der Verkauf von Ansichtskarten und der Kriegsbilderkarikaturen mit neutralitätswidrigem Inhalt (Bild und Text) wie die Verbreitung aufreizender, die Gefühle und Stimmung einseitig aufreizender Kriegsschriften ist verboten.«[16] Am 2. Juli 1915 erließ der Bundesrat die Verordnung betreffend Beschimpfung fremder Völker, Staatshäupter oder Regierungen. Damit waren Verunglimpfungen in Wort, Bild oder Darstellung unter Strafe gestellt, und zur Sicherung des Zwecks der Verordnung wurde nach einer heftigen Zensurdebatte durch Bundesratsbeschluß mit Wirkung vom 31. Juli 1915 die Kontrolle der Presse »während der Kriegswirren« verfügt.

Zuständig war für die politische Zensur, die keine Präventivzensur war, sondern eine jeweils nachträgliche Pressekontrolle, ein fünfköpfiges Gremium, die Presskontrollkommission, die vom Bundesrat bestellt war und der zwei Mitglieder aus dem Kreis und auf Vorschlag des Vereins der Schweizer Presse angehörten, unter ihnen der Redakteur der ›Neuen Zürcher Zeitung‹ Welti, der von Anfang an dabeiwar und ab April 1916 den Vorsitz führte. An Sanktionen standen der Kommission, die grundsätzlich zwischen Presserzeugnissen (inländischen und ausländischen) und Pressorganen (inländische periodische Drucksachen) unterschied, die Anzeige inländischer Blätter beim Bundesrat mit dem Antrag auf Verwarnung oder Suspendierung zur Verfügung sowie gegen Presserzeugnisse das Verbot der Einfuhr, der Beförderung in unverschlossenen Postsendungen, der Ausstellung oder des Vertriebs, schließlich der Einziehung oder gar der Einziehung der zur Herstellung bestimmten Werkzeuge.

Die Presskontrollkommission machte von ihren Möglichkeiten einen sehr behutsamen Gebrauch, insbesondere unterschied sie zwischen Artikeln in Zeitungen, die als für den Tag geschrieben milder beurteilt wurden, und selbständigen Druckschriften, die als Bücher oder Broschüren vertrieben wurden.[17] Verstöße gegen die Neutralitätsgebote ahndete die Zensurkommission zunächst mit Mahnbriefen an die Redaktionen oder Verlage, in denen an die entsprechenden Bundesratsbeschlüsse bzw. die »Ordnung betr. die Maßnahmen der Presskontrollkommission«[18] erinnert wurde. Die Kommission, die einmal wöchentlich tagte, war insgesamt bestrebt, die Pressefreiheit als hohes demokratisches Gut nicht mehr als unbedingt notwendig zu tangieren.

III.

Das Selbstbewußtsein der politischen Agitatoren, die Parteinahme des Publikums, die Unterstützung, die die Propagandisten von diplomatischen Vertretungen und Regierungsagenten erfuhren, schränkten die Wirksamkeit der politischen Zensur (die militärische blieb unverändert in der Zuständigkeit der militärischen Behörden), die ja auch nicht die präventiven und prohibitiven Möglichkeiten einer Vorzensur hatte, erheblich ein. Die Affäre Rösemeier ist dafür vielleicht das beste Beispiel. An dem deutschen Journalisten Dr. Hermann Rösemeier sollte im November 1918 ein Exempel wegen Verletzung der Schweizer Neutralität statuiert werden. Rösemeier war schon wiederholt aufgefallen, und zwar als Mitarbeiter der ›Freien Zeitung‹, vor allem aber durch einen offenen Brief an das französische Volk, der im August 1918 in französischen Tageszeitungen und auch in Genf erschienen war. Auf Veranlassung des Schweizerischen Bundesrates ermittelte die Bundesanwaltschaft gegen Rösemeier und berichtete, daß er am 21. März 1870 in Bückeburg geboren war, daß er in Kehrsatz bei Bern lebe, als Beruf Schriftsteller angebe, gelegentlich geringfügige Mittel aus Deutschland und manchmal auch aus Frankreich erhalte. Bei der Vernehmung gab Rösemeier zu, Verfasser des inkriminierten Briefes zu sein und erklärte, daß er die Absicht hatte, »dem von den Alldeutschen entfachten ›furor teutonicus‹ einen ›furor gallicus‹ entgegenzusetzen«.[19]

Die von der Bundesanwaltschaft zutage geförderten Zitate aus dem ursprünglich in deutscher Sprache verfaßten Aufruf Rösemeiers an die Franzosen waren hysterische Haßorgien gegen Deutschland ohne argumentativen Gehalt. So hieß es etwa, man habe es »mit einer Nation zu tun, die dem Teufel verfallen, die dem Bösen verschrieben« sei: »Mit einer Nation, die im Gefolge der satanischsten, infamsten, grausamsten und scheußlichsten Verbrecherbande einhertrottet, die die Welt je gesehen hat«. In dem Ton ging es weiter bis etwa zur Aufforderung: »Sieh dir die höllischen Gesichtszüge des Kaisers, die freche Idiotenfratze seines Sprößlings, des Lausbuben von Kronprinzen an, betrachte aufmerksam das abstoßend grausame Gesicht des größten aller Schurken, des Ludendorff, und du weißt, was deiner wartet.«[20]

Bereits im August 1916 war Rösemeier als Verfasser zweier Broschüren aufgefallen. In der ersten hatte der Autor auch seine berufliche Legitimation im Titel angeführt: »Die Vorgeschichte des Krieges, von Dr. phil. Hermann Rösemeier, bis zum September 1914 Redacteur der ›Berliner Morgenpost‹, Selbstverlag des Verfassers Dépot: Payot u. Comp. Lausanne 1916.« Rösemeier konstatierte in dieser Druckschrift, daß das deutsche Volk durch eine »blutbeschuldete, raubgierige, skrupel- und gewissenlose Klique« in den Krieg gehetzt worden sei, Hauptübeltäter sei der Kronprinz: »Und doch wagt es die Verbrecherbande, die sich um den von Langeweile geplagten, von blöder Abenteuersucht gekitzelten und von nichtswürdigen Ohrenbläsern umlagerten Kronprinzen geschart, das deutsche Volk in den Krieg gehetzt hat, fortwährend von dem ›ruchlos überfallenen Deutschland‹ zu faseln. Wann werden endlich dem deutschen Volk die Augen aufgehen? Wann wird es seine Regierenden dahin sperren, wohin sie gehören, in die Zuchthäuser?«[21] Im gleichen polemischen Stil ging es weiter: »Da die Berliner Gewaltigen seit Kriegsausbruch bestrebt die Riesenschuld von sich abzuwälzen, ob sie gleich fester an ihnen klebt als Duncans Blut an Macbeths Hand, durch ihre Schornalisten alles veröffentlichen lassen, was an gefundenen oder gestohlenen Documenten, angeblichen oder wirklichen, öffentlichen oder privaten Gesprächen ihnen unter die Augen oder zu den Ohren kommt ...«[22]

In einer zweiten Broschüre beschuldigte Rösemeier die deutschen Großindustriellen der Kriegshetze: Niemand, auch die Sozialdemokraten nicht, habe es gewagt, sich dagegen aufzulehnen, die amtliche Darstellung des Kriegsausbruchs sei frecher Schwindel und Teil eines Lügengewebes.[23] Beide Broschüren waren durch Beschluß der Presskontrollkommission am 28. August 1916 vom Vertrieb ausgeschlossen worden, auf eine Strafverfolgung hatte die Schweizer Bundesanwaltschaft verzichtet, obwohl dies aufgrund einer Verordnung des Schweizer Bundesrats vom 2. Juli 1915 »betr. Die Beschimpfung fremder Völker, Staatsoberhäupter oder Regierungen« möglich gewesen wäre.

Da die beiden Druckschriften ab März 1917 – nach Protesten deutscher Internierter, denen die Broschüren zugesandt worden waren – bis Kriegsende sequestiert waren und angesichts der auch in anderen Publikationen geführten gehässigen Sprache wollte die Bundesanwaltschaft von einer Strafverfolgung absehen. Sie gab in ihrem Bericht an das Justiz- und Polizeidepartement aber zu verstehen, daß der Verfasser der Broschüren bei weiteren »Ausschreitungen gegen die Neutralität unseres Landes« als Ausländer ausgewiesen werden könne.[24]

Dieser Fall war mit Rösemeiers Aufruf an die Franzosen eingetreten. Am 8. November 1918 stellte der Schweizer Bundesrat nach dem Studium des Berichts der Bundesanwaltschaft vom 25. Oktober fest, daß »Rösemeier von der Schweiz aus in einem kriegführenden Lande eine unzulässige propagandistische Tätigkeit gegen ein anderes kriegführendes Land betrieben und dabei des letztern Volk und Regierung aufs Gröbste beschimpft hat«. Da Rösemeier damit das ihm gewährte Asyl in der Schweiz in einer Weise mißbraucht habe, die geeignet sei, die Sicherheit des Landes zu gefährden, wurde beschlossen, ihn wegen Verletzung der schweizerischen Neutralität auszuweisen.[25] Der Beschluß wurde zum Vollzug dem Kanton Bern übermittelt, allerdings erhielt die Polizeidirektion Bern schon am 21. November 1918 ein Schreiben des Justiz- und Polizeidepartements, in dem es hieß, es seien Umstände eingetreten, nach denen die »Ausschaffung des Genannten aus der Schweiz nicht tunlich« sei.[26]

Die Umstände, die der Ausweisung Rösemeiers hinderlich waren, bestanden nicht etwa im Ende des Krieges oder darin, daß die durch Rösemeiers Schriftstellerei beleidigte Hohenzollernmonarchie am Tag nach dem Ausweisungsbeschluß zusammengebrochen und die Angelegenheit damit eigentlich erledigt war, es wurde vielmehr Druck auf die Schweizer Behörden ausgeübt, und die Gegensätze zwischen ententefreundlichen Welschen und germanophilen Deutschschweizern spielten ebenfalls eine Rolle. Im Bundesrat hatte der für das Bundespräsidium 1919 designierte Bundesrat Müller energisch Maßnahmen gegen Rösemeier betrieben, aber auch zu bedenken gegeben, daß die Sache viel Staub aufwirbeln werde. Bundesrat Motta hatte sich ihm angeschlossen und zu Protokoll gegeben, daß er in »punkto Beleidigung eines fremden Volkes noch nichts Scheußlicheres gesehen habe wie den Brief, den Rösemeier in französischen Blättern veröffentlichen ließ«.[27] Am 22. November 1918 teilte Bundespräsident Calonder im Bundesrat mit, daß der Beschluß zur Ausweisung Rösemeiers bei der Entente und vor allem in Amerika auf Widerspruch stoße und daß zu befürchten sei, der

Schweiz würden Nachteile entstehen. Er beantragte, den Beschluß aufzuheben, wogegen Bundesrat Müller verlangte, ihn, um Mißverständnisse in der Öffentlichkeit zu vermeiden, zu veröffentlichen und zu vollziehen. Gegen die Stimme Müllers wurde dann beschlossen, den Vollzug der Ausweisung bis auf weiteres zu sistieren.[28]

Müller, der von den ententefreundlichen Welschschweizern mit großem Mißtrauen betrachtet wurde, hat später die Hintergründe der Intervention publiziert. Vira B. Whitehouse, die Direktorin des Schweizer Büros des »Committee on Public Information« der Vereinigten Staaten, also der offiziellen amerikanischen Propagandaagentur, war beim Bundespräsidenten erschienen und hatte gegen die Ausweisung Rösemeiers protestiert, gleichzeitig drohte sie ein Telegramm an die amerikanische Presse abzusenden, wenn der Bundesrat auf seinem Beschluß beharre: Dies werde beträchtliche Wirkungen und Folgen für die Schweiz haben.

Frau Whitehouse war der Meinung, Rösemeier sollte nicht wegen seiner Mitarbeit an der ›Freien Zeitung‹ ausgewiesen werden. Über dieses Organ hielt das »Committee on Public Information« nicht nur, wie auch bei anderer Gelegenheit festzustellen war, seine schützende Hand, auch die Finanzierung des Unternehmens erfolgte zumindest teilweise aus amerikanischen Geldern.[29] Rösemeier wurde jedenfalls nicht aus der Schweiz gejagt[30], zum großen Ärger des Bundesrats Müller, der die Affäre resümierte: »Der Verzicht auf unsere berühmte ›Unabhängigkeit‹ war damit evident. Die Intervention einer fremden Zeitungsdame hatte den Bundesrat veranlaßt, auf ersten Anhieb zusammen zu klappen. Mir aber war dies Verhalten ein Stich ins Herz.«[31]

Seltsam war die Willfährigkeit gegenüber der amerikanischen Intervention schon, nicht zuletzt auch der am 21. November 1918 in geheimer Sitzung des Bundesrats gefaßte Beschluß (nachdem Bundespräsident Calonder ausgeführt hatte, Frau Whitehouse habe erklärt, »die Ausweisung Rösemeiers mache in Amerika einen sehr schlechten Eindruck, besonders da in der Presse diese Ausweisung mit Beschimpfung des deutschen Kaisers begründet worden sei«):

Frau Whitehouse solle der Ausweisungsbeschluß vorgelegt und erläutert werden, »damit sie sich selbst davon überzeugen kann, daß es sich um die Beschimpfung des deutschen Volkes und seiner Behörden gehandelt« habe, bei gleichzeitiger Suspendierung des Beschlusses.[32]

IV.

Aus den kleineren Geistern der deutschen politisch und kulturell motivierten Emigration, die vielfach mehr durch Eifer und Fanatismus als durch Talent und staatsmännische Klugheit, öfter durch Leidenschaft als durch Augenmaß auffielen, ragten zwei Protagonisten hervor: Hugo Ball und Ernst Bloch. Ball war im Mai 1915 zusammen mit seiner späteren Frau, der Literatin Emmy Hennings, in die Schweiz gekommen. Nachträglich bekannter durch seine Mitwirkung auf der künstlerischen Szene in Zürich, als Mitgründer der Bewegung des Dadaismus, trat er vom Herbst 1917 bis Frühjahr 1920 vor allem als politischer Publizist in Erscheinung und als treibende Kraft in der ›Freien Zeitung‹ und im Freien Verlag in Bern.[33]

Ab Frühjahr 1917 lebte Ernst Bloch, er war Anfang dreißig und mittellos, zwei Jahre lang in der Schweiz. Es war sein erstes freiwilliges Exil. Unterstützt von Wilhelm Muehlon, dem ehemaligen Krupp-Direktor, der als mäzenatischer und anregender Mittelpunkt des heterogenen Kreises von Literaten und politisierenden Kritikern des Wilhelminischen Deutschland in Bern lebte[34], schrieb Bloch politische Kommentare und Artikel, die vor allem in der ›Freien Zeitung‹, gelegentlich auch in der ›Friedens-Warte‹ und in der von René Schickele redigierten pazifistischen und dem literarischen Expressionismus verschriebenen Zeitschrift ›Die Weißen Blätter‹ publiziert wurden. Thema der politischen Publizistik des promovierten Philosophen Bloch war scharfe antiborussische Kritik an Deutschland, getragen von der Überzeugung der deutschen Kriegsschuld und beseelt vom Wunsch nach radikaler Demokratisierung

Deutschlands. Die hauptsächlichen Angriffsziele waren die Hohenzollerndynastie und die Oberste Heeresleitung, personifiziert durch Hindenburg und Ludendorff, dazu gehörten aber auch der von Ludwig Quidde geführte bürgerliche Pazifismus sowie der Sozialismus der Zimmerwalder Konferenz von 1915 und die Bolschewiki nach dem Frieden von Brest-Litowsk.

Unter dem Pseudonym »Dr. Fritz May, Nürnberg« erschien im Oktober 1917 eine Artikelfolge aus der Feder Ernst Blochs in der ›Freien Zeitung‹ mit dem Titel ›Was schadet und was nützt Deutschland ein feindlicher Sieg?‹[35] Bloch schrieb übrigens unter einer Reihe verschiedener Pseudonyme in der ›Freien Zeitung‹[36], veröffentlichte aber 1918 im Freien Verlag Bern unter seinem richtigen Namen die Broschüre von 23 Seiten Umfang ›Schadet oder nützt Deutschland eine Niederlage seiner Militärs?‹, die im wesentlichen aus der Artikelserie bestand (nach einem Vermerk in der Broschüre wurde sie aber »im Juni 1918 geschrieben«, jedoch in dramatischerer und appellierender Form (›An Volk und Heer‹).

Die deutsche Gesandtschaft beschwerte sich im Oktober 1918 über das Traktat, worauf die Presskontrollkommission die öffentliche Auslage untersagte.[37] Dagegen protestierte der mit der ›Freien Zeitung‹ identische Freie Verlag und verlangte, daß das »aus sachlichen und moralischen Gründen zu Unrecht erfolgte Verbot revidiert und aufgehoben werde«, und bekräftigte den Protest mit der Drohung, daß »der Verfasser vor die Oeffentlichkeit treten würde, was dem Ansehen unserer demokratischen Republik gerade im gegenwärtigen Zeitpunkt einer demokratischen Erneuerung Deutschlands schaden könnte.«[38]

Blochs Gedankengänge spiegeln in beiden veröffentlichten Versionen den Geist der radikaldemokratischen republikanischen Opposition gegen den Wilhelminismus prototypisch, eine genauere Betrachtung erscheint daher lohnend, und dies um so mehr, als sie stilistisch den Durchschnitt der zahlreichen Artikel und Pamphlete des Exils erheblich überragen. Das Ziel der Argumentation ist in beiden Publikationen gleich, es ging Bloch um den Nachweis, daß das demnächst Verlorene – Elsaß, Lothringen, Posen, die Kolonien – ohnehin nicht zu halten, der Besitz auch nicht erstrebenswert sei, daß die befreiende Wirkung der Niederlage in der Möglichkeit zur Reform, in der moralischen und kulturellen Erneuerung bestünde. In der Artikelfolge von 1917, in der Bloch stärker als im Traktat von 1918 mit einem idealistisch-romantischen Freiheitsbegriff und mit eher ethisch motivierter als marxistisch operierender Kapitalismuskritik arbeitet, stellt sich als Aufgabe und Problem, »aus der militärischen Niederlage die Auferstehung des preußisch vernichteten, alten, kulturvollen Deutschlands zu betreiben,«[39] und die Schlußfolgerung lautet: »So bildet es keinen Verrat am Sozialismus und noch weniger an der deutschen Nation, auch den Sieg der Entente, diese Kehrseite preußischer Niederlage zu wünschen, der unter allen Umständen dem Sieg des geliebten Deutschlands, des Reichs der Tiefe, näher steht als der Triumph Preußens, und der, wie die Dinge liegen, die unerläßliche Voraussetzung zu einer Reformatio Germaniae in capite et membris bildet.«[40]

In der Broschüre von 1918 geht es direkter gegen die preußische Militärkaste, gegen Junkertum, Feudalismus, es wird angesichts des fortgeschritteneren Kriegsverlaufs stärker appelliert als deduziert (wie in der Artikelserie 1917), der Generalnenner lautet »Wie lange wehren sich deutsche Menschen noch gegen ihr Erwachen?«[41] und die moralischen Implikationen sind noch griffiger herausgearbeitet. Sie zeigen deutlich den Einfluß Wilhelm Muehlons, dessen Absagebrief an den Reichskanzler Bethmann Hollweg vom 8. Mai 1917 für die politischen Emigranten in der Schweiz eine Art Schlüsseldokument darstellte.[42] Aus diesem Brief, mit dem der ehemalige Krupp-Direktor, seine Beziehungen zum offiziellen Deutschland abbrach, zitierte Bloch den Satz: »Es ist keine Ungerechtigkeit, daß das deutsche Volk dem Odium der ganzen Welt verfallen ist, so fehlerhaft und unvollkommen diese auch sein möge: der Triumph unserer bisherigen militärischen und politischen Kriegsführung würde eine Niederlage der höchsten Gedanken und Hoffnungen der Menschheit sein!«[43]

Bloch machte sich in seinen Ausführungen über den sittlichen Gewinn einer militärischen Niederlage Muehlons Postulat nach einem deutschen Schuldbekenntnis zu eigen[44] und verkündete in ähnlichem Pathos, wie es ein Vierteljahrhundert später der bürgerliche Widerstand gegen den Nationalsozialismus gebrauchte, die Rückkehr zu den Idealen der Menschheit, wenn erst »ein furchtbares Gewitter vom Westen und Osten« über diese moralische Zermürbung Deutschlands niedergegangen sei: »Dann aber wollen wir uns aufrichten und reuig alles hinter uns werfen, was uns in dieses Elend führte. Nur die Freiheit sei unser erwähltes Teil, damit der Anblick Deutschlands wieder eine Freude und Ehre und nicht wie jetzt vor der Welt ein Gestank und ein Abscheu sei.«[45]

Noch ein anderer Vergleich bietet sich an, wobei freilich die Dimensionen dessen, wogegen die Warnungen und Aufrufe gerichtet waren, gewertet werden müssen, um eine unzulässige Gleichsetzung von preußischem Militarismus und wilhelminischer Überheblichkeit mit dem Nationalsozialismus zu vermeiden: Thomas Manns Appelle während des Zweiten Weltkriegs, über BBC nach Deutschland ausgestrahlt[46], waren ebenso vergebliche wie dringende und notwendige Aufrufe, der Welt Zeichen zu setzen, daß Regime und Regierte nicht in deckungsgleicher Harmonie lebten. Der Zweck von Thomas Manns Beschwörungen war damit den Anstrengungen deutscher Demokraten im Ersten Weltkrieg ähnlich, nämlich nach der Devise Muehlons der Gegenseite zu signalisieren, daß aus moralischem eigenen Antrieb Erneuerung möglich gewesen wäre, daß das besiegte Deutschland nicht nur als von Verstockten repräsentiertes Objekt strenger Behandlung durch die Sieger denkbar war.

V.

Die ›Freie Zeitung‹ war länger und vehementer als alle anderen publizistischen Mittel Sprachrohr der Kritik deutscher Emigranten am Kaiserlichen Deutschland, sie war das repräsentative regimekritische Organ, an ihr schieden sich die Geister, nachdem ihr jeder Kontakt zur Realität verlorengegangen war und nachdem evident war, daß die Zeitung in Diensten der Entente stand.[47] Das Blatt erschien ab 14. April 1917 zweimal wöchentlich, mittwochs und samstags, im Umfang von vier Seiten. Als Redakteur traten bis Oktober 1917 Siegfried Streicher und dann Hans Huber in Erscheinung, beide waren Schweizer Bürger und hatten die Funktion, den Charakter der Veröffentlichung als Schweizer Organ zu manifestieren. Wohl auch aus diesem Grund war der Schriftsteller Carl Albert Loosli als Teilnehmer der Gründungsveranstaltung willkommen; im weiteren sorgte er vor allem für Hohn und Spott der Gegner, weil er als publizistischer Vorkämpfer der freien Liebe und als Streiter wider die Institution von Strafanstalten unter den Eidgenossen nur eine zweifelhafte Reputation genoß.

Erst ab Herbst 1919 trat derjenige öffentlich auf den Plan, der von Anfang an hinter den Kulissen die Sache betrieb: der ehemalige deutsche Konsul in Belgrad Hans Schlieben. Die wichtigsten Köpfe waren Hugo Ball und Ernst Bloch, zu den regelmäßigen Mitarbeitern gehörten Edward Stilgebauer, Hermann Fernau, Richard Grelling; aber auch Friedrich Wilhelm Foerster, Iwan Goll, Otfried Nippold, Hellmut von Gerlach schrieben gelegentlich für die ›Freie Zeitung‹, und vertreten waren schließlich, zum Teil durch Nachdrucke aus anderen Publikationen, auch Franz Pfemfert, Maximilian Harden und andere.

Von den Schweizer Behörden mit Argwohn beobachtet, da das Blatt ganz offensichtlich mehr Geld zur Werbung zur Verfügung hatte, als es einnehmen konnte[48], war die ›Freie Zeitung‹ die Stimme entschiedener deutscher Republikaner und Demokraten im Exil; sie berief sich auf die Traditionen von 1848 und propagierte die

Ideen des amerikanischen Präsidenten Wilson. Dafür sorgte nicht zuletzt der amerikanische Pazifist George Davis Herron, der als Privatier in der Schweiz lebte, dort in offiziöser Mission in Wilsons Sinne tätig war und den Frieden zu fördern suchte, indem er Kontakte zu oppositionellen und gemäßigten Politikern der Mittelmächte pflegte.[49]

Die ›Freie Zeitung‹ kämpfte für den Sieg der »Prinzipien der demokratisch-republikanischen Völkerrechte«[50] und verfocht einen radikalen Pazifismus, propagierte den Sturz der Hohenzollern und der Habsburger, die Beseitigung der preußischen Hegemonie in Deutschland, und sie zeigte sich von der Kriegsschuld der Mittelmächte überzeugt. Die Spalten der ›Freien Zeitung‹ standen allen offen, die dafür Beweise hatten oder denen die moralische Verurteilung Deutschlands (und Österreich-Ungarns) ein Anliegen war. Das Blatt wollte den bürgerlichen Demokraten, wenn sie nur radikal genug waren, ebenso als Forum dienen wie sozialistischen Republikanern, wenn sie nur nicht zu parteidogmatisch dachten. Als Ziel galt die »Erreichung und Errichtung der demokratisch-republikanischen Staatsform in allen jenen Staaten ..., die sie noch nicht besitzen«, und den Weltkrieg verstand man als »Krieg gegen Autokratie und Despotismus, gegen Gottesgnadentum und dynastische Regierungsmethoden. Nicht Völker werden also in ihm besiegt werden, sondern Regierungssysteme, die nicht mehr in unsere Zeit gehören«.[51] Weil die Leute der ›Freien Zeitung‹ aber so radikal waren und so offen sagten, daß sie auf die Niederlage der Deutschen hofften, blieb ihre Wirkung auch unter den Friedensfreunden begrenzt. Die größte Aufmerksamkeit fanden die deutschen Emigranten um die ›Freie Zeitung‹ 1917 und 1918, auch weil die Ententemächte ihre Artikel als Arsenal für anti-deutsche Flugblätter benutzten. Nach dem Krieg wurde es stiller um sie, und 1920 war die Zeitung (mit der letzten Nummer am 27. März) am Ende.

Der deutschen Gesandtschaft in Bern war die ›Freie Zeitung‹ natürlich ein Dorn im Auge. Sie beschwerte sich nicht nur laufend beim Politischen Departement und verlangte das Einschreiten der eidgenössischen Behörden, sie unterstützte auch das in Zürich ab Ende August 1917 bis 7. November 1918 erscheinende hohenzollernfromme und regierungsfreundliche Gegenstück der ›Freien Zeitung‹, ›Das Freie Wort – Zeitschrift für Wahrheit und Frieden‹, in dem die deutschen Republikaner und Radikaldemokraten ständig und aufs schärfste attackiert wurden.[52]

Aber auch in der Schweiz wurde Anstoß genommen an der Gazette. So forderte der Berner Rechtsanwalt Altherr das Politische Departement zum Einschreiten auf: »Die Haltung des betreffenden Blattes steht in krassem Widerspruch zur Neutralität, welche wir Schweizer einhalten sollten. Mit einer Unverfrorenheit, die ihresgleichen sucht, wird da kühn und keck die Absetzung der Hohenzollerndynastie in Deutschland gefordert. Die politischen Verhältnisse in Deutschland werden in der einseitigsten Weise dargestellt, und der Endzweck aller Artikel läßt sich nur schwer verdecken. Was würde Frankreich sagen, wenn wir eine solche Zeitung gegen jenes Land herausgeben würden? Es gäbe gewiß an Frankreich auch vieles zu kritisieren, ebenso an England und Italien. Wenn aber ein Schweizer Blatt die Absetzung der Dynastie von Koburg-Sachsen-Gotha in England, der Savoyer in Italien und des Präsidenten Poincaré forderte, so würde gewiß auch die Meinung vorherrschen, daß man sich da in Dinge mische, die uns nichts angehen. Das Gebaren der ›Freien Zeitung‹ ist für einen neutralen Schweizer empörend, und ich bitte Sie im Namen vieler guter Patrioten, dem unwürdigen Treiben ein Ende zu bereiten.«[53]

Die Zensurkommission ließ es bei einer Ermahnung der Redaktion der ›Freien Zeitung‹ bewenden. Deren Antwortschreiben vom 6. August 1917 wird man kaum noch zutreffend als »selbstbewußt« charakterisieren können, es ist vielmehr ein Dokument prototypischer Frechheit und darf in dieser Hinsicht den Rang der Mustergültigkeit beanspruchen, weshalb es hier im Wortlaut wiedergegeben wird: »Wir bestätigen Ihnen den Empfang Ihres geehrten Schreibens vom 2. Aug. a. c. sowie eines Exemplars Ihrer Presskontrollordnung. Sie erklären zu dieser Sendung veranlaßt zu sein durch fortgesetzte Angriffe unseres Blattes gegen eine der Kriegsparteien und gegen den deutschen Kaiser im besonderen. Wir sind, wie Sie ganz richtig bemerkt haben, ein unabhängiges Organ für demokratische Politik, und wenn wir ein Land angreifen, so nicht, weil es *kriegführend* ist, sondern nur, soweit und solange in ihm undemokratische Zustände herrschen. Unsere Angriffe, die übrigens keineswegs nur *eine* kriegführende Partei, sondern, wie Sie aus einer aufmerksamen Lektüre der F.Z. leicht feststellen können, Regierungen *beider* Kriegslager betrafen und sogar, wie Sie vielleicht ebenfalls bemerkt haben dürften, vor undemokratischen Vorgängen auch neutraler Länder nicht halt machten, hatten stets nur den Sinn, die verderblichen Folgen der undemokratischen Regierungsweise zu kennzeichnen. Das Gleiche ist von unseren bisherigen und kommenden Angriffen auf den deutschen Kaiser zu sagen. Als Person genießt dieser Herr auf unserer Redaktion, je nach der Anschauung unserer Herren, mehr oder weniger Sympathien. Im Prinzip jedoch ist er uns völlig gleichgültig. Kritisiert wird er nur, wenn er sich undemokratische Äußerungen oder Handlungen zu schulden kommen läßt. Diese Kritik hielt sich bisher unserer Ansicht nach durchaus im Rahmen der demokratischen Meinungsfreiheit. Da Sie, sehr geehrte Herren, anderer Ansicht zu sein scheinen (sonst hätte Ihre Zuschrift keinen Sinn), müssen wir Sie höflichst um Mitteilung der Aufsätze und Stellen unseres Blattes bitten, wo dieser Rahmen Ihrer Meinung nach überschritten worden ist. Nur dann wird es uns möglich sein, tatsächlich unzulässige Kritik künftig zu vermeiden. Sie empfehlen ferner die Artikel 1 und 2 der ›Presskontrollordnung‹ unserem ›besondern Studium‹ und bemerken gleichzeitig, dass diese Artikel in erster Linie Pressprodukten ›propagandistischer Art‹ gelten. Wir müssen Sie erst um nähere Definition des Begriffs ›propagandistisch‹ bitten. Ist darunter auch die Propagierung politischer Ideale, wie z. B. des Ideals der Demokratie zu verstehen oder verstehen Sie darunter nur Propaganda geschäftlicher Art, oder Propaganda im Dienste von Regierungen? Sollte dies letztere zutreffen, so könnten wir das gewünschte ›besondere Studium‹ als für uns überflüssig unterlassen. Wir bitten Sie deshalb um gefällige prompte Aufklärung und zeichnen Hochachtungsvoll Die Redaktion«.[54] Unterschrieben war der Brief von Siegfried Streicher der, gerade 24 Jahre alt, als Chef der Redaktion fungierte.

Solange die ›Freie Zeitung‹ sich nicht in innerschweizerische Angelegenheiten mischte, konnte sie aber auch in der Öffentlichkeit der alemannischen Schweiz mit Sympathien rechnen. So schrieb die freisinnige Wochenzeitung ›Der Eidgenosse‹ über das Blatt: »Es kämpft mit heiligem Eifer und Ingrimm für eine Demokratisierung Deutschlands, geißelt mit unbarmherziger Schärfe dasjenige, was man gewöhnlich unter ›Preußentum‹ im schlimmen Sinne versteht, und ficht mit scharfer Klinge gegen die alldeutschen Prätensionen«.[55] So weit fand die ›Freie Zeitung‹ ausdrücklich den Beifall der Freisinnigen, die sich aber anschließend energisch das Ironisieren eidgenössischer Ideale und das »saudumme Schimpfen« über die Schweizer Politik verbaten.

Dem offiziellen Argwohn gegen die ›Freie Zeitung‹ bot sich bald eine Chance. Am 31. Juli 1917 wurde in der Schweiz eine Ausgabe der ›Frankfurter Zeitung‹ verbreitet, deren Leitartikel sich mit der Schuld am Ausbruch des Ersten Weltkrieges beschäftigte, und zwar in der Form vehementer Anklage an die deutsche Reichsregierung und den Kaiser. Diese als Nr. 299, zweites Morgenblatt vom 31.7.1917 der renommierten liberalen deutschen Zeitung firmierende Version war eine Fälschung, und die Urheber machten dies auf der ersten Seite mit folgender Notiz publik: »Diese Nummer der ›Frankfurter-Zeitung‹ wurde von Deutschen und zwar von deutsch-amerikanischen, sowie von deutschen Demokraten in neutralen Ländern verfaßt und herausgegeben. Man wird die Herausgeber der Fälschung bezichtigen. Die Herausgeber haben aber diese Aufmachung und Art der Verteilung nur gewählt, weil es die einzige Form ist, in der heutigen Tages in Preussen-Deutschland die Wahrheit verbreitet werden kann.«

Nach Feststellungen der Schweizer Behörde war das Falsifikat auch in großen Mengen von einer Genfer Spedition nach Basel transportiert worden, bereits in adressierte und frankierte Umschläge verpackt, die dort der Post übergeben wurden und wohl vor allem in Deutschland verbreitet werden sollten. Der Leitartikel war von Hermann Fernau verfaßt und bereits am 23. Juni 1917 in der in Bern erscheinenden ›Freien Zeitung‹ veröffentlicht worden. Die eidgenössische Bundesanwaltschaft, die die Fälschung als Verstoß gegen die Schweizer Neutralität betrachtete, vermutete in der ›Freien Zeitung‹ auch die Urheber des Falsifikats, nicht zuletzt weil ihr der Publizist Fernau (den sie als den am 15.8.1883 geborenen Hermann Latt, Journalist aus Breslau, seit Mai 1916 in Zürich gemeldet, identifizierte) als Spiritus rector der ›Freien Zeitung‹ galt. Aufgefallen war Hermann Fernau zunächst als Autor einer Broschüre mit dem Titel ›Gerade weil ich Deutscher bin: Eine Klarstellung der in dem Buche »J'accuse« aufgerollten Schuldfrage‹.[56] Die Schweizerische Bundesanwaltschaft, die ein Komplott vermutete, zu dem die gefälschte ›Frankfurter Zeitung‹ ebenso gehörte wie eine angeblich in Bern von Reichsdeutschen neu gegründete Partei, deren Zweck der Sturz der Monarchie und die Einführung der Republik in Deutschland sei, richtete den Hauptverdacht gegen die ›Freie Zeitung‹ und veranlaßte eine Durchsuchung der Redaktionsräume und die Vernehmung verdächtiger Mitarbeiter.

Die Vermutung, daß die ›Freie Zeitung‹ mit der Fälschung zu schaffen habe, konnte nicht erhärtet werden, auch wurde nichts über die Hintermänner und die Finanzierung des Blattes in Erfahrung gebracht. Der vernommene Redakteur Streicher behauptete, die Zeitung erhalte sich von den über 7 000 Abonnements und von Zuwendungen durch Gönner, die Namen der Mitglieder der Vereinigung, die das Blatt herausgab, konnte er nicht nennen, für das Protokoll wünschte er die Formel, »Die Vereinigung, welche der ›Freien Zeitung‹ nahesteht«. Ein Cassa-Buch mit Eintragungen über Honorarzahlungen an Mitarbeiter wurde sistiert, aber weiteren Aufschluß über die Natur der ›Freien Zeitung‹ ergab die Aktion nicht.[57] Dafür gab es aber Streit im Bundesrat, als sich, nach einer Beschwerde des Advokaten Brüstlein, der in Bern im Ruf eines Anwalts der

Entente stand, die Angelegenheit zur öffentlichen Affäre entwickelte. Die Bundesanwaltschaft artikulierte die verbreitete Meinung, die Mentalität der Mitarbeiter der ›Freien Zeitung‹ erinnere »mitunter an die Geistesverfassung jener deutschen Particularisten, die nach der Schlacht bei Sedan Tränen vergossen, weil die Preußen nicht Schläge bekommen hatten«.[58]

Die frankophone Presse der Schweiz reagierte mit großer Entrüstung, aber auch die Basler ›Nationalzeitung‹ hatte kein Verständnis für das Vorgehen der Behörden und schrieb, man könne nicht begreifen, welches Verbrechen durch die Haussuchung bei der ›Freien Zeitung‹ hätte aufgedeckt werden können oder sollen. Die Tendenz des Blattes spiele keine Rolle, aber: »Das öffentliche Interesse an der freien politischen Diskussion ist viel größer, als dasjenige an der Bestrafung eines Artikelschreibers, der über die Schnur gehauen hat«.[59]

Der Bundesrat war in Bedrängnis, zum einen, weil die Affäre zum innenpolitischen Problem zu werden drohte, zum anderen, weil neben Falschmeldungen in der Presse auch politische Indiskretionen aus dem Bundesrat zu lesen waren und schließlich, weil berichtet wurde, die Vereinigten Staaten nähmen Anteil, weil die ›Freie Zeitung‹ vermeintlich wegen ihrer Wilson-Propaganda unter Beschuß geraten sei. Jedenfalls wurden weitere Untersuchungen eingestellt, die beschlagnahmten Dokumente zurückgegeben, und man war bemüht, Gras über die Sache wachsen zu lassen.

Die Presskontrollkommission hatte jedoch praktisch in jeder ihrer Sitzungen in den Jahren 1917 und 1918 Anlaß, meist bot ihn eine Beschwerde der deutschen Gesandtschaft in Bern, sich mit Artikeln der ›Freien Zeitung‹ zu beschäftigen. Die Zensurkommission war aber keineswegs, wie vor allem die deutschen Republikaner vermuteten, willfährig gegenüber den deutschen Forderungen, sondern durchaus auf kritische Distanz bedacht. So wurde am 30. Januar 1918 mit Befremden konstatiert, daß die deutsche Vertretung auch länger zurückliegende und vereinzelte Ausfälle in Zeitungsartikeln zum Gegenstand von Beschwerden machte, und es wurde beschlossen, die deutschen Diplomaten darauf hinzuweisen, daß die Zeitung, im Gegensatz zum Buch oder zur Broschüre, dem Tag angehöre. Beanstandet worden war von deutscher Seite u. a. ein Artikel über Wilhelm II., in dem der Kaiser als »Mondsüchtiger« tituliert wurde, was als Zitat aus einer amerikanischen Zeitung aber auch formal keine Handhabe zum Einschreiten bot.[60] Schon in der nächsten Sitzung, am 6. Februar 1918, mußte sich das Gremium mit einer »über den gewöhnlichen Ton einer Gesandtschaftsbeschwerde« hinausgehenden Verbalnote der deutschen Vertretung beschäftigen. Es ging wieder um die ›Freie Zeitung‹ und deren Tendenz, das deutsche Volk zur Revolution aufzurufen.

Die Erörterung der inkriminierten Artikel erweiterte sich zur Grundsatzdiskussion. Die Kommission war sich über den Charakter der ›Freien Zeitung‹, als von amerikanischem Geld unterstütztes Propagandablatt im klaren. Alt-Bundeskanzler Ringier plädierte für eine einschneidende Maßnahme, da das Blatt die Neutralität der Schweiz gefährde; dem wurde entgegengehalten, daß die Kommission nicht die Tendenz eines Blattes zu treffen hätte. Die Existenz von Propagandaliteratur sei an sich eine unabänderliche Tatsache, lediglich gegen einzelne Artikel könne vorgegangen werden, wobei allerdings unterschieden werden müsse zwischen eigentlichen Schweizerblättern und Propaganda-Zeitungen, die in der Schweiz gedruckt würden. Die Presskontrollkommission beschloß, der Zeitung einen scharfen Mahnbrief zu senden und eine Intervention des Bundesrats anzudrohen. Die auch im Zensurausschuß zur Geltung kommenden konträren Positionen zwischen ententefreundlichen Welschschweizern und den mit den Mittelmächten sympathisierenden deutschsprachigen Eidgenossen machten deren Aufgabe, zwischen politischer Opportunität, staatsmännischer Klugheit und Gerechtigkeit – Gleichbehandlung der Kontrahenten im Propagandakrieg – zu agieren nicht leichter. Das zeigte sich in der gleichen Sitzung der Kommission, als sie auf eine französische Insinuation reagieren mußte. Nach einem Ende Dezember 1917 ausgesprochenen Ausstellungsverbot gegen das Buch von Georges Clemenceau ›La France devant l'Allemagne‹, das 1916 im Verlag Payot in Lausanne erschienen war, hatte der französische Außenminister Dunant dem Politischen Departement in Bern gegenüber die Befürchtung ausgesprochen, »dass diese Verfügung die Laune des Herrn Ministerpräsidenten übel stimmen könnte«. Der Zensurausschuß fühlte sich unter Rechtfertigungszwang. Man habe seinerzeit erwogen, heißt es im Protokoll, ob die Presskontrollkommission aus rein opportunistischen Erwägungen von Maßnahmen Abstand nehmen sollte, »ob der Umstand, daß aus dem Verfasser des Buches inzwischen der französische Ministerpräsident geworden ist, die vollständige Freigabe der Publikation gebiete. Sie glaubte, der politischen Opportunität eine genügende Konzession zu machen, indem sie sich mit der Maßnahme des bloßen Ausstellungsverbots begnügte, gegen eine vollständige Freigabe wehrte sich ihr Rechtsgefühl«.[61] Die Kommission, die sich auch der Tatsache bewußt war, daß sich das Buch mit den politischen Reden Clemenceaus nach dem Verbot verstärkter Nachfrage in der frankophonen Schweiz erfreute, blieb in ihrer Haltung fest und antwortete dem Politischen Departement entsprechend.

VI.

Der Sturz der Hohenzollern und die Gründung der Weimarer Republik waren Folgen der militärischen Niederlage und nicht Wirkungen radikal-demokratischer Propaganda aus dem Ausland. Nicht zuletzt ist die damalige politische Emigration an ihrer Maßlosigkeit gescheitert, aber auch daran, daß wesentliche Protagonisten von der Entente abhängig und damit auch für deutsche Regimekritiker unglaubwürdig geworden waren. Das machte sie letztlich wirkungslos. Die Agitation der deutschen Dissidenten in der Schweiz ist aber auch ein Lehrstück für den Umgang mit politisch agierenden Exilanten: Im Ersten Weltkrieg haben es die Schweizer Behörden jedenfalls an Augenmaß, Zuwendung und Toleranz gegenüber einer schwierigen Klientel von Asylbegehrenden nicht fehlen lassen.

Anmerkungen

1 Der Beitrag beruht auf Archivstudien des Vf. in Bern, zu danken ist den eidgenössischen Archivbehörden für ihre Unterstützung. Die Ausarbeitung wurde ermöglicht durch die Einladung zu einer Gastprofessur an der University of Adelaide, Australien. Die Gastfreundschaft des Departments of German Studies sei mit herzlichem Dank erwähnt.

2 Vgl. Jacob Ruchti, Geschichte der Schweiz während des Weltkrieges 1914–1919, 2 Bde. Bern 1928 und 1930, Hans Thimme, Weltkrieg ohne Waffen, Stuttgart u. Berlin 1932.

3 Beide wurden nach der Novemberrevolution offizielle diplomatische Vertreter in der Schweiz: Foersters Mission als bayerischer Gesandter (von Eisner wegen seiner Verbindung zu Frankreich im Hinblick auf die Lebensmittelversorgung berufen) blieb eine Episode der Revolutionszeit; der Sozialdemokrat Müller amtierte von 1919 bis zum Ende der Weimarer Republik als Deutscher Gesandter in Bern.

4 Vgl. Toleranzgesuch des Advokaturbureau Brüstlein an die Kantonale Polizeidirektion Bern, 28.4.1917, Staatsarchiv Bern, Akten Polizeidirektion 1917/2197.

5 Im Toleranzgesuch des Advokaten Brüstlein für Salomon Grumbach vom 30.1.1915 heißt es, er sei »weder Deutscher noch Franzose geworden, sondern ein Elsässer im vollsten Sinne des Wortes geblieben, d. h. ein Mensch«, der seine engere Heimat innig liebt und deren kulturelle Beziehung zu Deutschland und Frankreich gleich hoch einschätzt. Für einen Mann von dieser Gesinnung war die Teilnahme am Kriege auf der einen Seite wie auf der anderen Seite eine psychologische Unmöglichkeit.« Staatsarchiv Bern, Akten Polizeidirektion 1915/557.

6 Vgl. Otto Lehmann-Russbueldt, Der Kampf der Deutschen Liga für Menschenrechte vormals Bund Neues Vaterland für den Weltfrieden 1914–1927, Berlin 1927.

7 Schriftwechsel betr. Aufenthaltsbewilligung Staatsarchiv Bern, Akten Polizeidirektion 1918/2402.

8 Wolfgang Benz, Der »Fall Muehlon«. Bürgerliche Opposition im Obrigkeitsstaat während des Ersten Weltkriegs, in: Vierteljahrshefte für Zeitgeschichte 18(1970), S. 343–365.

9 Salomon Grumbach (Hrsg.), Die Schuldfrage, Lausanne 1918, enthält die Denkschrift Lichnowskys, das Memorandum Muehlons und dessen Brief an Bethmann Hollweg; vgl. Fürst Lichnowsky, Meine Londoner Mission 1912–1914, Zürich 1918; vgl. John C. G. Röhl (Hrsg.), Zwei deutsche Fürsten zur Kriegsschuldfrage. Lichnowsky und Eulenburg und der Ausbruch des Ersten Weltkriegs, Düsseldorf 1971.

10 Wilhelm Muehlon, Die Verheerung Europas, Zürich 1918; Dr. Muehlon's Diary, London 1918; L'Europe dévastée, Lausanne 1918; vgl. auch Wilhelm Muehlon, Fremder im eigenen Land. Erinnerungen und Tagebuchaufzeichnungen eines Krupp-Direktors 1908–1914, hrsg. von Wolfgang Benz, Bremen 1989.

11 Wilhelm Muehlon, Die versöhnende Kraft ehrlicher Selbstanklage, in: Wissen und Leben 9 (1918), Heft 21, S. 268–269.

12 Richard Grelling, Quousque tandem. Ein Friedenswort, Dresden und Leipzig 1894, S. 6.

13 Ebenda.

14 J'accuse! Von einem Deutschen, Lausanne 1915. Jacob Ruchti rechnete in seiner Geschichte der Schweiz während des Weltkriegs das Buch zu den »Schimpfereien gemeinster Sorte«: »Bei Payot in Lausanne erschien bald nach Kriegsausbruch eine dickleibige wütende Tendenzschrift gegen Deutschland: ›J'accuse von einem Deutschen‹; später folgte ein ähnliches: ›Das Verbrechen, vom Verfasser des Buches »J'accuse«‹. Das anonyme Machwerk wurde von der ententefreundlichen Presse der Westschweiz begeistert aufgenommen, von kompetenter Seite, so z. B. von Alt-Bundesrichter Leo Weber, scharf abgelehnt mit der Bemerkung, nur ein degenerierter Sohn eines Volkes könne das geschrieben haben. Der tapfere Anonymus wagte es erst nach Abschluß des Waffenstillstandes im Jahre 1918, aus seinem Inkognito hervorzutreten. Er entpuppte sich als ein gewisser Richard Grelling, angeblich Dr. jur., deutscher Refraktär, früher Rechtsanwalt in Berlin.« A. a. O., S. 135.

15 Zit. Nach A. Welti. Die Pressezensur während der Kriegszeit, in: Das Buch der schweizerischen Zeitungsverleger 1899–1924, Zürich 1925, S. 271–294, zit. S. 273.

16 Ebenda, S. 276.

17 Vgl. die Sitzungsprotokolle der Presskontrollkommission vom 4.8.1915–8.2.1919 im Bundesarchiv Bern, Bestand Eidgenössisches Militär Departement, Aktivdienst 1914–1918, Bd. 222 (künftig: BA Bern, EMD, AD 1914–1918). Einen zusammenfassenden Rückblick auf die Tätigkeit

der Kommission bietet das Schlußwort des Präsidenten Welti am 8.2.1919, das teilweise auch in dessen Aufsatz (s. Anm. 14) aufgenommen wurde. S. a. M. Feldmann, Schweizer Pressenotrecht während des Ersten Weltkrieges, in: Jahrbuch der eidgenössischen Räte 1945, S. 190–200.

18 Teilweise abgedruckt bei Welti, a. a. O. S. 285f.

19 Bericht Schweizer Bundesanwaltschaft an das Justiz- und Polizeidepartement 25.10.1918, BA Bern, EMD, AD 1914–1918, Bd. 242.

20 Ebenda.

21 Rösemeier, Vorgeschichte, S. 14.

22 Ebenda, S. 25.

23 Hermann Rösemeier, Deutsche Worte. Offener Brief an die Bürger und Arbeiter Deutschlands, o. O. o. J. (1916), S. 21.

24 Bericht Schweizer Bundesanwaltschaft 4.4.1917, BA Bern, EMD, AD 1914–1918, Bd. 242.

25 Protokoll der Sitzung des Schweizerischen Bundesrats vom 8.11.1918, BA Bern, EMD, AD 1914–1918, Bd. 242.

26 Staatsarchiv Kanton Bern, Akten Polizeidirektion 1918/75 49 (Rösemeier).

27 Notiz betreffend meinen Verzicht auf das Bundespräsidium für 1919 von Bundesrat Müller sel., in: Zürcher Post 2.12.1921.

28 Protokoll der Sitzung des Schweizerischen Bundesrates, 22.11.1918, BA Bern, EMD, AD 1914–1918, Bd. 242.

29 Vira B. Whitehouse hatte am 28.8.1918 der Presskontrollkommission eine Art Antrittsbesuch gemacht, sich über die Neutralitätsbestimmungen betr. Presse erkundigt und die Absicht erklärt, daß das amerikanische Informationsbüro beabsichtigte, neben der Bedienung der Schweizer Blätter mit Nachrichten über die USA Leseräume zu unterhalten und Privatpersonen auf Wunsch amerikanische Presseerzeugnisse zur Verfügung zu stellen. BA Bern, EMD, AD 1914–1918, Bd. 222; vgl. auch Vira B. Whitehouse, A Year as a Government Agent, New York, London 1920. Mitarbeiter des amerikanischen Informationsbüros (und der Freien Zeitung) war auch der Deutschamerikaner Frank Bohn, der sich Jahre später um die Rettung prominenter Flüchtlinge aus Hitlerdeutschland bzw. dem deutsch besetzten Frankreich 1940 im Auftrage amerikanischer Hilfsorganisationen große Verdienste erwarb.

30 Rösemeier lebte nach Auskunft der Polizeidirektion des Kantons Tessin vom 12. Januar 1922 mit Frau und Sohn in Gentilino, wo er ein Pressebüro betrieb, von dessen Erträgnissen er bescheiden lebte. BA Bern, Best. PB, Bd. 263.

31 Müller, Notiz betreffend meinen Verzicht auf das Bundespräsidium, Zürcher Post 2.12.1921.

32 BA Bern, geh. Bundesratsbeschluß v. 21. November 1918.

33 Vgl. Hans Burkhard Schlichting (Hrsg.), Hugo Ball. Der Künstler und die Zeitkrankheit, Frankfurt a. M. 1984.

34 Der Nachlaß Wilhelm Muehlon befindet sich im Archiv des Instituts für Zeitgeschichte in München (ED 142). Er enthält zahlreiche Korrespondenz mit dem ganzen Personenkreis der politischen deutschen Emigranten in der Schweiz.

35 Wieder abgedruckt in der von Martin Korol herausgegebenen Sammlung: Ernst Bloch, Kampf, nicht Krieg. Politische Schriften 1917–1919, Frankfurt a.M. 1965, S. 75–86.

36 Die Pseudonyme sind in einem Brief Blochs an Muehlon vom 13.6.1918 entschlüsselt, ebenda S. 9.

37 Sitzung der Presskontrollkommission am 23.10 1918, BA Bern EMD, AD 1914–1918, Bd. 222.

38 Ebenda.

39 Zitiert nach dem vollständigen Abdruck bei Korol (Hrsg.), Ernst Bloch, Kampf, nicht Krieg, S. 81. Dort (S. 7 f.) auch Erläuterungen zu den verschiedenen Überlieferungen der Texte.

40 Ebenda, S. 86.

41 Auch dieser Artikel vollständig bei Korol (Hrsg.), S. 457–474, hier zit. S. 473.

42 Vgl. Benz, Der »Fall Muehlon«, S. 357.

43 Korol (Hrsg.), S. 460.

44 Wilhelm Muehlon, Das Schuldbekenntnis, in: Die Friedens-Warte 20 (1918), S. 203–204; wieder abgedruckt in: Wolfgang Benz, Pazifismus in Deutschland. Dokumente zur Friedensbewegung 1890-1939, Frankfurt a. M. 1988, S. 132–135; s. a. Wilhelm Muehlon, Die versöhnende Kraft ehrlicher Selbstanklage, in: Wissen und Leben 9 (1918), H. 21, S. 268–269.

45 Korol (Hrsg.), S. 471.

46 Vgl. Thomas Mann, Deutsche Hörer! Radiosendungen nach Deutschland aus den Jahren 1940 bis 1945, Frankfurt a. M. 1987.

47 Zur ›Freien Zeitung‹ vgl. Hans Thimme, Weltkrieg ohne Waffen, S. 80f.; in der Einleitung zu Ernst Bloch, Kampf, nicht Krieg. Politische Schriften hat Korol sehr viel Material zur Geschichte des Blatts zusammengetragen, a. a. O. S. 37f.; eine ungedruckte Münsteraner Dissertation bietet wenig zur Erhellung: Arnold Bruns, Die Grundsätze und Beweisgründe der Ententepropaganda, dargestellt an der schweizerischen ›Freien Zeitung‹ von Amerikas Eintritt in den Weltkrieg bis zur deutschen Revolu-

tion (1917–1918) Münster 1923. Die Finanzierung des Blatts ist noch nicht geklärt. S. a. die Anthologie Hugo Ball (Hrsg.), Almanach der Freien Zeitung, Bern 1918.

48 Die Presskontrollkommission konstatierte in ihrer Sitzung am 13.6.1917 nach einer vom Bundespräsidenten übermittelten Beschwerde, sie verkenne »die scharfe Sprache dieses Blattes nicht«, sehe »sich jedoch nicht veranlaßt, auf Grund der bisherigen Äußerungen einzuschreiten. Dem Blatte soll weiterhin die gebotene Aufmerksamkeit geschenkt werden«, und unter dem 1. August 1917 steht im Protokoll zu lesen »Die Presskontrollkommission hatte stets ein wachsames Auge auf dieses sog. ›Unabhängige Organ für Demokratische Politik‹, das ganz im Dienste der Entente steht« BA Bern, EMD, AD 1914–1918, Bd. 222.

49 Vgl. Klaus Schwabe, Deutsche Revolution und Wilson-Frieden, Düsseldorf 1971.

50 Geleitwort zur ersten Nummer, 14.4.1917, zit. Nach Almanach der Freien Zeitung, a. a. O., S. VIIf.

51 Ebenda.

52 Vgl. Korol (Hrsg.), S. 38 u. S. 66. S. a. Julius Wernsdorf, Dieses Buch gehört dem Bundesrat. Eine Studie über die »deutschen Republikaner in der Schweiz« während des Weltkrieges, Zürich 1918 (»Blätter der Aufklärung Nr. 1, Die Schweiz als Deutsche Reichs-Schmiede«). Der Verfasser war Rechtsanwalt in Zürich und betrieb ein »Büro für Rechtsschutz und Publizistik« sowie den Verlag »Der Kampf um die Wahrheit«.

53 Eingabe vom 23.7.1917, BA Bern EMD, AD 1914–1918, Bd. 226.

54 Brief v. 6.8.1917, ebenda.

55 Der Eidgenosse. Freisinnige Wochenzeitung, S. 6, 1917.

56 Eine andere Broschüre Fernaus hatte den Titel ›Durch zur Demokratie‹.

57 Bericht Schweizerische Bundesanwaltschaft an den Chef des Polit. Departements, Bundesrat Ador, 13.8.1917; vgl. am 13.8.1917 übermittelte Aufzeichnung der Deutschen Gesandtschaft über die ›Freie Zeitung‹, BA Bern EMD, AD 1914–1918, Bd. 226.

58 Bericht Bundesanwaltschaft, ebenda.

59 National-Zeitung Basel 16.8.1917; s. a. Neues Winterthurer Tagblatt, 15.8.1917; Berner Intelligenzblatt 15.8.1917.

60 Sitzung Presskontrollkommission 30.1.1918, BA Bern, EMD, AD 1914–1918, Bd. 222.

61 Sitzung Presskontrollkommission 6.2.1918, ebenda.

Ausgrenzung, Verfolgung, Vertreibung: Nationalsozialistische Politik gegen Unerwünschte

Unmittelbar nach der Machtübernahme begannen die Nationalsozialisten mit ihren politischen Gegnern abzurechnen und sie zu verfolgen. Das waren in erster Linie die Kommunisten, aber auch exponierte Sozialdemokraten, Pazifisten und entschiedene Demokraten, die sich gegenüber dem Nationalsozialismus publizistisch und politisch hervorgetan hatten. Nicht die Kirchen, aber einzelne katholische und evangelische Priester fanden sich später als Gegner und Verfolgte, religiöse Minderheiten wie die »Zeugen Jehovas« wurden diskriminiert und bekämpft, wenn sie mit staatlichen Normen aufgrund ihrer Gesinnung in Konflikt gerieten, z. B. den Wehrdienst verweigerten.

Der Reichstagsbrand am 28. Februar 1933 bot einen willkommenen Vorwand, die Kommunisten aus dem öffentlichen Leben auszuschalten, Instrument dazu war – durch Notverordnung begründet – die »Schutzhaft«, vollstreckt wurde sie in Konzentrationslagern, die im Frühjahr 1933 wie Pilze aus dem Boden sprossen. In diesen frühen KZ wurde auch Rache an lokalen Gegnern genommen, wurden Honoratioren drangsaliert, weil sie die nationalsozialistische Machtübernahme zu verhindern getrachtet hatten. Nach dem Muster von Dachau, wo der Reichsführer SS Heinrich Himmler als Polizeikommissar von München im März 1933 eines der frühesten KZ errichten ließ, entstand ab 1936 das endgültige System von Konzentrationslagern, das dem Staatsterror eine einheitliche und verbindliche Ordnung gab. Die »wilden KZ« der Frühzeit wurden geschlossen, das System der KZ blieb bis zum Ende des NS-Regimes unverändert, erweiterte sich im Krieg noch einmal beträchtlich, bis zuletzt 25 Hauptlager mit über 1200 Außenlagern den ganzen deutschen Machtbereich überzogen.[1] Die Konzentrationslager existierten außerhalb des Justizapparats und jenseits rechtsstaatlicher Norm. »Schutzhäftlinge«, deren Verfolgung durch die »Notverordnung zum Schutz von Volk und Staat« lediglich scheinlegalisiert war, standen ausschließlich unter der Willkür der Geheimen Staatspolizei (Gestapo) und der SS.[2]

Exodus der Gegner: Das politische Exil

In einer ersten Emigrationswelle entzogen sich ab Frühjahr und Sommer 1933 Gegner des Nationalsozialismus, die durch parteipolitische, publizistische oder sonstige Aktivitäten exponiert waren, durch Massenflucht der Verfolgung. Es waren vor allem Funktionäre der Arbeiterbewegung, Kommunisten, Sozialdemokraten, Angehörige sozialistischer Parteien links der SPD, Journalisten und Literaten, Künstler und Intellektuelle, die den zur Macht gekommenen Nationalsozialismus fürchten mußten. Ende 1935 waren nach Angaben des Flüchtlingskommissars des Völkerbunds 6–8 000 Kommunisten, 5–6 000 Sozialdemokraten und etwa 5000 andere aus politischen Gründen emigriert. Insgesamt waren es etwa 30 000 Personen, die zwischen 1933 und 1939 das Deutsche Reich (einschließlich des 1938 angeschlossenen Österreich und der annektierten Sudetengebiete) verlassen hatten.[3] Die politische Emigration verlief in mehreren Wellen. Die erste setzte mit dem Terror der »Machtergreifungs«-Zeit ein, und zu ihr gehörten auch die Errichtung von Stützpunkten und Auslandsvertretungen bzw. des Exilvorstandes der Sozialdemokratie in Prag (Mai 1933), die Verlegung der KPD-Zentrale nach Paris und dann nach Moskau. Eine zweite politische Emigrationswelle erfolgte 1934, als einige tausend Protagonisten der österreichischen Arbeiterbewegung nach dem Schutzbundaufstand gegen die Dollfuß-Regierung vor allem in die

Tschechoslowakei flohen. Die dritte Welle brachte die Saar-Abstimmung 1935, als wiederum in erster Linie Angehörige der Arbeiterbewegung aus dem Saargebiet u. a. nach Frankreich fliehen mußten, weil das Territorium ihres Exils nach dem Plebiszit an das Deutsche Reich fiel. Unter diesen ca. 4 000 politischen Flüchtlingen befanden sich viele, die bereits in der ersten Emigrationswelle das Deutsche Reich verlassen hatten. Nach dem Anschluß Österreichs im Frühjahr 1938 flohen nicht nur die Reste der Sozialdemokraten und Kommunisten, sondern auch christlich-soziale Anhänger des Ständestaats, bürgerliche Konservative vor Hitler vor allem in die Tschechoslowakei.[4] Die letzte Emigrantenwelle folgte der Annexion der Sudetengebiete, 4–5 000 Sozialdemokraten und etwa 1 500 Kommunisten begaben sich ins Exil, Aufnahmeländer dieser Gruppen waren namentlich Großbritannien und Schweden.[5]

Das politische Exil verstand sich als eine Form des Widerstands im Kampf für ein besseres Deutschland nach Hitler. Andere als publizistische Waffen standen kaum zur Verfügung, die Zahl der Periodika, die in den Orten des deutschsprachigen politischen Exils veröffentlicht wurden, die die Meinung des Auslands beeinflussen und auch in Deutschland Wirkung haben sollten, war aber beträchtlich.

Das politische Exil äußerte sich im Kampf gegen Hitler vielstimmig, nach politischen Richtungen getrennt, in Fraktionen gespalten. Alle Bemühungen, in einer »Volksfront« die Kräfte des »anderen Deutschland« zu bündeln, wie sie Mitte der dreißiger Jahre in Paris unternommen wurden, scheiterten am Gegensatz von Sozialdemokraten und Kommunisten, an dogmatischer Intransigenz auf der einen und Mißtrauen auf der anderen Seite.[6]

Verfolgung als Prinzip nationalsozialistischer Diktatur

Die Verfolgung politischer Gegner lag quasi in der machtpolitischen Logik der nationalsozialistischen Diktatur. Aus anderen Gründen, ideologischen Prämissen folgend, wurden Menschen verfolgt, weil sie sozial auffällig waren oder von der Mehrheit abweichende sexuelle Gewohnheiten hatten: »Asoziale«[7] und Homosexuelle[8] wurden, ebenso wie mehrfach bestrafte Kriminelle[9] und Angehörige unerwünschter religiöser Gruppen[10], Insassen in Konzentrationslagern. Am unbarmherzigsten jedoch diskriminierte und verfolgte der NS-Staat aufgrund seiner Rassenideologie Minderheiten, allen voran die Juden. Verfolgung bis zur Vernichtung traf als erste Gruppe psychisch und physisch Behinderte aus dem eigenen Volk. Der als »Euthanasie« geschönte Mord an Anstaltsinsassen und anderen, wegen einer geistigen oder körperlichen Behinderung zu »Ballastexistenzen« deklarierten Menschen in der Größenordnung von einer Viertelmillion war ab Herbst 1939 die Einübung der Verwirklichung rasseideologischer und sozialdarwinistischer Ideale des nationalsozialistischen Programms.[11]

Die Tiraden zur »Lösung der Judenfrage«, die in Hitlers ›Mein Kampf‹ zu lesen waren und deren Quintessenz im Parteiprogramm der NSDAP 1920 als Forderung nach vollständigem Ausschluß der Juden aus der deutschen »Volksgemeinschaft« erschien, entstammten den Pamphleten der Sektierer und Fanatiker, die im 19. Jahrhundert den modernen Antisemitismus als Rassenideologie begründet hatten. Zu den langfristig folgenreichsten solcher Publikationen gehörte Eugen Dührings 1881 erstmals erschienenes Buch ›Die Judenfrage‹, in dem er für Konsequenzen der Abwehr gegen die angeblichen Eigenschaften der Juden plädierte: Gegen einen »Ausnahmestamm« seien »Ausnahmeverhalten und Ausnahmegesetzgebung« der Mehrheit notwendig. Das bedeutete generell die Rücknahme der mühsam und spät errungenen Emanzipation der Juden und im einzelnen die Nichtzulassung zum öffentlichen Dienst, die »Entjudung der Presse«, die soziale Diskriminierung von »Mischehen«, die Bekämpfung des angeblichen finanziellen Einflusses der Juden. Zu den konkreten Forderungen der Antisemiten am Ende des 19. Jahrhunderts zur »Lösung der Judenfrage« gehörten die Ausgrenzung als Entrechtung durch Unterstellung unter Fremdengesetzgebung, ein Einwanderungsverbot für Ostjuden und die Vertreibung sowohl neu aus Polen eingewanderter Ostjuden als auch der in Deutschland seit Jahrhunderten ansässigen Assimilierten. Auch Vernichtungsphantasien finden sich schon in den antisemitischen Texten des 19. Jahrhunderts, sie sind verklausuliert durch Wendungen wie »unschädlich machen«, »ausmerzen«, »entjuden« und erscheinen im Zusammenhang mit einer Metaphorik, die Juden als Parasiten, als Schädlinge, als Schmarotzer denunziert. Die Botschaft der rassistisch argumentierenden Antisemiten hatte Hitler verstanden; er setzte sie in ein politisches Programm um, das er durch Propaganda einer breiten Öffentlichkeit vermittelte.[12]

Die Nationalsozialisten und andere rechtsradikale Sekten, die nach dem Ende des Ersten Weltkriegs gegen »die Juden« agitierten und die Minderheit (etwa eine halbe Million Menschen waren es, deren Anteil an der deutschen Gesamtbevölkerung weniger als ein Prozent betrug) für alles politische, soziale und ökonomische Unglück verantwortlich machten, das über Deutschland hereingebrochen war, bereiteten den Weg zur Ausgrenzung, die mit legislativen und administrativen Mitteln begann, in Verfolgung mündete, in Vertreibung und Vernichtung endete.

Vorbilder: Vertreibung Unerwünschter vor 1933

Keineswegs waren aber die Nationalsozialisten die ersten, die Austreibungsphantasien als Verfolgung gegenüber den Juden im 20. Jahrhundert in Deutschland realisierten. Protagonisten waren vielmehr deutschnationale bürgerliche Politiker in den zwanziger Jahren, die Judenfeindschaft politisch instrumentalisierten. In Bayern tat sich die rechtsgerichtete bürgerliche Regierung unter Gustav von Kahr früh durch Judenfeindschaft hervor. Kahr, ein engstirniger königstreuer Beamter, dem die Republik verhaßt und Demokratie suspekt war, beabsichtigte schon im April 1920, alle seit 1914 nach Bayern eingewanderten Juden des Landes zu verweisen.[13] Er setzte sich im Ministerrat aber nicht durch. Ein Antrag der DVP-Fraktion im Reichstag am 2. Juli 1920, die »Masseneinwanderung fremdstämmiger Elemente« zu unterbinden und lästige Juden abzuschieben, war ebenso Zeichen der Zeit wie die Eingaben und Beschwerden von Verbänden und anderen Interessenten, in denen Juden als »Kriegsgewinnler«, als »Schieber«, als »Wucherer« stigmatisiert wurden. Gemeint waren alle Juden, apostrophiert wurden aber die aus Polen zugewanderten Ostjuden, die schon 1879 den Historiker Heinrich von Treitschke zu dem aus Überfremdungsängsten genährten Artikel veranlaßt hatten, der seinerzeit den »Berliner Antisemitismusstreit«[14] entfachte und Jahrzehnte später zum ›Stürmer‹ Julius Streichers den Slogan »Die Juden sind unser Unglück« beisteuerte. Der Zustrom von Ostjuden blieb realiter überschaubar, es waren insgesamt etwa 80 000 Juden polnischer Nationalität, die sich in den ersten drei Jahrzehnten des 20. Jahrhunderts in Deutschland eingefunden hatten, und viele von ihnen betrachteten Deutschland auch nur als Zwischenstation weiterer Migration. Der Mehrheit waren diese Migranten freilich lästig, an ihnen kristallisierte sich Unbehagen über die Zeitläufte, wie einer Aufzeichnung des Auswärtigen Amtes vom Frühjahr 1920 zu entnehmen ist: »Die Überflutung deutscher Großstädte, hauptsächlich Berlins, mit einer großen Zahl unerwünschter Elemente aus dem Osten, vornehmlich polnische Juden, ist seit Monaten Gegenstand der öffentlichen Erörterung.«[15]

Die Abschiebung der mißliebigen Zuwanderer war aus rechtlichen, moralischen und humanitären Gründen nicht möglich, vor allem aber standen politische Erwägungen einer Vertreibung im Weg: Warschau würde bei der Abschiebung polnischer Staatsbürger aus Deutschland sofort Repressalien gegen in Polen lebende Deutsche ergreifen, vor allem im oberschlesischen Abstimmungsgebiet bestanden ja sehr reichliche Möglichkeiten dazu. Unter dem Druck der öffentlichen Meinung verfügte das preußische Innenministerium Anfang 1921 die Internierung von Ostjuden in Lagern bei Cottbus und Stargard, da sie nicht einfach abgeschoben werden konnten, weil sie weder von Polen noch von einem anderen Staat aufgenommen würden. Die Internierung, die mehr eine Konzession an die öffentliche Stimmung war als der Beginn eines Auswanderungsprojekts, wurde im November 1921 auf straffällig gewordene und »staatsfeindliche Elemente« beschränkt und dann ganz aufgehoben.[16]

Im folgenden Jahr unternahm die Deutschnationale Volkspartei einen Vorstoß zur Ausweisung der Ostjuden aus Deutschland. Der Alldeutsche Verband, Antisemiten unterschiedlicher politischer Couleur und Parteizugehörigkeit, selbstverständlich die Völkische Bewegung, argumentierten in ähnlicher Weise. Judenfeindliche Propaganda gehörte zu den populistischen Forderungen des Tages, und die Ostjuden bildeten – vergleichbar vielleicht den Asylbewerbern unserer Tage – ein griffiges Ziel.[17]

In Bayern, wo Gustav von Kahr im Herbst 1923 ein politisches Comeback als vom Ministerrat mit diktatorischen Vollmachten ausgestatteter »Generalstaatskommissar« feierte, sollte durch Vertreibung das Exempel gegen die unerwünschten Juden statuiert werden. Mitte Oktober 1923, auf dem Höhepunkt des Konflikts zwischen Bayern und dem Reich, fanden Hausdurchsuchungen bei ostjüdischen Familien statt, denen ein Ausweisungsbefehl folgte, wenn die Kriminalpolizei zur Überzeugung gelangte, daß es sich um Wucherer handelte. Dieser Nachweis galt als erbracht, wenn »die Betroffenen in ärmlichen Verhältnissen eingewandert, nun aber reich seien, daß sie es also verstanden hätten, sich während der tiefsten Not des deutschen Volkes zu bereichern«.[18]

Das antisemitische Konstrukt des jüdischen Schiebers und Wucherers, der auf unrechtmäßige Weise zu Geld und Gütern gekommen war, diente als Motiv des bayerischen Vorgehens, aber auch Sittenstrenge wurde agiert. In Ermangelung einer Rechtsgrundlage für die Ausweisungsbefehle operierte der bayerische Generalstaatskommissar mit wirtschaftlichen Argumenten und führte, wenn es sich anbot, auch den Lebenswandel der mißliebigen Juden ins Treffen, etwa nichteheliches Zusammenleben als »sexuelle Verfehlung«.

Die Zahl der aus Bayern ausgewiesenen jüdischen Familien, die zum großen Teil gar nicht zu den neu Eingewanderten gehörten, sondern seit Jahrzehnten in Bayern lebten, ist nicht zu ermitteln. Von den berichteten 88 Ausweisungen sind wohl nur wenige durch staatliche Zwangsmittel vollstreckt worden. Manche wichen nach Preußen oder auch ins benachbarte Württemberg aus. Jedenfalls sorgte das bayerische Vorgehen für diplomatische Verwicklungen zwischen Berlin und Warschau, machte die Nähe zwischen bayerischem Patriotismus und der jungen Hitlerbewegung deutlich und verschärfte den Konflikt zwischen München und Berlin im Krisenjahr 1923 erheblich. Und die Vertreibung einer unerwünschten Minderheit aus Deutschland war über Propagandagetöse und populistische Agitation hinaus nun auch in der Praxis ausprobiert worden.[19]

Die Entrechtung und Verfolgung der Juden

Mit dem Erhalt der Macht am 30. Januar 1933, die sich die Nationalsozialisten freilich noch mit ihren konservativen Steigbügelhaltern teilen mußten, nahm die »Lösung der Judenfrage«, das hieß Rücknahme der Emanzipation durch Ausgrenzung, Gestalt an. Die Gewaltakte und Pöbeleien gegen Juden nach dem 30. Januar 1933, die vor allem von der SA zu verantworten waren, galten der Mehrheit der Deutschen aber nicht als Beginn einer systematischen Judenverfolgung. Man hielt den Radau im Frühjahr 1933 für Siegestaumel und Überschwang der »nationalen Revolution«, der sich bald legen werde. Wie ernst der Antisemitismus der Nationalsozialisten tatsächlich gemeint war, zeigte sich dann allerdings rasch. Es erwies sich auch bald, daß die Sympathien der Mehrheit der Deutschen nicht unbedingt auf der Seite der Juden waren, auch wenn sie den judenfeindlichen Krawall der Hitlergefolgschaft nicht mochte. Daß eine »Judenfrage« existiere und gelöst werden müsse, und zwar durch Berufsverbote für Juden in Bereichen, in denen sie überproportional vertreten waren, durch Verdrängung aus dem Wirtschaftsleben sowie durch die Beseitigung des Einflusses, den die Juden vermeintlich im öffentlichen Leben, in der Kultur und in der Finanzwelt besaßen – diese Überzeugung teilten viele Deutsche mit den neuen Machthabern.

Presseberichte im Ausland über Ausschreitungen gegen Juden in Deutschland wurden als »Greuelhetze« des »internationalen Judentums« dargestellt und boten Anlaß zu einer Aktion, die von der NSDAP am 28. März 1933 angeordnet wurde: Ab 1. April sollten jüdische Geschäfte, Ärzte und Anwälte boykottiert werden. Das war vom »Zentralkomitee zur Abwehr der jüdischen Greuel- und Boykotthetze« unter Leitung des notorischen Antisemiten Julius Streicher als defensive Maßnahme deklariert worden. Der Jude habe »es gewagt, dem deutschen Volk den Krieg zu erklären. Er betreibt in der ganzen Welt mit Hilfe der in seinen Händen befindlichen Presse einen groß angelegten Lügenfeldzug gegen das wieder national gewordene Deutschland«, hieß es im Aufruf zu einer Massenkundgebung, die als Auftakt des Boykotts am Vorabend der Aktion auf dem Münchener Königsplatz veranstaltet wurde.[20]

Der Boykott war dann nicht nur wegen der verheerenden Resonanz im Ausland ein Fehlschlag, sondern auch, weil es (neben den Plünderungen und tätlichen Übergriffen der Nationalsozialisten) auch zu individuellen Solidaritätsbekundungen aus der Mehrheit mit den Juden gekommen war. Auch mußten wegen der scharfen Reaktionen des Auslands unangenehme Rückwirkungen für die deutsche Wirtschaft befürchtet werden. Die Aktion wurde abgebrochen; mit dem Ende der spontanen Gewalt gegen einzelne Angehörige der Minderheit begann aber nun eine organisierte Verfolgung, die in der ersten Stufe Gesetzgebungsakte zur Entrechtung der Juden mit diskriminierender Propaganda verband.

Amtshandlungen und Verfügungen, die sich gegen Juden richteten, erfolgten seit März 1933 auf vielen Ebenen. Das Reichsministerium des Innern teilte den Landesregierungen durch Runderlaß am 15. März mit, daß die Zuwanderung von Ostjuden künftig abgewehrt werden müsse. Länderregierungen und städtische Magistrate zeigten Erfindungsreichtum gegen Juden. In Sachsen wurde das Schächten von Schlachttieren verboten, und am gleichen Tag, dem 22. März 1933, hob Thüringen die Geschwisterermäßigung beim Schulgeld für jüdische Schüler auf. Die Stadt Köln untersagte die Berücksichtigung jüdischer Firmen bei öffentlichen Aufträgen am 27. März, im Land Hessen erschien eine Richtlinie für die Presse, die es als »Ehrensache« deklarierte, »fremdrassige internationale jüdische Einflüsse« aus dem Nachrichten-, Unterhaltungs- und Anzeigenteil der Zeitungen auszuschalten. Die Reichshauptstadt Berlin warf am 31. März die jüdischen Wohlfahrtsärzte aus dem Dienst, am gleichen Tag ordnete das bayerische Innenministerium die Kündigung aller Schulärzte »jüdischer Rasse« an. In Köln durften jüdische Sportler die städtischen Sportplätze nicht mehr benutzen, Frankfurt am Main ordnete die Überprüfung der deutschen Reisepässe aller Personen »semitischer Abstammung« an, in Düsseldorf wurde die Ausstellung von Pässen für Juden verboten, in München durften jüdische Ärzte in Krankenhäusern nur noch jüdische Patienten behandeln. Am gleichen Tag (4. April 1933) ließ der Deutsche Boxerverband verlautbaren, daß jüdische Faustkämpfer von der Beteiligung an Wettkämpfen von nun an ausgeschlossen seien.[21]

Bis zur ersten und nachhaltig folgenreichen Diskriminierung von Juden durch ein Reichsgesetz dauerte es nur zwei Monate und eine Woche nach der Machtübernahme durch die Hitlerregierung. Das »Gesetz zur Wiederherstellung des Berufsbeamtentums« vom 7. April 1933 war ein Berufsverbot für Juden im öffentlichen Dienst, zugleich eine erste praktische Konsequenz aus dem Parteiprogramm der NSDAP, vorläufig noch gemildert für diejenigen, die schon vor dem 1. August 1914 Beamte oder im Ersten Weltkrieg Frontkämpfer gewesen waren, die Väter oder Söhne im Weltkrieg verloren hatten. Zum Ärger der Nationalsozialisten, die unermüdlich das Klischee von der »jüdischen Feigheit« verbreiteten, war dieser Personenkreis aber sehr viel größer als angenommen worden war. Das zeigte sich auch bei einem anderen Ausschlußgesetz, das ebenfalls am 7. April verkündet wurde und die Zulassung zur Rechtsanwaltschaft regelte. Anwälten »nicht-arischer Abstammung«, wie die offizielle Formulierung lautete, die von nun an das Verhängnis für viele Existenzen bedeutete, konnte zum 30. September 1933 die Zulassung entzogen werden.

Die Ausnahmebestimmung des Frontkämpferprivilegs ging auf eine Intervention des Reichspräsidenten Hindenburg beim Reichskanzler Hitler zurück, nachdem jüdische Kriegsteilnehmer den greisen Feldmarschall des Ersten Weltkriegs zu Hilfe gerufen hatten. Zur Enttäuschung der vielen jüdischen Soldaten, die 1918 mit Orden und Ehrenzeichen heimgekehrt waren, bedeutete das »Frontkämpferprivileg« aber nur einen kurzen Aufschub bei der Entrechtung und Verfolgung.[22]

Nach einer Schätzung der »Zentralstelle für jüdische Wirtschaftshilfe« verloren 1933 etwa 2 000 jüdische Beamte des höheren Dienstes Arbeitsplatz und Beruf, außerdem wurden 700 Hochschullehrer aus den Universitäten verjagt. Im April 1933 begrenzte das »Gesetz gegen die Überfüllung der deutschen Schulen und Hochschulen« die Zahl der Juden in den Bildungsanstalten; das war die Vorstufe des vollständigen Ausschlusses, der 1938 vollzogen wurde. Mit ähnlicher Methode operierte die badische Regierung mit ihrer Verordnung »zur Wiederherstellung der Ehrlichkeit beim Viehhandel«, die den »Gebrauch der jüdischen Sprache (Jiddisch)« auf Viehmärkten verbot (dem lag allerdings der Irrtum zugrunde, daß die deutschen jüdischen Viehhändler die Sprache der Ostjuden benutzten). Es folgte der Ausschluß von Juden aus dem »Reichsverband des nationalen Viehhandels« und, im Januar 1937, das Berufsverbot für »nicht-deutschstämmige« Viehhändler.

Der »Arierparagraph« diente in Analogie zum »Gesetz über die Wiederherstellung des Berufsbeamtentums« in allen Lebensbereichen als Ausschlußgrund für die Juden. Das geschah allerdings in freiwilliger Übernahme nationalsozialistischer Ideologie, denn kein Turnverein oder Sängerbund, kein Wanderklub mußte Juden ausschließen, aber alle taten es. Seit September 1933 wurden vom Deutschen Automobil Club keine Juden mehr aufgenommen, ab Januar 1934 durften die Freiwilligen Feuerwehren in Preußen keine jüdischen Mitglieder mehr haben, im Februar wurden Juden aus der Wehrmacht ausgeschlossen. Schlimmer noch waren die Berufsverbote auf vielen Ebenen. Schon im September 1933 hatte die Generalsynode der Preußischen Union der Evangelischen Kirche beschlossen, daß »Nicht-Arier« nicht als Geistliche oder Beamte der kirchlichen Verwaltung berufen werden durften. Das gleiche galt, wenn sie mit Jüdinnen verheiratet waren. »Arische« Beamte, die eine Person »nicht-arischer« Abstammung heirateten, waren ebenfalls aus dem Kirchendienst zu entlassen. Das Schriftleitergesetz verdrängte jüdische Journalisten im Oktober 1933 aus den Redaktionen, eine Verfügung des preußischen Innenministers richtete sich gegen jüdische Herrenreiter und Jockeys, ein Auftrittsverbot machte im März 1935 jüdische Schauspieler brotlos. Das sind nur Beispiele.[23]

Im September 1935 wurden auf dem »Reichsparteitag der Freiheit« die »Nürnberger Gesetze« verabschiedet, mit denen die deutschen Juden zu Einwohnern minderen Rechts degradiert wurden. Das »Reichsbürgergesetz« unterschied jetzt »arische« Vollbürger des Deutschen Reiches mit politischen Rechten und »Nicht-Arier« als »Staatsangehörige« ohne politische Rechte. Das »Gesetz zum Schutz des deutschen Blutes und der deutschen Ehre« verbot Eheschließungen zwischen Juden und Nichtjuden und stellte sexuelle Beziehungen zwischen »Deutschblütigen« und Juden nach dem neu eingeführten Delikt »Rassenschande« unter drakonische Strafe. Mit diesen beiden Nürnberger Gesetzen war die Emanzipation definitiv rückgängig gemacht und gleichzeitig der Weg zur physischen Vernichtung der Minderheit bereitet. Die mörderische Konsequenz war freilich noch nicht zu erkennen, auch nicht von den Betroffenen, die jetzt ausschließlich nach rassistischen Kategorien behandelt wurden, unabhängig davon, ob sie sich selbst als Juden verstanden, einer jüdischen Kultusgemeinde angehörten oder überhaupt von ihrer jüdischen Abstammung wußten. Komplizierte Definitionen, wer Jude im Sinne der neuen Gesetze war, wer als »Mischling« ersten oder zweiten Grades eingestuft, wer zum »Geltungsjuden« deklariert wurde, wer den Makel »jüdisch versippt« zu tragen hatte, wer in »privilegierter Mischehe« vor Verfolgung (nicht vor Diskriminierung) geschützt war, bestimmten den Alltag der Minderheit, während die Mehrheit durch »Abstammungsnachweise« die verhängnisvollen Konsequenzen des »Arierparagraphen« vermeiden konnte.[24]

Ende April 1938 waren alle Juden gezwungen worden, ihr Vermögen, wenn es 5 000 Reichsmark überstieg, zu deklarieren, ab Juli mußten jüdische Unternehmen äußerlich gekennzeichnet werden, ebenfalls im Juli wurde ein besonderer Personalausweis für Juden eingeführt, im August erging die Verordnung zur Führung der zusätzlichen Zwangsvornamen Sarah bzw. Israel, ab Anfang Oktober wurde ein rotes »J« in die Reisepässe der Juden gestempelt (die Anregung kam aus der Schweiz[25], deren Behörden jüdische Flüchtlinge aus Deutschland und Österreich gleich erkennen wollten, um sie abweisen zu können), im Oktober hatte Hermann Göring als Beauftragter für den Vierjahresplan bei einer Konferenz über Rüstungsziele die Ausschaltung der Juden aus der Wirtschaft angekündigt, ab Mitte 1938 war jüdischen Kindern der Besuch deutscher Schulen untersagt. Das waren längst nicht alle Maßnahmen. Die Diskriminierungen und Schikanen, die man sich auf lokaler Ebene ausdachte, wie Parkbänke mit der Aufschrift »nur für Arier«, Verbote, städtische Badeanstalten zu besuchen, die Tafeln am Ortseingang oder an Eingängen zu Restaurants, Hotels und Geschäften: »Juden sind hier unerwünscht« und viele andere Diffamierungen lassen sich hier nicht alle aufzählen.

Eine »Aktion« gegen die Juden im Juni 1938 hatte besonderen Charakter: 1 500 Juden, die aus irgendeinem Grund einmal vor Gericht gestanden hatten und bestraft worden waren, wurden als »Asoziale« in Konzentrationslager verschleppt. Damit sollte Druck auf ihre Auswanderung ausgeübt werden, denn sie wurden nur freigelassen, wenn sie unmittelbar darauf emigrierten und die Möglichkeit dazu nachweisen konnten. Die »Juni-Aktion« war mehr als ein Signal, wie das NS-Regime die Ausgrenzung der Juden als Auftakt zur Austreibung verstand.[26]

Die Deportation der Ostjuden und die Novemberpogrome 1938

Im Oktober 1938 unternahm der NS-Staat dann einen Schritt, der weit über die bisherige Methode der Ausgrenzung hinausging und, in ganz anderem Ausmaß und bisher nicht gekannter Brutalität, die Austreibung einer jüdischen Bevölkerungsgruppe beabsichtigte. Anlaß hatte im März 1938 die polnische Regierung geboten mit einem Gesetz, das die Ausbürgerung aller Personen vorsah, die seit fünf oder mehr Jahren ununterbrochen außerhalb Polens gelebt und »die Verbindung mit dem polnischen Staat verloren« hatten. Dahinter stand (ähnlich den Überlegungen der Schweizer Behörden, die eine Invasion jüdischer Flüchtlinge fürchteten und daher das J in den Pässen deutscher Juden angeregt hatten) die Befürchtung, nach dem Anschluß Österreichs könnten die dort lebenden etwa 20 000 Juden polnischer Nationalität nach Polen zurückkehren, um sich nationalsozialistischer Verfolgung zu entziehen. Polen war an diesen Bürgern aber nicht interessiert. Als Ausführungsbestimmung hatte das polnische Innenministerium am 15. Oktober verfügt, daß die Pässe ungültig, die im Ausland lebenden polnischen Juden also staatenlos werden sollten, wenn sie nicht bis zum 30. Oktober 1938 durch einen konsularischen Vermerk prolongiert waren. Diesen Vermerk sollten die polnischen Auslandsvertretungen aber in der Regel verweigern.

Die polnische Politik der Ausbürgerung kollidierte mit der nationalsozialistischen Politik, die damals noch die jüdische Auswanderung propagierte und durch Schikanen forcierte, denn staatenlose Juden waren in ihren Emigrationsmöglichkeiten besonders behindert, und eine Abschiebung nach Polen nach dem 30. Oktober 1938 wäre nicht mehr möglich gewesen.[27]

Heinrich Himmler als Chef der deutschen Polizei und Reichsführer SS ordnete (im Einklang mit dem Auswärtigen Amt) deshalb Abschiebehaft und Ausweisung aller Juden im Besitz noch gültiger polnischer Pässe durch schematische Aufenthaltsverbote an. Alle verfügbaren Polizeikräfte sollten zusammenwirken, um möglichst viele Personen in Sammeltransporten an die polnische Grenze zu deportieren, damit sie vor Ablauf des 29. Oktober den polnischen Behörden überstellt werden könnten.

Die Aktion traf etwa 17 000 Menschen, die im ganzen Deutschen Reich verhaftet, in Gefängnissen und Sammellagern interniert und dann in Sonderzügen an die polnische Grenze gefahren wurden. Dort trieb man sie unter Beschimpfungen und Stockschlägen über die Reichsgrenze. Auf der anderen Seite verhinderten aber polnische Soldaten mit Waffendrohung und ebenfalls unter reichlichem Gebrauch antisemitischer Schmährufe den Grenzübertritt. Stundenlang standen die Deportierten im Niemandsland, viele irrten tagelang umher.[28] Schließlich wurden etwa 8 000 Personen in der Grenzstadt Zbaszyn (Alt-Bentschen) auf polnischem Boden unter elenden Bedingungen interniert. Das Lager auf einem Kasernengelände existierte bis Juli 1939.

Die Abschiebung mußte abgebrochen werden. Verhandlungen zwischen Warschau und Berlin endeten im Januar 1939 mit einer Vereinbarung über das Schicksal der bereits nach Polen Verbrachten. Ein großer Teil der Deportierten durfte vorläufig nach Hause zurückkehren, wo die jüdischen Familien freilich meist Schwierigkeiten hatten, ihre von der Polizei versiegelten Wohnungen wieder zu betreten. Die deutsche Politik gegenüber den Unerwünschten hatte sich nicht geändert. Die Absicht, sie loszuwerden, sollte jetzt nur diskreter verwirklicht werden, nämlich nicht mehr durch Massendeportation, sondern durch Austreibung in kleinen Gruppen über die grüne Grenze. Das sollte bis 31. Juli 1939 durchgeführt werden.[29]

Der barbarische Akt der Vertreibung der polnischen Juden aus Deutschland löste indirekt ein Ereignis aus, das als Wendepunkt nationalsozialistischer Politik gegen die Juden bekannt geworden ist: die November-Pogrome des Jahres 1938.[30] Der 9. November markiert damit den Umschlag staatlichen Handelns von legislativer und administrativer Diskriminierung der jüdischen Minderheit zur brachialen Gewalt. Als Vorwand diente das Attentat des 17jährigen Herschel Grynszpan auf Ernst vom Rath, einen Beamten der Deutschen Botschaft in Paris. Der junge Jude hatte als persönlich Betroffener – Eltern und Geschwister waren unter den Deportierten – gegen die Aktion vor aller Welt protestieren wollen. Der Diplomat starb am 9. November.

In München waren am Abend dieses Tages die »Alten Kämpfer« der NSDAP zur alljährlichen Traditionsfeier zum Putschversuch von 1923 versammelt. Es war der richtige Moment für die Inszenierung des Pogroms, für den die Bezeichnung »Reichskristallnacht« populär wurde. Die Stimmung war durch eine Pressekampagne längst angeheizt. In Nordhessen und Anhalt hatte es bereits am Vortag Ausschreitungen gegen Synagogen und jüdische Geschäfte aus lokaler Initiative gegeben. In München predigte Goebbels am Abend des 9. November Rache und »Vergeltung« an dem Judentum. Über Gau-Propagandaämter und von diesen weiter zu den Kreis- und Ortsgruppenleitungen bzw. zu den SA-Stäben im ganzen Deutschen Reich gaben die Parteioberen aus München, nun schon in der Form des Befehls, am späten Abend des 9. November telephonisch die Stimmung weiter. Das war so auch mit Hitler verabredet.

Die Aufforderung zur Gewalt gegen die Juden wurde bei den Nationalsozialisten im ganzen Land verstanden, wenige Stunden später standen die Synagogen in Flammen, wurden Juden öffentlich mißhandelt, wurde jüdisches Eigentum zerstört und geplündert. Die Aufforderung zum Pogrom durch die NSDAP kam einem bei vielen Parteigenossen seit der »Kampfzeit der Bewegung« brachliegenden Aktionsbedürfnis entgegen. Die Pogromnacht verlief im ganzen Deutschen Reich in ähnlicher Form. Zumeist in Zivil erschienen SA-Männer und Angehörige anderer Parteigliederungen, die den »spontan aufwallenden Volkszorn« verkörperten, vor Gebäuden der jüdischen Gemeinden, vor Geschäften und Wohnungen bekannter Juden. Sie johlten, warfen Fenster ein, erbrachen die Türen, verwüsteten das Innere und legten schließlich Feuer. Die Feuerwehr hatte ausdrücklichen Befehl, brennende Synagogen nicht zu löschen, sie sollte lediglich Nachbarhäuser vor dem Brand schützen.

Das Bewußtsein, an einer parteikonformen Machtdemonstration teilzuhaben, und die Erinnerung an die »Kampfzeit« vor 1933 bildeten die Hauptmotive der Zerstörungswut gegen Sachen und Menschen. Der Vandalismus der im organisierten Pogrom Randalierenden sprang aber auch auf Unbeteiligte über – als Frucht antisemitischer Propaganda, als Folge der Pressekampagne nach dem Grynszpan-Attentat oder, was am häufigsten und wahrscheinlichsten war, spontan aus dumpfer Aggression, aus Sensations- und Zerstörungslust, wie sie durch den Pogrom entfesselt wurden.[31]

Das Ereignis war als öffentliches Ritual der Erniedrigung und Demütigung der jüdischen Minderheit inszeniert. Diesem Zweck diente nicht nur die Zerstörung des Eigentums, die Verhöhnung und Mißhandlung der Menschen in der Nacht und am folgenden Tag. Der Befehl zur Inhaftierung von mindestens 26 000 jüdischen Männern in den drei Konzentrationslagern Dachau, Buchenwald und Sachsenhausen hatte das Ziel, Druck zur Auswanderung auszuüben. Deshalb hatte man gutsituierte Juden ausgewählt und ließ sie wieder frei, wenn die Angehörigen eine Emigrationsmöglichkeit vorweisen konnten. Die Frauen machten angstvoll Jagd nach den notwendigen Papieren, kämpften mit gelangweilten Bürokraten, schacherten mit skrupellosen Geschäftemachern, die Visa und Passagen zweifelhafter Qualität als Rettungschancen feilboten. Der Handel mit dubiosen Tickets und wertlosen Einreisevisa in überseeische Länder florierte. Für viele Länder, z. B. Kuba, war bei der Landung ein »Vorzeigegeld« als Anfangskapital notwendig, das wegen der deutschen Devisenbestimmungen nur von ausländischen Verwandten oder Freunden gestellt werden konnte. Der Paß durfte bei der Polizei beantragt werden, wenn Unbedenklichkeitsbescheinigungen der Finanzämter beigebracht waren, aus denen hervorging, daß alle Steuern bezahlt waren, daß auch die »Reichsfluchtsteuer« entrichtet war und daß der Anteil an der »Sühneabgabe«, der den deutschen Juden zynisch aus Anlaß des November-Pogroms auferlegten Sondersteuer von einer Milliarde Reichsmark, bezahlt wurde. Das Geld war auch für diejenigen, die noch Vermögen hatten, nur mit Schwierigkeiten aufzutreiben, denn seit Ende April 1938 waren jüdische Vermögen sequestriert.

Durch die Inhaftierung im KZ sollten die Unglücklichen aber auch an Person und Persönlichkeit Schaden erleiden, durch Appellstehen und Prügel, durch sinnlose körperliche Arbeit, durch Todesangst und Entehrung. Letzteres war durch die Entprivatisierung jeglicher Lebensäußerung unter Lagerbedingungen, durch entwürdigende sanitäre Verhältnisse, vor allem aber durch den Sadismus der Bewacher ohne weiteres zu bewerkstelligen.[32]

Im Reichsluftfahrtministerium konferierten am 12. November 1938 unter Hermann Görings Vorsitz Vertreter aller Reichsministerien und der deutschen Versicherungswirtschaft über die Folgen des Pogroms. Die Enteignung der Juden war zu diesem Zeitpunkt schon beschlossene Sache, die vollständige »Arisierung« der deutschen Wirtschaft bereits von Hitler entschieden. Eine Bilanz des Sachschadens, von Reinhard Heydrich für Göring erstellt, ergab, daß 7 500 jüdische Geschäfte zerstört, daß »dem Volkszorn« und der »gerechten Empörung« der Deutschen Fensterscheiben im Wert von zehn Millionen Reichsmark zum Opfer gefallen waren, daß durch Vandalismus und Plünderung ein Schaden von mehreren hundert Millionen Mark entstanden war. So wurden allein beim Juwelier Markgraf unter den Linden in Berlin Waren im Wert von 1,7 Millionen Mark geplündert. Fast alle Synagogen und jüdischen Bethäuser in Deutschland waren demoliert oder in Flammen aufgegangen und gebrandschatzt worden.[33]

Dazu kamen über die offiziell genannten 91 Fälle hinaus weitere Hunderte Todesopfer durch Morde, tödliche Mißhandlungen und die Selbstmorde, begangen aus Verzweiflung und Entsetzen. Einig waren sich die Minister und Beamten auf der Sitzung am 12. November, daß die Juden nicht nur für die Pogromschäden haften sollten (durch die Beschlagnahme der Versicherungsleistungen war sichergestellt, daß sie auch wirklich geschädigt blieben), dazu kam außer der »Sühneleistung« von einer Milliarde Reichsmark die Verpflichtung, das Straßenbild wieder herzustellen, als sei nichts geschehen.[34]

Im Herbst 1938, zur Zeit der Novemberpogrome, befanden sich von ehemals etwa 100 000 jüdischen Betrieben noch 40 000 in Händen ihrer rechtmäßigen Besitzer. Am stärksten hatten die »Arisierungen« im Einzelhandel zu Buche geschlagen, von 50 000 Geschäften waren noch 9 000 übrig. Die Zahl der jüdischen Arbeitslosen war stetig angestiegen, Berufsverbote und erzwungene Verkäufe hatten zur Verarmung vieler Juden geführt. Die »Verordnung zur Ausschaltung der Juden aus dem deutschen Wirtschaftsleben« vom 12. November 1938 vernichtete die noch verbliebenen Existenzen. Ab dem 1. Januar 1939 war Juden das Betreiben von Einzelhandelsgeschäften, ebenso das Anbieten von Waren und gewerblichen Leistungen auf Märkten und Festen sowie das Führen von Handwerksbetrieben untersagt. Die Betriebe wurden, in der Regel zu einem Bruchteil ihres Wertes, in die Hände von nichtjüdischen Besitzern überführt (»arisiert«) oder aufgelöst, für den jüdischen Eigentümer bedeutete es in jedem Falle den Ruin, denn auch über den Erlös konnte er nicht verfügen, da er auf Sperrkonten eingezahlt und später zugunsten des Deutschen Reiches konfisziert wurde. Schmuck, Juwelen, Antiquitäten mußten die Juden zwangsweise verkaufen, die Ankäufe erfolgten zu Preisen, die weit unter dem Wert lagen. Auch über Wertpapiere und Aktien durften Juden nicht mehr verfügen, sie mußten in ein Zwangsdepot gegeben werden. Jüdischer Immobilienbesitz wurde gleichfalls zwangsweise »arisiert«. Jüdische Arbeitnehmer wurden gekündigt, die Selbständigen hatten fast ausnahmslos Berufsverbot. Von 3 152 Ärzten hatten 709 noch die widerrufliche Erlaubnis, als »Krankenbehandler« ausschließlich jüdische Patienten zu versorgen.[35]

Nach dem Novemberpogrom kam mit dem Verbot jüdischer Zeitungen und Organisationen das noch verbliebene öffentliche Leben der Juden zum Erliegen. Ausgeraubt und verelendet, blieb ihnen nur die private Existenz unter zunehmend kläglichen Umständen, unter immer neuen Schikanen. Am 30. April 1939 begannen mit einem »Gesetz über Mietverhältnisse mit Juden« die Vorbereitungen der Zusammenlegung jüdischer Familien in »Judenhäusern«. Die Juden sollten in Wohnungen zusammengedrängt werden, um den Verfolgern die Überwachung (und später die Deportation) zu erleichtern. »Ariern«, so die Begründung, sei das Zusammenleben mit Juden im gleichen Haus nicht zuzumuten.

Des Schicksals der »Aktionsjuden«, jener in die drei Konzentrationslager nach den Pogromen gesperrten mindestens 26 000 Männer, hätte es wohl gar nicht bedurft, um die deutschen Juden auswanderungswillig zu machen, die bis jetzt noch Illusionen über die Absichten des NS-Regimes hatten, deren Verwurzelung in deutscher Heimaterde so tief war, daß sie sich gegen die Emigration sträubten oder die ganz einfach zwar auswandern wollten, aber keine Möglichkeit dazu hatten, da die Welt die deutschen Juden ja weder einlud, Asyl zu nehmen, noch sie mit offenen Armen empfing, wenn sie nicht prominent (etwa als Künstler, Wissenschaftler, Schriftsteller) oder wenigstens wohlhabend waren. Die meisten deutschen Juden waren aber weder das eine noch das andere. Die Novemberpogrome machten jedenfalls unmißverständlich klar, daß für Juden kein Platz mehr in Deutschland sein sollte, daß das Regime sie jetzt mit allem Nachdruck zur Auswanderung zwingen wollte.

Das Exil als Flucht und als Vertreibung

Die Emigration war sowohl Flucht vor Verfolgung als auch Vertreibung. Traf das erste vor allem für die Gegner des Nationalsozialismus zu, die sich im politischen Exil »mit dem Gesicht nach Deutschland«[36] mindestens bis zum Krieg als Kämpfer und Widerstandleistende verstanden und dann in den Exilländern in aller Welt versuchten, »das andere Deutschland« zu verkörpern und Pläne für eine Gesellschafts- und Staatsordnung in Deutschland nach Hitler schmiedeten, so war die Emigration der deutschen Juden immer

Vertreibung, auch wenn die Auswanderung in den ersten Jahren des Regimes freiwillig erfolgte.

Bis in die Kriegsjahre hinein war es erklärtes Ziel nationalsozialistischer Ideologie, die Juden aus dem Land zu treiben; dazu diente die gesetzliche und soziale Diffamierung der Minderheit. Die nationalsozialistische Politik gegenüber den Juden war indes widersprüchlich[37], sie forcierte deren Auswanderung durch Diskriminierung, und sie behinderte die Ausreise durch systematische Ausplünderung in Gestalt von Kontributionen, Sondersteuern, ruinösen Bestimmungen des Vermögenstransfers. Die jüdische Emigration stand unter ganz anderen Vorzeichen als der Exodus der Politiker, Wissenschaftler, Literaten und Künstler. An deren Exil hatten die Nationalsozialisten kein Interesse, im Gegenteil. Die Eingliederung bekehrter Sozialisten und anderer Regimegegner in die nationalsozialistische »Volksgemeinschaft« war erklärtes Ziel des Staats, und ebenso hätte man sich mit den Schriftstellern, Schauspielern und Musikern und anderer exilierter Prominenz (sofern sie nicht jüdisch war) gern vor der Welt geschmückt.

Das politische Exil, und das gleiche galt in hohem Maße für Künstler und Wissenschaftler, lebte auf Zeit in der neuen Umgebung des Aufnahmelandes. Die Juden aus Deutschland überschritten die Grenzen jedoch im Gefühl der Endgültigkeit ihrer Ausreise. Sie erhofften, mit Gefühlen der Bitterkeit über die erfahrenen Demütigungen und Kränkungen, den Heimatverlust, die Verweigerung des gesellschaftlichen Status und politischer Rechte, neue und endgültige Existenzmöglichkeiten in der Fremde. Natürlich gab es, zumal in der ersten Emigrationswelle aus NS-Deutschland, Überschneidungen; nicht wenige Emigranten waren sowohl aus politischen Gründen wie als Juden auf der Flucht. (Und nicht wenige kehrten nach enttäuschender Emigrationszeit nach ein oder zwei Jahren sogar nach Deutschland zurück.) Die unterschiedliche Ausgangslage der politischen und der jüdischen Emigration, der konträre Erwartungshorizont, änderte freilich nichts an der Gemeinsamkeit elender materieller Lebensumstände. Alle Emigranten – die dünne Schicht der begehrten Prominenz ausgenommen, die wie Albert Einstein oder Thomas Mann Deutschland früh verlassen hatte und internationales Prestige genoß – waren überall nur geduldete Asylanten oder Einwanderer auf den unteren Rängen der sozialen Skala des Gastlandes, und die Juden unter ihnen hatten nicht einmal die Illusion der späteren Heimkehr.[38]

Flucht und Vertreibung der Juden aus Deutschland spiegeln in ihrer Intensität die nationalsozialistische Politik wider. 1933 verließen als Reflex auf die terroristischen Begleiterscheinungen der »Machtergreifung« 37 000–38 000 Juden Deutschland. Ihnen folgten 1934, in dem Jahr, in dem die Konsolidierung der NS-Herrschaft abgeschlossen war, 22 000–23 000. 1935 emigrierten 20 000–21 000 Juden. Das einschneidende Ereignis dieses Jahres, die Nürnberger Gesetzgebung, die Juden zu Staatsangehörigen minderen Rechts herabstufte, wirkte sich erst in der Statistik des Jahres 1936 mit 24 000–25 000 jüdischen Emigranten aus. Die scheinbare Beruhigung der Situation im Olympiajahr 1936, als nach dem Eindruck vieler Juden der antisemitische Aktionismus des Regimes sich gemäßigt zu haben schien, zeigte sich in nur 23 000 Emigranten im folgenden Jahr 1937. Die Verschärfung der judenfeindlichen Politik, ihr Umschlagen von Diskriminierung und Verfolgung durch legislatorische Akte in brachiale Gewalt, demonstriert durch die Austreibung der polnischen Juden im Oktober 1938 und durch die Pogrome der »Reichskristallnacht« im November 1938, führte zur größten Auswanderungswelle mit 33 000–40 000 Menschen bis Ende 1938 und 75 000–80 000 im Jahre 1939. Es war die Zeit des stärksten Auswanderungsdrucks, der durch die Inhaftierung der jüdischen Männer in Konzentrationslagern unmittelbar nach dem 9. November 1938 und durch die »Arisierung« noch vorhandener jüdischer Unternehmen, durch den Abschluß der 1933 begonnenen Berufsverbote und durch die fortschreitende Entrechtung im öffentlichen und privaten Leben forciert wurde.

Der Ausbruch des Zweiten Weltkriegs bedeutete das Ende der meisten Auswanderungsmöglichkeiten durch Schließung der diplomatischen Vertretungen und durch den Wegfall von Schiffspassagen und anderen Reisemöglichkeiten. 1940 konnten nur noch 15 000 Juden Deutschland verlassen, 1941 waren es noch 8 000. Trotz des Auswanderungsverbots, das am 23. Oktober 1941 erging – sechs Wochen nach der Polizeiverordnung, die den deutschen Juden das Tragen des Judensterns befahl –, entkamen in den Jahren 1942 bis 1945 noch etwa 8 500 Juden aus Deutschland. Nach den Arbeitsberichten des Zentralausschusses für Hilfe und Aufbau bzw. der Reichsvertretung der Juden in Deutschland hatten 1933 bis 1941 zwischen 257 000 und 273 000 Juden Deutschland verlassen.[39] Insgesamt wird die Zahl der jüdischen Emigranten aus Deutschland auf 278 500 geschätzt. Der Massenmord, der mit Deportationen in die Ghettos und Vernichtungslager in Polen und im Baltikum begann, war seit dem deutschen Einmarsch in die Sowjetunion im Sommer 1941 längst im Gange.

Nationalsozialistische Judenpolitik und jüdische Reaktionen

Die im nachhinein aus dem Wissen um die verwirklichten Konsequenzen nationalsozialistischer Ideologie gestellte Frage, warum sich die deutschen Juden der mit Hitler und der NS-Herrschaft drohenden Katastrophe nicht mehrheitlich durch rechtzeitige Flucht aus dem deutschen Machtbereich entzogen haben, verfehlt die Realität ebenso wie sie Mentalität und soziale Situation der Juden in Deutschland nicht begreift. Der Ausreise standen ökonomische und administrative Schwierigkeiten entgegen, und beträchtlich waren die politischen Hindernisse, die den Juden aus Deutschland (und später aus ganz Europa) von potentiellen Aufnahmeländern in den Weg gelegt wurden. Der mit der Emigration fast immer zu erwartende Statusverlust und die für die Exilländer fehlende berufliche Qualifikation waren weitere Hindernisse. Das Selbstverständnis der hoch assimilierten deutschen Juden war ein gewichtiger, zunächst sogar der gewichtigste Grund, der gegen ihre Auswanderung sprach.[40]

Es schien unvorstellbar, daß alles Streben nach Assimilation, wie es in der kurzen Zeit der Weimarer Republik als der letzten kulturellen Blüte des deutschen Judentums erreicht schien, zerrinnen sollte, daß die im 19. Jahrhundert mühsam erreichte Emanzipation zurückgenommen werden würde, weil die NSDAP mit ihrer primitiven Rassenideologie zur Macht gekommen war. Bald vernahmen die deutschen Juden jedoch mit ungläubigem Staunen, daß ihr Einsatz fürs Vaterland im Ersten Weltkrieg, daß ihre Liebe zu Deutschland, daß ihre Wurzeln in deutscher Kultur und Geistigkeit negiert wurden. Trotzdem glaubten die wenigsten den Drohungen, daß die »Judenfrage« von der Hitlerregierung mit Gewalt gelöst werden würde. Viele weigerten sich gar, die angekündigten Maßnahmen als Realität zur Kenntnis zu nehmen, fühlten sie sich doch ebenso wie die anderen – nationalliberal oder demokratisch, deutschnational oder sozialdemokratisch orientierten – Deutschen mit manchen Zielen und Bestrebungen der von Hitler geführten Reichsregierung solidarisch: Für die Überwindung des Versailler Vertrages und den Wiedergewinn nationaler Größe begeisterte sich das jüdische Bürgertum zum großen Teil nicht weniger als das nichtjüdische. Trotz der Ausschreitungen, die im Frühjahr 1933 zu beobachten waren, schien es in den ersten Wochen nach der Machtübernahme Hitlers den meisten deutschen Juden einfach nicht denkbar, daß ihre bürgerlichen Rechte beseitigt und ihre wirtschaftliche Existenz durch den Nationalsozialismus zerstört werden könnten, von Schlimmerem ganz zu schweigen.[41]

Die öffentlichen Reaktionen der verschiedenen politischen oder ideologischen Richtungen im deutschen Judentum dürfen nicht darüber hinwegtäuschen, daß die Mehrheit zwar ängstlich abwartend, aber vor allem indifferent die Ereignisse der »nationalen Erhebung« im Frühjahr 1933 hinnahm. Es waren die wenigsten, die auf die neue Regierung mit dem Gedanken an Auswanderung reagierten. Diejenigen, die sich politisch oder literarisch exponiert hatten, wie der

Schriftsteller Lion Feuchtwanger, der Pazifist Emil Julius Gumbel, die Publizisten Alfred Kerr und Theodor Wolff, die die Rache der Nationalsozialisten fürchten mußten, flohen natürlich ins Exil. Aber die Mehrzahl fühlte sich persönlich nicht bedroht und dachte deshalb nicht an Auswanderung.

Die Erkenntnis, daß die Basis jüdischen Lebens in Deutschland verlorengegangen war, hatte im Frühjahr 1933 unter den Juden noch wenig Verbreitung. Der Schock der Boykottaktion vom 1. April 1933 stärkte freilich die Autorität der Zionisten, die sich – je radikaler sich das NS-Regime gab und je bedrohlicher die Situation für die Juden in Deutschland wurde – darauf berufen konnten, mit ihrer Propaganda zur Stärkung des jüdischen Selbstbewußtseins und zur Gründung einer eigenen Nation auf dem Boden Palästinas auf dem richtigen Weg zu sein, und zwar schon seit langer Zeit.[42]

Die Reichsvertretung der deutschen Juden und vor allem der »Hilfsverein der deutschen Juden« als zentrales Organ der Wohlfahrtspflege bemühten sich, die jüdische Emigration zu planen und zu organisieren. Die Probleme waren vielfältig: Einwanderungsländer mußten gefunden und die Emigration Minderbemittelter mußte finanziert werden, unendliche bürokratische Schwierigkeiten waren in jedem Einzelfall zu überwinden. Wegen ihrer Sozialstruktur waren die deutschen Juden in der Mehrzahl kaum auswanderungsfähig; für Akademiker und Intellektuelle bestand in den Immigrationsländern wenig Bedarf, auch kaufmännische Fähigkeiten waren nicht gefragt (wenn sie nicht mit Kapitalbesitz verbunden waren), die handwerklichen oder landwirtschaftlichen Kenntnisse und Fertigkeiten, die man in Palästina brauchte und die auch in südamerikanischen Einwanderungsgebieten verlangt wurden, waren unter deutschen Juden aber selten. Der Hilfsverein organisierte Kurse zur »Umschichtung« der Berufsstruktur, d. h. im Eilverfahren wurden handwerkliche Grundkenntnisse vermittelt und die (vor allem jugendlichen) Zionisten gingen auf Hach'schara (»Ertüchtigung«), um sich das für das Siedlerleben in Palästina erforderliche landwirtschaftliche Rüstzeug, aber auch Sprachkenntnisse in Hebräisch anzueignen.[43]

Bei den Formalitäten stand den Auswanderern für alle Länder außer Palästina der Hilfsverein mit Rat und Tat zur Seite. Für Palästina-Auswanderer war ausschließlich das Palästina-Amt zuständig.[44] Die Hauptlast der Vorbereitung einer Emigration blieb jedoch beim einzelnen; die Worte, die in aller Munde waren und die bürokratischen Mühen der Auswanderung bezeichnen, hießen nach der Erinnerung des Historikers Walter Laqueur, der 1938 mit 17 Jahren nach Palästina gegangen war: »›Umschichtung‹, ›Existenz‹ (›Existenz schaffen‹, ›gesicherte Existenz‹), ›Leumundszeugnis‹, ›Hach'schara‹ (Vorbereitung für Palästina), ›Gesundheitsattest‹, ›Unbedenklichkeitserklärung‹, ›Bordgeld‹, ›Zertifikat‹ (Einreiseerlaubnis nach Palästina), ›Affidavit‹ (Vorbedingung für das amerikanische Visum), ›Chamada‹ (dasselbe für Brasilien) und noch einiges mehr. Hinzu kamen die vielen neuen Abkürzungen wie ICA, HIAS, HICEM, Altreu, Paltreu u. dgl., die nun plötzlich von entscheidender Wichtigkeit waren. All das schien merkwürdig und ein wenig komisch; wie sich jedoch bald zeigen sollte, waren die Zertifikate, die Affidavits und die Chamadas eine Frage von Leben und Tod«.[45] Der Transfer von Vermögenswerten nach Palästina, also der zur jüdischen Siedlung notwendige Kapitalzufluß, war wegen der Devisenknappheit des Deutschen Reiches und den daraus resultierenden Restriktionen grundsätzlich schwierig. Das »Haavara-Abkommen«, das zwischen 1933 und 1939 mit einem System von Treuhandkonten und Gegenleistungen in Warenlieferungen funktionierte, ermöglichte jüdischen Einwanderern die Ansiedlung durch Landerwerb. Für das Reichswirtschaftsministerium und andere deutsche Stellen brachte die Regelung Vorteile – zu Lasten der Juden.[46]

Nach dem »Anschluß« wurde Österreich Experimentierfeld für die durch die nationalsozialistischen Behörden forcierte Auswanderung der jüdischen Minderheit. Nach der Volkszählung vom März 1934 lebten in Österreich 191 481 Personen israelitischer Konfession. Nach der Definition der Nürnberger Gesetze gab es einige

Tausend Juden mehr; ihre Gesamtzahl wurde auf 206 000 geschätzt. Die Volkszählung vom 17. Mai 1939 wies noch 94 601 Juden im Sinne der nationalsozialistischen Rassenideologie, davon 84 214 »Glaubensjuden« aus. Es waren also rund 110 000 österreichische Juden zwischen dem »Anschluß« und dem Beginn des Zweiten Weltkriegs emigriert. Das geschah entweder als Flucht aus eigener Initiative oder aufgrund des Drucks, den die von Adolf Eichmann im Auftrag des Reichssicherheitshauptamts und des Reichskommissars für die Wiedervereinigung Österreichs mit dem Deutschen Reich, Josef Bürckel, gegründete Zentralstelle für jüdische Auswanderung in Wien seit August 1938 ausübte.[47] Die Zentralstelle gab gegen eine Abgabe von fünf Prozent des Vermögens Reisepässe aus und organisierte unter weiterer Ausplünderung die Ausreise. Als reine Verdrängungsbehörde kümmerte sich die Zentralstelle nicht um Visa und Passagen und andere der Einreise ins Exilland dienliche Details. Grundlage der Behörde war die Idee, die Auswanderung mit jüdischem Geld zu finanzieren und durch Zwangsabgaben auch die Emigration armer Juden zu betreiben.

Die Wiener Zentralstelle, die ab 1941 die Deportationen in die Vernichtungslager organisierte und damit eine wesentliche Funktion beim Völkermord hatte, bildete das Modell der Berliner »Reichszentrale für jüdische Auswanderung«, die im Januar 1939 eingerichtet wurde und deren Geschäftsführer ab Oktober 1939 Adolf Eichmann war. Aus Österreich waren zu diesem Zeitpunkt mit dem Beginn des Zweiten Weltkriegs etwa zwei Drittel der jüdischen Bevölkerung emigriert.[48] Nach einer Zählung der Wiener Zentralstelle für jüdische Auswanderung lebten am 15. September 1939 noch 66 260 »Glaubensjuden« in Österreich, dazu kamen 8 359 Juden nach der Definition der nationalsozialistischen Rassengesetze.[49]

Die kleinste territoriale Gruppe der deutschsprachigen jüdischen Emigration stammte aus der Tschechoslowakei. 1930 hatten im späteren »Reichsgau Sudetenland«, den Randgebieten der böhmischen Länder mit ihrem hohen Anteil deutschsprachiger Bevölkerung, 27 000 Menschen jüdischen Glaubens gelebt. 1939, nach der Annexion durch das Deutsche Reich, wurden noch 2 363 gezählt[50]; ein großer Teil war also zu diesem Zeitpunkt bereits emigriert, aber mindestens 14 500 sudetendeutsche Juden lebten im März 1939 noch auf dem Territorium des gerade errichteten Protektorats Böhmen und Mähren.

Bis 1939 forcierte und bremste der NS-Staat gleichermaßen die Auswanderung der deutschen Juden.[51] Die Verdrängung aus der Wirtschaft förderte den Emigrationswillen, aber die Ausplünderung durch Vermögenskonfiskation und ruinöse Abgaben hemmte die Auswanderungsmöglichkeiten. Kein Immigrationsland ist an verarmten Einwanderern interessiert, und eine Heimtücke des Regimes bestand darin, daß es den Antisemitismus zu exportieren hoffte, wenn die aus Deutschland vertriebenen Juden zum sozialen Problem in den Aufnahmeländern würden. Hannah Arendt zitiert ein Zirkular des Auswärtigen Amtes vom Januar 1939, in dem unmißverständlich ausgedrückt war, »daß es sich bei diesen Verfolgungen nicht so sehr darum handle, die Juden loszuwerden, als den Antisemitismus in die westlichen Länder, in denen Juden Zuflucht gefunden haben, zu tragen ... Dabei wird ausdrücklich darauf hingewiesen, daß es im deutschen Interesse liege, die Juden als Bettler über die Grenzen zu jagen, denn je ärmer der Einwanderer sei, desto größer die Last für das Gastland.«[52]

Die Welt verhielt sich ziemlich gleichgültig gegenüber der Not der Juden. Im Juli 1938 fand in Evian am französischen Ufer des Genfer Sees eine Internationale Konferenz statt, die den Problemen der jüdischen Auswanderung aus Deutschland gewidmet war. Eingeladen hatte der amerikanische Präsident Roosevelt, gekommen waren Vertreter von 32 Staaten und vieler jüdischer Organisationen. Außer der Etablierung eines »Intergovernmental Committee on Political Refugees (IGC)« mit Sitz in London und der vagen Zusicherung einiger Staaten, die bestehenden Einwanderungsquoten könnten in Zukunft voll ausgeschöpft werden, geschah jedoch nichts, was die Emigrationsmöglichkeiten der Juden aus Hitlers Machtbereich verbessert hätte.[53]

Dem verstärkten Druck zur Emigration Anfang 1939 folgten massive Behinderungen durch den NS-Staat, die bis zum Auswanderungsverbot im Herbst 1941 andauerten und selbst im Kriege weiterhin aufrechterhalten wurden.[54] Der Kriegsbeginn fügte zu den vom NS-Regime verursachten Behinderungen und zu den von den Nachbarländern praktizierten Restriktionen noch weitere Hemmnisse der Emigration hinzu; der atlantische Seekrieg beeinträchtigte die Seewege nach Nord- und Südamerika erheblich. Nur noch spanische, portugiesische, argentinische und chilenische Reedereien hielten den zivilen Schiffsverkehr mit der Neuen Welt aufrecht. Nachdem Italien im Sommer 1940 in den Krieg eingetreten und somit auch das Mittelmeer Kriegsgebiet geworden war, entfiel auch die bisher noch mögliche Einschiffung in italienischen und griechischen Häfen. Mit dem Überfall auf die Sowjetunion im Juni 1941 war auch der Weg nach Ostasien mit der Transsibirischen Eisenbahn versperrt. Die pauschale Ausbürgerung aller Juden durch das Deutsche Reich mit Verordnung vom 21. November 1941 machte aus den Flüchtlingen Staatenlose, was deren Aufnahme durch potentielle Asylländer zusätzlich behinderte.[55]

Das Ende der Verfolgung: Vernichtung statt Vertreibung

Die Besetzung weiter Gebiete Europas durch das Deutsche Reich entzog zahlreichen Flüchtlingen das bisher sicher geglaubte Refugium und zwang sie, sofern es noch möglich war, zur weiteren Emigration, was vor allem nach dem Zusammenbruch Frankreichs im Juni 1940 eine neue Fluchtwelle – größtenteils über die Pyrenäen nach Spanien, Portugal und nach Übersee, zum wesentlich geringeren Teil in neutrale Länder wie die Schweiz oder Schweden – auslöste. Nicht allen gelang diese Flucht, und vergleichsweise wenige konnten im besetzten Europa mit gefälschten Papieren oder in Verstecken überleben. Für die Mehrzahl der jüdischen Emigranten, die in Westeuropa Schutz gesucht hatten, gab es keine Hilfe. Für 30 000 Menschen wurde das Exil zur Falle, sie wurden nach der deutschen Besetzung ihrer Asylländer in die Vernichtungslager im Osten deportiert und dort ermordet. Ihre Emigration mündete in den Holocaust.[56]

Die begehrtesten Exilländer waren Palästina und die USA. Aus unterschiedlichen Gründen war es jedoch schwer, dorthin zu gelangen. Palästina war britisches Mandatsgebiet, und die einwanderungswilligen Zionisten, meist junge Juden, die sich gemeinsam auf das Siedlerdasein vorbereiteten, wurden nur in geringer Zahl nach einem komplizierten Quotensystem zugelassen. Von der Jewish Agency offiziell betreut, also legal, wanderten 1933 bis 1936 maximal 29 000 Juden aus Deutschland nach Palästina ein, in den Jahren 1937 bis 1941 waren es noch rund 18 000. Die illegale Einwanderung (Allija Beth) war reich an Risiko und nur für einige tausend Menschen insgesamt erfolgreich.[57]

Einwanderungsquoten bildeten eine, für viele die entscheidende, da unüberwindbare, Barriere vor den Vereinigten Staaten. Aber bis 1939 waren nicht einmal die Jahresquoten ausgenutzt worden. Ursachen waren sowohl die Devisenbewirtschaftung in Deutschland als auch die restriktive Politik der amerikanischen Einwanderungsbehörden. Nach dem Novemberpogrom 1938 wurden die Restriktionen zwar gelockert, aber für viele war es zu spät. War es erst die Sorge, von verarmten Juden aus Mitteleuropa belästigt zu werden, so kam nach Kriegsausbruch die Furcht vor Nazispionen dazu, die mit dem Flüchtlingsstrom einsickern könnten. Auf jeden Fall mußten für die Einwanderungserlaubnis in die USA bürokratische Hürden von beträchtlichem Ausmaß überwunden werden. Trotzdem waren die Vereinigten Staaten das wichtigste Exilland überhaupt, in dem über 130 000 deutschsprachige Juden Zuflucht fanden.

Weil es nicht wie die meisten Emigrationsländer in Europa schließlich unter deutsche Herrschaft geriet, hielt Großbritannien den größten Teil deutschjüdischer Einwanderer in Europa auf Zeit wie auf Dauer. Bis Herbst 1938 hatten sich ca. 11 000 Juden auf die britischen Inseln gerettet, nach der »Reichskristallnacht« durften noch einmal 40 000 kommen. Generös war die rasche, unmittelbar nach dem Novemberpogrom einsetzende Hilfe für jüdische Kinder aus Deutschland. Tausende konnten mit Hilfe der Kindertransporte gerettet werden.[58]

Für eine systematische Auswanderungspolitik, wie sie auf jüdischer Seite die Reichsvertretung und der Hilfsverein gern geplant und betrieben hätten, gab es zu viele Hindernisse. Arthur Prinz, der eine maßgebliche Rolle im Hilfsverein gespielt hatte, zog nach seiner eigenen Emigration die bittere Bilanz: »Eine fruchtbare und zielbewußte jüdische Auswanderungspolitik hatte es gegeben in der Zeit zwischen den Nürnberger Gesetzen und der Juniaktion (Festnahme von rund 1 500 jüdischen ›Asozialen‹ im Juni 1938). Von der Juniaktion bis zur Novemberaktion (›Reichskristallnacht‹ November 1938) hatte die jüdische Auswanderungspolitik mit wachsenden Schwierigkeiten zu kämpfen und wurde sozusagen gezwungen, sich ihr eigenes Grab zu graben. Nach der Novemberaktion wurde die jüdische Auswanderungspolitik zwischen zwei Mühlsteinen zerrieben, bis zuletzt überhaupt nichts mehr von ihr übrigblieb. Diese beiden Mühlsteine waren einerseits der Druck, den die Gestapo als Förderin jüdischer Auswanderung ausübte, andererseits der Gegendruck, den die Gestapo bzw. die mit ihr Hand in Hand arbeitenden Stellen wie das Propagandaministerium und die Auslandsorganisation (der NSDAP) des Herrn Bohle zur Verhinderung jüdischer Einwanderung in anderen Ländern ausübten.«[59]

Der Kriegsbeginn am 1. September 1939 diente als Anlaß für neue Schikanen gegen die noch in Deutschland lebenden Juden. Sie durften im Sommer ab 21.00 Uhr und im Winter ab 20.00 Uhr ihre Wohnungen nicht mehr verlassen. Als »Reichsfeinden« war ihnen ab 20. September der Besitz von Rundfunkempfängern, ab 19. Juli 1940 von Telefonen verboten. Seit September 1939 konnten Juden nur noch in bestimmten Läden ihre (gegenüber »Ariern« erheblich gekürzten) Lebensmittelrationen erwerben; oftmals durften sie auch erst am späten Nachmittag einkaufen, wenn es keine Waren mehr gab. Penible Bürokraten dachten sich immer neue Verbote aus, z. B. Haustiere zu halten oder Leihbüchereien zu benutzen.

Seit Dezember 1938 waren Juden zur Zwangsarbeit verpflichtet, sie ersetzten in der Rüstungsindustrie die zur Wehrmacht Eingezogenen unter diskriminierenden Bedingungen im »geschlossenen Arbeitseinsatz«, d. h. sie wurden abgesondert von der »arischen« Belegschaft beschäftigt.[60] Am 1. September 1941 erging die Polizeiverordnung über die Kennzeichnung von Juden: Vom 15. September an mußte jeder Jude vom sechsten Lebensjahr an einen gelben Stern auf der Kleidung aufgenäht tragen. Damit war die öffentliche Demütigung und Stigmatisierung vollkommen, die Überwachung der verfolgten Minderheit perfekt. Mit einem lakonischen Erlaß des Reichssicherheitshauptamts vom 23. Oktober 1941 war wieder eine Wegmarke erreicht: »Die Auswanderung von Juden aus Deutschland ist ausnahmslos für die Dauer des Krieges verboten«, und in einem Runderlaß Himmlers Anfang Januar 1942 war die Absicht des NS-Regimes noch deutlicher formuliert, als es hieß, angesichts der angestrebten »Endlösung der Judenfrage« werde die Auswanderung von Juden deutscher Staatsangehörigkeit und staatenloser Juden aus dem Deutschen Reich unterbunden. Die Entscheidung zum Mord war gefallen.[61] Im Herbst 1941 begann mit der systematischen, bürokratisch geregelten und bis ins Detail programmierten Deportation der Juden aus Deutschland die letzte Phase nationalsozialistischer Judenpolitik. Sie war nunmehr zielstrebig und ausschließlich darauf gerichtet, die europäische Judenheit auszurotten.[62]

Seit dem 1. Juli 1943 waren die Juden in Deutschland (durch die 13. Verordnung zum Reichsbürgergesetz) unter Polizeirecht gestellt, d. h. für sie gab es keine Rechtsinstanzen mehr. Aber zu diesem Zeitpunkt lebten nicht mehr viele Juden in Deutschland. Etwas mehr als die Hälfte war ausgewandert. Die anderen waren »evakuiert«, das hieß in Sammeltransporten »Richtung Osten« deportiert worden. Offiziell war das Deutsche Reich »judenfrei«. Einige wenige hatten sich in die Illegalität geflüchtet, andere lebten in dem zweifelhaften Schutz, den »Mischehen« mit nichtjüdischen Partnern boten, jederzeit gewärtig, das Schicksal der Mehrheit der deutschen Juden, die Deportation und den Tod im Vernichtungslager, zu teilen.[63]

Eine andere Gruppe von Unerwünschten, die Objekte nationalsozialistischer Verfolgung wurden, muß abschließend erwähnt werden. Die »Zigeuner« wurden in der nationalsozialistischen Ideologie aus mehrfachem Grund negativ wahrgenommen. Zum Feindbild »gemeinschaftsfremd, asozial, kriminell«, das auf traditionellen Konstrukten der sozialen Ablehnung und Ausgrenzung aufbaute, kam die Diskriminierung aus rassistischen Motiven. Nach anfänglicher Unklarheit mündete die Haltung der Nationalsozialisten in Verfolgungseifer, der in Intention und Wirkung der Verfolgung der jüdischen Minderheit nicht nachstand. Die Nürnberger Gesetze von 1935 machten auch Sinti und Roma zu Bürgern minderen Rechts, 1938 wurde im Reichskriminalpolizeiamt eine »Reichszentrale zur Bekämpfung des Zigeunerunwesens« gebildet, am 8. Dezember 1938 verfügte Heinrich Himmler als Reichsführer SS und Chef der deutschen Polizei, die »Regelung der Zigeunerfrage« müsse »aus dem Wesen dieser Rasse heraus« erfolgen. NS-Institutionen wie das »Rassenhygienische Forschungsinstitut« unter Leitung von Dr. Robert Ritter erstellten seit 1936 pseudowissenschaftliche anthropologische Gutachten über »Zigeuner«, die der Polizei als Grundlage der Verfolgung und dann der Deportation dienten.

Die Ghettoisierung in Lagern hatte, wie in Berlin, Frankfurt am Main und anderen Großstädten, 1936 begonnen. Opfer einer reichsweiten Verhaftungsaktion der »vorbeugenden Verbrechensbekämpfung« (13.–16. Juni 1938) waren Sinti und Roma, die als »Asoziale« und »Arbeitsscheue« in die Konzentrationslager Dachau, Buchenwald und Mauthausen eingeliefert wurden. Mit Kriegsausbruch wurden Sinti und Roma durch Himmlers Festschreibungserlaß (17. Oktober 1939) zwangsweise seßhaft gemacht und registriert. Die organisierte Deportation aus dem Gebiet des Deutschen Reiches über Sammellager nach Polen begann im Mai 1940. Der Aufenthalt in Ghettos und Zwangsarbeitslagern im Generalgouvernement war nur eine Station auf dem Weg zur physischen Vernichtung.

Die Einsatzgruppen ermordeten seit Sommer 1941 Zehntausende Roma auf dem Territorium der Sowjetunion vom Baltikum bis zur Krim und zum Kaukasus, ebenso wurden Roma in Jugoslawien Opfer von Massenexekutionen. Im Dezember 1941 wurden 5000 Sinti aus dem Deutschen Reich in das Ghetto Litzmannstadt (Lodz) deportiert, die Überlebenden wurden in Chelmno (Kulmhof) mit Gaswagen ermordet.

Durch Befehl Himmlers vom 16. Dezember 1942 sollten alle im deutschen Herrschaftsgebiet lebenden Sinti und Roma (auch »Zigeunermischlinge«) in Konzentrationslager eingewiesen werden, dies erfolgte ab März 1943 nach Auschwitz-Birkenau, wo Ende 1942 ein »Familienlager für Zigeuner« eingerichtet worden war. An den Haftbedingungen gingen viele zugrunde, ein erster Liquidierungsversuch des Zigeunerlagers am 16. Mai 1944 stieß auf Widerstand, die Arbeitsfähigen wurden daraufhin verlegt, die 2897 Zurückgebliebenen endeten am 2./3. August 1944 in der Gaskammer. Die Zahl der Opfer in Auschwitz beträgt mindestens 17 000. Die Gesamtzahl ist schwer zu bestimmen. Nachweisbar sind etwa 200 000 ermordete Sinti und Roma, die Schätzungen reichen bis 500 000. Die Entschädigung der Überlebenden war bis in die siebziger Jahre ein Skandal, da die Behörden im Einklang mit Politikern und Medien auf der Linie traditioneller Diskriminierung argumentierten, also behaupteten, die »Zigeuner« seien als Kriminelle und Asoziale inhaftiert und nicht Opfer rassistischer Verfolgung gewesen. Auch die historische Forschung hat sich der Verfolgung der Sinti und Roma erst spät angenommen.[64] Zur Besonderheit des Schicksals der »Zigeuner« gehört es auch, daß für diese Minderheit praktisch keine Chance zur Emigration oder Aussicht auf eine Existenz im Exil bestand.

So unbarmherzig die Nationalsozialisten mit Gegnern und Unerwünschten verfuhren, so brutal die Verfolgung bis zur physischen

Vernichtung praktiziert wurde, so widersprüchlich erscheint die nationalsozialistische Politik, die vom latenten Gegensatz zwischen ideologischem Anspruch und Programmen einerseits und pragmatischer Notwendigkeit (der Außenpolitik, der Kriegführung, der Nationalökonomie usw.) andererseits charakterisiert war. Gleichzeitig ist die Dichotomie von Zögern und Radikalisierung bemerkenswert. Die Politik der Ausgrenzung steigerte sich zur Diskriminierung und zur Verfolgung, die in physischer Vernichtung endete. Aber dies vollzog sich in Phasen, zwischen denen trügerische Ruhe herrschte, die Hoffnungen bei den Bedrohten und Bedrängten weckte und bei manchen die rettende Flucht aus Deutschland verhinderte. Trotz der zweifellos vorhandenen Intention zur Vernichtung Unerwünschter, wenn sich die Gelegenheit dazu bot, wie sie in der Ideologie des Nationalsozialismus zum Ausdruck kam, erfolgte die Konsequenz erst 1941 auf dem geradlinigen Weg barbarischen Vernichtungseifers vor dem Hintergrund des Krieges, wie ihn die Einsatzgruppen, die Mordkommandos, die Akteure in den Vernichtungslagern und an den Erschießungsgruben zeigten. Bis zum Herbst 1941, als die Nationalsozialisten den Opfern der Verfolgung die Flucht aus Deutschland förmlich verboten, hatten sie alles getan, um Unerwünschte zu vertreiben, indem sie Druck zur Emigration ausübten.

Anmerkungen

1 Wolfgang Benz, Die Allgegenwart des Konzentrationslagers. Außenlager im nationalsozialistischen KZ-System, in: Dachauer Hefte 15 (1999), S. 3–16; Gudrun Schwarz, Die nationalsozialistischen Lager, Frankfurt a. M. 1990.

2 Karin Orth, Das System der nationalsozialistischen Konzentrationslager. Eine politische Organisationsgeschichte, Hamburg 1999; dies., Die Konzentrationslager-SS. Sozialstrukturelle Analysen und biographische Studien, Göttingen 2000.

3 Handbuch der deutschsprachigen Emigration 1933–1945, hrsg. von Claus-Dieter Krohn u. a. in Zusammenarbeit mit der Gesellschaft für Exilforschung, Darmstadt 1998; Biographisches Handbuch der deutschsprachigen Emigration nach 1933/International Biographical Dictionary of Central European Emigrés 1933–1945, hrsg. vom Institut für Zeitgeschichte, München, u. von der Research Foundation for Jewish Immigration, New York, unter der Gesamtleitung von Werner Röder u. Herbert A. Strauss, 3 Bde., München 1980–1983.

4 Peter Becher u. Peter Heumos (Hrsg.), Drehscheibe Prag. Zur deutschen Emigration in der Tschechoslowakei, München 1992.

5 Peter Heumos, Die Emigration aus der Tschechoslowakei nach Westeuropa und dem Nahen Osten 1938-1945, München 1989.

6 Richard Löwenthal, Konflikte, Bündnisse und Resultate der deutschen politischen Emigration, in: Vierteljahrshefte für Zeitgeschichte 39 (1991), S. 625–636; Günter Plum, Volksfront, Konzentration und Mandatsfrage. Ein Beitrag zur Geschichte der SPD im Exil 1933–1939, in: ebenda 18 (1970), 410–442.

7 Wolfgang Ayaß, »Asoziale« im Nationalsozialismus, Stuttgart 1995; Christa Schikorra, Kontinuitäten der Ausgrenzung. »Asoziale« Häftlinge im Frauen-Konzentrationslager Ravensbrück, Phil. Diss. TU Berlin 2000.

8 Günter Grau (Hrsg.), Homosexualität in der NS-Zeit. Dokumente einer Diskriminierung und Verfolgung, Frankfurt a. M. 1993; Burkhard Jellonnek, Homosexuelle unterm Hakenkreuz. Die Verfolgung der Homosexuellen im Dritten Reich, Paderborn 1990; Claudia Schoppmann, Nationalsozialistische Sexualpolitik und weibliche Homosexualität, Pfaffenweiler 1991.

9 Patrick Wagner, »Vernichtung der Berufsverbrecher«. Die Vorbeugende Verbrechensbekämpfung der Kriminalpolizei bis 1937, in: Ulrich Herbert u. a. (Hrsg.), Die nationalsozialistischen Konzentrationslager. Entwicklung und Struktur, Band 1, Göttingen 1998, S. 87–110.

10 Detlef Garbe, Zwischen Widerstand und Martyrium. Die Zeugen Jehovas im »Dritten Reich«, München 1993.

11 Henry Friedlander, Der Weg zum NS-Genozid. Von der Euthanasie zur Endlösung, Berlin 1997.

12 Vgl. Werner Jochmann, Struktur und Funktion des deutschen Antisemitismus 1878–1914, in: Wolfgang Benz/Werner Bergmann (Hrsg.), Vorurteil und Völkermord. Entwicklungslinien des Antisemitismus, Freiburg 1997, S. 177–218.

13 Vgl. Reiner Pommerin, Die Ausweisung von »Ostjuden« aus Bayern 1923, in: Vierteljahrshefte für Zeitgeschichte 34 (1986), S. 311–340 (zit. S. 319); Józef Adelson, The Expulsion of Jews with Polish Citizenship from Bavaria in 1923, in: POLIN 5 (1990), S. 57–73.

14 Christhard Hoffmann, Geschichte und Ideologie: Der Berliner Antisemitismusstreit, in: Benz/Bergmann (Hrsg.), Vorurteil und Völkermord, S. 219–251.

15 Pommerin, Ausweisung, S. 319.

16 Ebenda, S. 321.

17 Trude Maurer, Ostjuden in Deutschland 1918–1933, Hamburg 1986; Heiko Haumann, Geschichte der Ostjuden, München 1990; erw. Neuausgabe München 1998.

18 Pommerin, Ausweisung, S. 323.

19 Trude Maurer, Ostjuden, S. 324 ff.

20 Wolfgang Benz (Hrsg.), Die Juden in Deutschland 1933–1945. Leben unter nationalsozialistischer Herrschaft, 3. Aufl. München 1993.

21 Joseph Walk (Hrsg.), Das Sonderrecht für die Juden im NS-Staat. Eine Sammlung der gesetzlichen Maßnahmen und Richtlinien – Inhalt und Bedeutung, Heidelberg 1981.

22 Vgl. Wolfgang Benz, Von der Entrechtung zur Verfolgung und Vernichtung. Jüdische Juristen unter dem nationalsozialistischen Regime, in: Helmut Heinrichs u. a. (Hrsg.), Deutsche Juristen jüdischer Herkunft, München 1993, S. 813–852.

23 Saul Friedländer, Das Dritte Reich und die Juden. Die Jahre der Verfolgung 1933–1939, München 1998.

24 Lothar Gruchmann, »Blutschutzgesetz« und Justiz. Entstehung und Anwendung des Nürnberger Gesetzes vom 15. September 1935, in: Vierteljahrshefte für Zeitgeschichte 31 (1983), S. 418–442; Cornelia Essner, Die Alchemie des Rassenbegriffs und die »Nürnberger Gesetze«, in: Jahrbuch für Antisemitismusforschung 4 (1995), S. 201–225; vgl. Bernhard Lösener, Als Rassereferent im Reichsministerium des Innern, in: Vierteljahrshefte für Zeitgeschichte 3 (1961), S. 262–313.

25 Jacques Picard, Die Schweiz und die Juden 1933–1945. Schweizerischer Antisemitismus, jüdische Abwehr und internationale Migrations- und Flüchtlingspolitik, Zürich 1994.

26 Wolfgang Ayaß, »Asoziale« im Nationalsozialismus, Stuttgart 1995, S. 138 ff.; vgl. »Gemeinschaftsfremde«. Quellen zur Verfolgung von »Asozialen« 1933–1945, bearb. von Wolfgang Ayaß, Koblenz 1998, S. 134 f.

27 Yfaat Weiss, »Ostjuden« in Deutschland als Freiwild. Die nationalsozialistische Außenpolitik zwischen Ideologie und Wirklichkeit, in: Tel Aviver Jahrbuch für deutsche Geschichte 23 (1994), S. 215–232; Sibyl Milton, The Expulsion of the Polish Jews from Germany 1938, in: Leo Baeck Institute Yearbook 29 (1984), S. 169–199; Bettina Goldberg, Die Zwangsausweisung der polnischen Juden aus dem Deutschen Reich im Oktober 1938 und die Folgen, in: Zeitschrift für Geschichtswissenschaft (1998), S. 971–984; Michael G. Esch, Die Politik der polnischen Vertretungen im Deutschen Reich 1935 bis 1939 und der Novemberpogrom 1938, in: Jahrbuch für Antisemitismusforschung 8 (1999), S. 131–154.

28 Jerzy Tomaszewski, Letters from Zbaszyń, in: Yad Vashem Studies 19 (1988), S. 289–315; Karol Jonca, The Expulsion of Polish Jews from the Third Reich in 1938, in: POLIN 8 (1994), S. 255–280; Trude Maurer, Abschiebung und Attentat. Die Ausweisung der polnischen Juden und der Vorwand für die »Kristallnacht«, in: Walter H. Pehle (Hrsg.), Der Judenpogrom 1938. Von der »Reichskristallnacht« zum Völkermord, Frankfurt a. M. 1988, S. 52–73.

29 Bettina Goldberg, Zwangsausweisung, S. 982.

30 Hermann Graml, Reichskristallnacht. Antisemitismus und Judenverfolgung im Dritten Reich, München 1988; Novemberpogrom 1938. Reaktionen und Wirkungen. Themenheft Zeitschrift für Geschichtswissenschaft 11 (1998).

31 Wolfgang Benz, Applaus, Beteiligung, Mißbilligung. Zum Verhalten des Publikums in der »Reichskristallnacht«, ebenda, S. 963–970.

32 Barbara Distel, »Die letzte ernste Warnung vor der Vernichtung«. Zur

Verschleppung der »Aktionsjuden« in die Konzentrationslager nach dem 9. November 1938, in: Zeitschrift für Geschichtswissenschaft 46 (1998), S. 985–990; Heiko Pollmeier, Inhaftierung und Lagererfahrung deutscher Juden im November 1938, in: Jahrbuch für Antisemitismusforschung 8 (1999), S. 107–130.

33 Michael Brocke, Salomon-Ludwig-Steinheim-Institut (Hrsg.), »Feuer an Dein Heiligtum gelegt«. Zerstörte Synagogen 1938 Nordrhein-Westfalen, Bochum 1999.

34 Stenographische Niederschrift der Besprechung über die Judenfrage bei Göring am 12. November 1938, Nürnberger Dokument PS 1816; vgl. Besprechung bei Generalfeldmarschall Göring am 14. Oktober 1938 im Reichsluftfahrtministerium, PS 1449; s. a. Susanne Heim/Götz Aly, Staatliche Ordnung und »organische Lösung«. Die Rede Hermann Görings »Über die Judenfrage« vom 6. Dezember 1938, in: Jahrbuch für Antisemitismusforschung 2 (1992), S. 378–404.

35 Konrad Kwiet, Nach dem Pogrom: Stufen der Ausgrenzung, in: Benz (Hrsg.), Die Juden in Deutschland, S. 545 ff.

36 Mit dem Gesicht nach Deutschland. Eine Dokumentation über die sozialdemokratische Emigration. Aus dem Nachlaß von Friedrich Stampfer, ergänzt durch andere Überlieferungen, hrsg. von Erich Matthias, bearb. von Werner Link, Düsseldorf 1968.

37 Uwe Adam, Judenpolitik im Dritten Reich, Düsseldorf 1972; Saul Friedlaender, Das Dritte Reich und die Juden. Die Jahre der Verfolgung 1933–1939, München 1998; Michael Wildt (Hrsg.), Die Judenpolitik des SD 1935 bis 1938. Eine Dokumentation, München 1995.

38 Wolfgang Benz (Hrsg.), Das Exil der kleinen Leute. Alltagserfahrung deutscher Juden in der Emigration, München 1991.

39 Benz (Hrsg.), Die Juden in Deutschland, S. 738.

40 Wolfgang Benz u. Marion Neiss (Hrsg.), Deutsch-jüdisches Exil: das Ende der Assimilation? Identitätsprobleme deutscher Juden in der Emigration, Berlin 1994; Wolfgang Benz u. Marion Neiss (Hrsg.), Die Erfahrung des Exils. Exemplarische Reflexionen, Berlin 1997.

41 Juliane Wetzel, Auswanderung aus Deutschland, in: Benz (Hrsg.), Die Juden in Deutschland 1933–1945, München 1993, S. 413ff.

42 Francis R. Nicosia, Ein nützlicher Feind. Zionismus im nationalsozialistischen Deutschland 1933–1939, in: Vierteljahrshefte für Zeitgeschichte 27 (1989), S. 367; Perez Leshem, Straße zur Rettung 1933–1939. Aus Deutschland vertrieben, bereitet sich die jüdische Jugend auf Palästina vor, Tel Aviv 1973; Werner T. Angress, Generation zwischen Furcht und Hoffnung. Jüdische Jugend im Dritten Reich, Hamburg 1985.

43 Juliane Wetzel, Auswanderung aus Deutschland, S. 431; Salomon Ad-

ler-Rudel, Jüdische Selbsthilfe im Spiegel der Berichte der Reichsvertretung der Juden in Deutschland, Tübingen 1974.

44 Salomon Adler-Rudel, Auswanderungsproblem, in: Bulletin Leo Baeck Institute 10 (1967), S. 159–215.

45 Walter Laqueur, Heimkehr. Reisen in die Vergangenheit, Berlin 1964, S. 53 u. 58; ders., Geboren in Deutschland. Der Exodus der jüdischen Jugend nach 1933, Berlin 2000.

46 Avraham Barkai, German Interests in the Haavara-Transfer Agreement 1933–1939, in: Leo Baeck Institute Yearbook 35 (1990), S. 245–266.

47 Gabriele Anderl, Die »Zentralstellen für jüdische Auswanderung« in Wien, Berlin und Prag – ein Vergleich, in: Tel Aviver Jahrbuch für Deutsche Geschichte 23 (1994), S. 275–299; Jonny Moser, Die Zentralstelle für jüdische Auswanderung, in: Kurt Schmidt u. Robert Streibel (Hrsg.), Der Pogrom 1938, Wien 1990, S. 96ff..

48 Herbert Rosenkranz, Verfolgung und Selbstbehauptung. Die Juden in Österreich, 1938–1945, Wien 1978; Österreicher im Exil. Großbritannien 1938–1945. Eine Dokumentation, hrsg. vom Dokumentationsarchiv des österreichischen Widerstands, Wien 1992.

49 Jonny Moser, Österreich, in: Wolfgang Benz (Hrsg.), Dimension des Völkermords. Die Zahl der jüdischen Opfer des Nationalsozialismus, München 1991, S. 68f.

50 Alfred Bohmann, Bevölkerung und Nationalitäten in der Tschechoslowakei, Köln 1975.

51 Norbert Kampe, »Endlösung« durch Auswanderung? Zu den widersprüchlichen Zielvorstellungen antisemitischer Politik bis 1941, in: Wolfgang Michalka (Hrsg.), Der Zweite Weltkrieg. Analysen, Grundzüge. Forschungsbilanz, München 1989, S. 827ff.; Arthur Prinz, The Role of the Gestapo in Obstructing and Promoting Jewish Emigration, in: Yad Vashem Studies 2 (1958), S. 205–218; zugrunde liegt das Manuskript in der Wiener Library London: Arthur Prinz, Die Gestapo als Feind und Förderer jüdischer Auswanderung, WLP IIf, Nr. 792.

52 Hannah Arendt, Elemente und Ursprünge totaler Herrschaft, Frankfurt a. M. 1955, S. 434; Wetzel, Auswanderung aus Deutschland, S. 479ff.

53 Hans-Albert Walter, Deutsche Exilliteratur 1933–1950, Bd. 2: Europäisches Appeasement und überseeische Asylpraxis, Stuttgart 1984, S. 81f. und S. 249f.; Ralph Weingarten, Die Hilfeleistung der westlichen Welt bei der Endlösung der deutschen Judenfrage. Das »Intergovernmental Committee on Political Refugees« (IGC) 1938–1939, Berlin 1981.

54 David S. Wyman, Paper Walls. America and the Refugee Crisis 1938–1941, Amherst/Mass. 1968; ders., The Abandonment of the Jews. America and the Holocaust 1941-45, New York 1984.

55 Rolf Vogel, Ein Stempel hat gefehlt. Dokumente zur Emigration deutscher Juden, München/Zürich 1977; Yehuda Bauer, My Brother's Keeper. A History of the American Jewish Joint Distribution Committee 1929–1939, Philadelphia 1974.

56 Die jüdische Emigration 1933-1941. Die Geschichte einer Austreibung. Eine Ausstellung der Deutschen Bibliothek, Frankfurt am Main, unter Mitwirkung des Leo Baeck Instituts, New York (Katalog: Brita Eckert), Franfurt a. M. 1985.

57 Alfred Heller, Dr. Seligmanns Auswanderung. Der schwierige Weg nach Israel, München 1990.

58 Rebekka Göpfert, Der jüdische Kindertransport von Deutschland nach England 1938/39. Geschichte und Erinnerung, Frankfurt/New York 1999.

59 Arthur Prinz, Die Gestapo als Feind und Förderer jüdischer Auswanderung, Wiener Library P II f, Nr. 792; vgl. Arthur Prinz, Der Stand der Auswanderungsfrage, in: Jüdische Wohlfahrtspflege 5 (1935) Nr. 3, S. 77–82; Memorandum [1936] Reichsvertretung der deutschen Juden: Betr. Jüdische Auswanderung aus Deutschland und deren Vorbereitung, Leo Baeck Institute New York (Coll. Alfred Hirschberg).

60 Wolf Gruner, Der Geschlossene Arbeitseinsatz deutscher Juden. Zur Zwangsarbeit als Element der Verfolgung 1938-1943, Berlin 1997; ders., Zwangsarbeit und Verfolgung. Österreichische Juden im NS-Staat 1938–45, Innsbruck 2000.

61 Vgl. Walk, Sonderrecht, S. 353, 361, 363; Nürnberger Dokument NG 3935.

62 Wolfgang Benz, Der Holocaust, München 1995.

63 Zwei Projekte im Zentrum für Antisemitismusforschung der TU Berlin sind den Anstrengungen zur Rettung von Juden gewidmet. Das eine erfaßt in einer Datenbank Rettungsfälle im Deutschen Reich, das andere ist unter dem Titel »Solidarität und Hilfe« als historiographischer Überblick angelegt, der alle Territorien im nationalsozialistischen Einflußbereich umfaßt. Bisher sind drei Bände erschienen: Solidarität und Hilfe für Juden während der NS-Zeit, Berlin 1996, 1998, 1999.

64 Michail Krausnick, Wo sind sie hingekommen? Der unterschlagene Völkermord an den Sinti und Roma, Gerlingen 1995; Romani Rose (Hrsg.), Der nationalsozialistische Völkermord an den Sinti und Roma, Heidelberg 1995; Michael Zimmermann, Rassenutopie und Genozid. Die nationalsozialistische Lösung der »Zigeunerfrage«, Hamburg 1996.

Widerstand im Exil – Exil als Widerstand

I.

Zum Gedenken an die Eröffnung der deutschen Nationalversammlung fand in der Frankfurter Paulskirche am hundertsten Jahrestag, am 18. Mai 1948, eine Feierstunde statt. Unter dem Geläute aller Glocken der Stadt zogen tausend geladene Gäste – Honoratioren der Stadt, Repräsentanten des keimenden neuen politischen Lebens, Vertreter der Besatzungsmächte, Professoren, Publizisten und andere wichtige Leute – an den Kernplatz der demokratischen Bewegung in Deutschland, in die gerade wieder aufgebaute Paulskirche. Die feierlichste Rede hielt der deutsche Dichter Fritz von Unruh, der zu diesem Anlaß aus dem New Yorker Exil nach Deutschland zurückgekehrt war. Von Schwächeanfällen unterbrochen, voll Pathos und Leidenschaft, in ungeheuerer Bewegung, die sich auf das Publikum übertrug, hielt Fritz von Unruh seine »Rede an die Deutschen«.

Der Dichter und Dramatiker, der als preußischer Junker 1914 freiwillig in den Ersten Weltkrieg gezogen und 1918 als Pazifist heimgekehrt war, der im September 1939 den Soldaten der deutschen Wehrmacht zugerufen hatte »Fallt den Kriegstreibern in die Arme«, dieser Mann sprach im Mai 1948 in der Frankfurter Paulskirche im Namen der von Hitler ins Exil gejagten deutschen Demokraten und Intellektuellen, die die Jahre der nationalsozialistischen Herrschaft im Ausland verbracht hatten. Diese politischen Emigranten waren ja die ersten gewesen, die gegen Hitler und gegen den Nationalsozialismus als Ideologie und drohendes Herrschaftssystem gekämpft hatten, die wegen ihres Widerstands als demokratische – sozialistische, liberale, konservative – Politiker, als Literaten, Künstler, als engagierte Pazifisten oder als exponierte Beamte der Weimarer Demokratie Deutschland hatten verlassen müssen, um im Exil den Kampf fortzusetzen oder um das Ende der nationalsozialistischen Tyrannei abzuwarten.

Fritz von Unruh erinnerte in der Paulskirche an den zweiten Aufbruch zur Demokratie in Deutschland, erfolgt auf den Trümmern des Wilhelminischen Kaiserreichs, motiviert durch das Erlebnis des Ersten Weltkrieges: »So kamen wir heim über die Brücken am Rhein. Und was die Paulskirche 1848 nicht vollbracht hatte, das wollten wir 1918, wir unbekannten Soldaten, nun schaffen: Eine deutsche Republik, in der die Gesamtheit das Leben des einzelnen garantiert.«

Im politischen Alltag der Republik von Weimar schmolz die Zahl der Gleichgesinnten dann von Jahr zu Jahr dahin, wurde der Kampf – oder kann man ihn schon Widerstand nennen? – gegen Rassismus und Nationalismus, gegen die Ideologien einer Diktatur von Rechts oder von Links zur Niederlage. »Umsonst formten wir noch in letzten Stunden gegen den Ausbruch des Nazichaos am 18. Januar 1932 im Sportpalast Berlin eine ›Eiserne Front‹, warnten vor all den kronengeilen Prinzen, vor den Pour-le-mérite- und kriegssüchtigen Generalen samt ihrem Gefreiten, diesem Rattenfänger aus Braunau, der über die Grenze kam, um seine Schwindelware vom Bräuhauskeller aus bei uns zu vertreiben. Warnten, weil uns die Ahnung dunklen Endes schon den Atem würgte … Wir Widersteher mußten entweder außer Landes oder wurden in Lager verschleppt. Oder von seinen SS-Schergen erledigt.«[1]

Für die Emigranten der ersten Stunde, zu denen Unruh gehörte, kamen einsame Jahre, Jahre der Not, voll Zorn und ohnmächtiger Verzweiflung. Den meisten war ein dürftiges Leben in der Emigration beschieden. Ludwig Quidde hauste in sehr bescheidenen Umständen in Genf, der andere große alte Mann der deutschen Friedensbewegung, Hellmut von Gerlach, fristete in Paris eine keineswegs behagliche Existenz. Ernst Toller zog ruhelos umher, bis er in einem New Yorker Hotel 1939 sechsundvierzigjährig seinem

Leben ein Ende setzte. Anderen waren zwar bessere materielle Umstände beschieden, wie dem Grafen Harry Kessler oder Lion Feuchtwanger, die nach Frankreich emigrierten. Aber das war die Ausnahme.

Mit Hilfe des »Gesetzes über den Widerruf von Einbürgerungen und die Aberkennung der deutschen Staatsangehörigkeit« vom Juli 1933 konnte das nationalsozialistische Regime nicht nur Mißliebige mit dem Entzug der deutschen Staatsbürgerschaft bestrafen, sondern sie auch ihres Vermögens berauben. Neununddreißigtausendmal wurde dieses Gesetz gegen Emigranten angewendet, »weil sie durch ein Verhalten, das gegen die Pflicht zur Treue gegen Reich und Volk verstößt, die deutschen Belange geschädigt haben«. Die Proskriptionslisten mit den Namen der Ausgebürgerten wurden im ›Deutschen Reichsanzeiger‹ und im ›Reichssteuerblatt‹ veröffentlicht; außerdem verschickte das Auswärtige Amt Verzeichnisse an alle deutschen Botschaften und Konsulate. Auf der ersten Ausbürgerungsliste, veröffentlicht am 1. September 1933, finden sich die Namen Rudolf Breitscheid, Friedrich Wilhelm Foerster, Kurt R. Grossmann, Albert Grzesinski, Emil Gumbel, Heinrich Mann, Ernst Toller, Berthold Jacob, Kurt Tucholsky, Lion Feuchtwanger, Philipp Scheidemann, Friedrich Stampfer, Otto Wels, Georg Bernhard, Alfred Kerr, Leopold Schwarzschild.[2] Die weiteren Listen ergänzten sich zu einem fast vollständigen »Who is Who« der demokratisch-republikanischen Prominenz aus Literatur, Politik, Wissenschaft und Publizistik.

Der spätere Ministerpräsident von Nordrhein-Westfalen, Heinz Kühn, im Kampf gegen die Machtübernahme Hitlers exponiert als Jungsozialist und Angehöriger des »Reichsbanners Schwarz-Rot-Gold«, schrieb über die Situation der Emigranten: »Die deutsche Emigration war eine Art Mikrokosmos des deutschen Volkes. In ihr repräsentierte sich die ganze Dutzendspältigkeit der inneren Mannigfaltigkeit und Zerrissenheit: Sozialdemokraten und Kommunisten, Katholiken und Protestanten, Juden und Bibelforscher, Reformisten und Revolutionäre, Gemäßigte und Radikale, Konservative und Liberale, Demokraten und Monarchisten, Bürger und Aristokraten, Kapitalisten und Proletarier – der babylonische Wirrwarr der rund drei Dutzend deutschen Parteien war so ziemlich restlos vertreten. Wir waren die kleinen verlorenen Haufen des in alle Welt versprengten deutschen Widerstandes, manchmal der verzweifelnden Mutlosigkeit näher als dem siegesgewissen Optimismus. Wo hätten wir ihn auch hernehmen sollen in der Enttäuschung an Enttäuschung fügenden Kapitulation des Opportunismus vor Hitlers Gewalt in aller Welt?«[3]

Heinz Kühn beschrieb auch Status und Selbstgefühl der politischen Emigration: »Für sie gab es nicht das Untertauchen in die schützende Anonymität einer neugewonnenen Gemeinschaft. Sie wollte ja auch nicht, auf Selbstrettung bedacht, anonym untertauchen, sondern im Gegenteil sich sichtbar machen in ihrer Gesinnung, Banner entrollen gegen Hitler, Sprachrohr sein für das andere, das bessere, das in der Heimat mundtot gemachte Deutschland.«

Aber die politische Exilbewegung war in doppelter Hinsicht einsam, fühlte sich im Stich gelassen durch die wachsende Akklamation, die Hitler wegen seiner Erfolge in Deutschland erfuhr und wegen der Reputation, die sein Regime im Ausland in immer stärkerem Maße gewann: »Diese Emigranten waren vom nährenden Boden der Heimatsprache losgelöst, in das Vakuum der Heimatlosigkeit geworfen, und dennoch zum Widerstand bereit, ohne daß sie damit rechnen konnten, im Ausland viel Hilfe zu finden. Im Gegenteil: nie in der Geschichte ist eine politische Widerstandsbewegung im Ausland so sehr im Stich gelassen worden wie die deutsche Exilbewegung.«[4]

II.

Die Möglichkeiten eines deutschen politischen Widerstands im Ausland waren also begrenzt. Dafür sorgten nicht nur die Exilländer mit Restriktionen der politischen Betätigung. Auch die Fortdauer der weltanschaulichen Differenzen in Parteien und Gruppen hemmte die Wirksamkeit des Exilwiderstands. In den Gruppierungen und Organisationen des Exils lebte die Parteienlandschaft der Weimarer Republik weiter; an den Konstellationen und Positionen änderte sich kaum etwas. SPD und KPD fanden im Exil zu keiner Volksfrontbewegung zusammen, die linken Splitterparteien und die diversen Richtungen der Gewerkschaften führten ihr Eigenleben fort, ebenso die bürgerlich-demokratischen oder konservativ-christlichen Organisationen wie zum Beispiel die Deutsche Freiheitspartei.

Widerstand gegen Hitler und das nationalsozialistische Regime vom Ausland aus konnte in den Jahren 1933 bis 1938/39 nur darin bestehen, die Weltöffentlichkeit und die Deutschen aufzuklären über den wirklichen Charakter und die Ziele des Regimes, zu warnen, zu beschwören, zu mahnen. Das geschah in Zeitungen wie dem ›Pariser Tageblatt‹ beziehungsweise der ›Pariser Tageszeitung‹ (1933 bis 1940), der ›Deutschen Freiheit‹ (1933 bis 1935 in Saarbrücken) oder dem Londoner Blatt ›Die Zeitung‹ und in Wochenschriften wie dem ›Neuen Vorwärts‹, dem ›Gegenangriff‹, dem ›Neuen Tage-Buch‹, der ›Neuen Weltbühne‹, der ›Zukunft‹ und vielen anderen. Dazu kam eine Fülle von kulturpolitischen, literarischen Zeitschriften, erwähnt seien nur ›Die Sammlung‹, die ab Herbst 1933 in Amsterdam publiziert wurde, ›Maß und Wert‹ ab Herbst 1937 in Zürich, die ›Neuen Deutschen Blätter‹ ab September 1933 in Prag, ›Das Wort‹ (ab Juli 1936 in Moskau) oder ›Orient‹ (1942 bis 1943 in Haifa).

Der politischen und literarischen Publizistik des Exils dienten auch die heute legendären Verlage Bermann-Fischer in Stockholm, Querido in Amsterdam, Oprecht in Zürich, Malik und andere. Was heute freilich von einer spät in Gang gekommenen Exilforschung als literarische, kulturelle, humanitäre Leistung gefeiert wird, hatte damals nur bescheidene Wirkungen: Der größere Teil der Welt und der Deutschen war von Hitler fasziniert und wenig interessiert an Aufklärung über die Verbrechen des Regimes, an Informationen über den Terror und das System der Konzentrationslager, an der beginnenden Verfolgung der Juden, an den räuberischen Absichten gegenüber Nachbarstaaten des Deutschen Reiches.

Das politische Exil befand sich in einer ähnlichen Lage wie der Widerstand in Deutschland, den vor dem Zweiten Weltkrieg vor allem die Reste der Arbeiterbewegung trugen. In den ersten Jahren, vor allem als das Saargebiet noch nicht zum Herrschaftsbereich Hitlers gehörte, gab es noch mehr Informationen und Kontakte zwischen draußen und drinnen, Kuriere brachten Flugblätter nach Deutschland und schleusten Gefährdete ins Ausland. Aber das hörte nach einiger Zeit fast ganz auf. Als der Nationalsozialismus in seine scheinbar friedliche Phase eingetreten war, in den Jahren 1935 bis 1938, brachen die Kontakte zwischen Heimat und Exil weitgehend ab. Die Emigranten blieben mit ihrer »Offensive der Wahrheit«, mit ihren Versuchen, der Welt die Augen zu öffnen, allein. Daß sie sich als das andere und bessere Deutschland verstanden, blieb ihnen aber unverwehrt, und in dieser Existenz hat ihnen die Geschichte recht gegeben.

Mit der Zerstörung der Tschechoslowakei, mit dem Krieg gegen Polen und die Westmächte, mit dem Überfall auf die Sowjetunion und der Kriegserklärung an die Vereinigten Staaten schließlich änderten sich der Stellenwert des Exils und die Möglichkeiten des Widerstands von außen. Nun gab es die Möglichkeit, an der alliierten Kriegsführung teilzunehmen, mit militärischen Waffen oder mit denen der Propaganda. Von beiden Möglichkeiten haben die Emigranten keinen großen Gebrauch gemacht. Trotzdem sahen sie sich dann von vielen im Nachkriegsdeutschland pauschal, wenn nicht als Verräter, so doch als vaterlandslose Gesellen in fremder Uniform diffamiert. Dabei war es Patriotismus, wenn sich das politische Exil gegen Hitlerdeutschland engagierte, es waren aber auch patriotische Gefühle, die viele vom aktiven Kampf abhielten.

Nach dem Ausbruch des Zweiten Weltkriegs hätte es wohl auch eine weitere Möglichkeit des Widerstands gegeben, nämlich die Konstituierung einer Exilregierung. Sicherlich hätte sie, wo auch immer etabliert, nicht die gleiche Legitimation gehabt, wie sie die Exilregierungen der von Deutschland überfallenen Nationen hatten, also die tschechoslowakische, die polnische, die norwegische, die luxemburgische, die belgische, die niederländische, die jugoslawische und die griechische Exilregierung oder der Rat der freien Dänen und die französische Résistance unter Charles de Gaulle, die zuletzt alle in London residierten.

Aber eine wie auch immer zustande gekommene Exilregierung aus deutschen Gegnern des nationalsozialistischen Regimes hätte eine moralische Instanz dargestellt, die für das Nachkriegsgeschick der Deutschen vielleicht von Relevanz gewesen wäre. Es hat Ansätze zu einer deutschen Exilregierung gegeben. Heinrich Brüning, der letzte auf demokratische Weise ins Amt gekommene Reichskanzler, hätte an ihrer Spitze stehen sollen, Männer wie Arnold Brecht, bis 1933 preußischer Bevollmächtigter im Reichsrat, und Max Brauer, vor Hitlers Machterhalt Oberbürgermeister von Altona und nach der Rückkehr aus dem Exil ab 1946 Bürgermeister von Hamburg, waren für wichtige Ämter vorgesehen; aber sie verweigerten sich. Heinrich Brüning begründete dies im November 1943 gegenüber dem früheren Reichstagsabgeordneten Rudolf Katz: »Aus all meiner Erfahrung in der Vergangenheit, auch in den anderthalb Jahren, die ich unter dem Naziregime verlebte, habe ich geschlossen, daß es nicht so einfach ist, das Regime zu stürzen, wie Ausländer häufig annehmen. Die Proklamation einer Regierung im Ausland würde der Nazimaschine die Gelegenheit verschaffen, die Menschen zu beseitigen, die für die Zukunft Deutschlands wirklich wertvoll sein können, und die jetzt seit über zehn Jahren Verfolgung, Armut und entsetzliche geistige Belastungen ausgehalten haben. Ich kann mir vorstellen, daß Hitler, Göring und Himmler, ehe sie abtreten, auf jeden Fall versuchen werden, eine zweite Bartholomäusnacht zu veranstalten. Das zu verhindern, war für meine ganze Haltung in den Jahren meines Exils bestimmend.«[5]

Arnold Brecht begründete seine Absage ganz ähnlich: Auch sei es ihm im tiefsten Herzen zuwider gewesen, »vom sicheren amerikanischen Hafen aus Heldentaten des Märtyrertums von denen zu fordern, die in Deutschland der furchtbaren Realität brutalen Terrors ausgesetzt waren«. Er hat aber hinzugefügt: »Später ist mir zweifelhaft geworden, ob meine Ablehnung richtig war. Eine Exilregierung hätte vielleicht die halboffizielle Sammelstelle für Verhandlungen mit den alliierten Regierungen während des Krieges werden und dahin wirken können, daß die Alliierten für den Fall eines inneren Umsturzes dem deutschen Volke günstigere Friedensbedingungen zusagten.« [6]

III.

Die wichtigste Aktivität des Exilwiderstands bestand, neben dem publizistischen Kampf gegen das nationalsozialistische Regime, im Nachdenken über eine künftige Ordnung. Die ersten Programmschriften zum staatlichen, gesellschaftlichen und kulturellen Neubau Deutschlands nach Hitler entstanden im Exil. Der wohl früheste Text, das ›Prager Manifest der Sopade‹, wurde im Januar 1934 vom sozialdemokratischen Exilvorstand in Prag als Ergebnis langer Debatten und mehrerer Entwürfe verabschiedet. Das ›Prager Manifest‹, von Friedrich Stampfer, Curt Geyer, Erich Rinner und Rudolf Hilferding verfaßt, verstand die Hitlerdiktatur als Sieg der Gegenrevolution, der durch neuen revolutionären Kampf überwunden werden müsse, quasi um die Ausgangsposition von 1918 wiederherzustellen. Die Wiedereroberung demokratischer Rechte werde »zur Notwendigkeit, um die Arbeiterbewegung als Massenbewegung wieder möglich zu machen und den sozialistischen Befreiungskampf wieder als bewußte Bewegung der Massen selbst zu führen«. Der »Kampf um die Demokratie« erweitere sich zum »Kampf um die völlige Niederringung der nationalsozialistischen Staatsmacht«.[7]
Das Pathos der Verzweiflung bestimmte die Sprache des ›Prager Manifests‹, wenn es etwa hieß: »Die Niederwerfung des nationalsozialistischen Feindes durch die revolutionären Massen schafft eine

starke revolutionäre Regierung, getragen von der revolutionären Massenpartei der Arbeiterschaft, die sie kontrolliert.« Die litaneimäßige Beschwörung der Revolution war wohl auch als Schmerzlinderungsmittel verordnet für die Wunden, die die widerstandslose Zerschlagung der organisierten Arbeiterbewegung den Sozialdemokraten und Gewerkschaftern beigebracht hatte. Aber die SPD-Führer im Exil hatten auch, über die Sofortmaßnahmen nach einem Sieg über den Nationalsozialismus hinaus, die Vision eines demokratischen Staates und einer sozialistischen Gesellschaft. Dazu sollten der alte politische Apparat beseitigt und die Eliten in Bürokratie, Justiz, Polizei und Militär ausgetauscht, die Trennung von Kirche und Staat durchgeführt werden. Als Bedingung des revolutionären Wandels schien die sofortige entschädigungslose Enteignung des Großgrundbesitzes und der Schwerindustrie und die Sozialisierung der Großbanken unerläßlich. Das Zauberwort »Selbstverwaltung« findet sich auch im ›Prager Manifest‹: »Das despotische System der zentralisierten Staatsvollmacht wird durch die Herstellung einer echten freiheitlichen Selbstverwaltung innerhalb des gegliederten Einheitsstaats gebrochen.«[8] Die erstrebte Sozialisierung der gesamten Wirtschaft würde dann das »Mittel zum Endziel der Verwirklichung wahrer Freiheit und Gleichheit, der Menschenwürde und voller Entfaltung der Persönlichkeit« sein.

Das Ideal schließlich wäre, je mehr der Obrigkeitsstaat durch die Selbstverwaltung ersetzt würde, in der Überwindung des Gegensatzes zwischen Staat und Gesellschaft erreicht: »An die Stelle des Machtstaates, der durch Militär, Bürokratie und Justiz seine Untertanen beherrscht, tritt die Selbstverwaltung der Gesellschaft, in der jeder zur Mitwirkung an den allgemeinen Aufgaben berufen ist.«[9]

Anders als beim Goerdeler-Kreis, wo mit dem Begriff »Selbstverwaltung« in erster Linie die Kompetenzen des preußischen Landrats gemeint waren, assoziierten die Sozialdemokraten damit Elemente direkter Demokratie. Das ›Prager Manifest‹ schloß mit dem flammenden Aufruf an die deutsche Arbeiterschaft, die Ketten der Knechtschaft abzuschütteln, und betonte damit einen revolutionären Elan im Geiste des November 1918, den es – wie sich dann zeigte – in Hitlerdeutschland nicht gab.[10]

Die Illusion, daß sich das deutsche Volk aus eigener Kraft von der nationalsozialistischen Herrschaft befreien könne, verflog unter den Emigranten bis in die letzten Kriegsjahre hinein nicht vollständig. In New York trafen sich Anfang Juli 1943 Exilpolitiker zur »Landeskonferenz deutschsprachiger Sozialdemokraten und Gewerkschaftler in den USA«. Als Veranstalter zeichnete der deutschsprechende Zweig der »Social Democratic Federation of America«, die »German Labor Delegation in U.S.A.« und die New Yorker ›Neue Volkszeitung‹. Einige Prominenz der deutschen Arbeiterbewegung war versammelt, wie Siegfried Aufhäuser, Hedwig Wachenheim, Friedrich Stampfer, Alfred Braunthal, Rudolf Katz, Kurt Glaser, Max Brauer. Unter den Resolutionen, die nach zweitägiger Beratung verabschiedet wurden, war eine dem künftigen Staatsaufbau Deutschlands gewidmet. Darin wurde der Hoffnung Ausdruck verliehen, daß »die allgemeine Kriegslage zu einer Revolution in Deutschland führen möge, noch ehe ein Soldat der alliierten Mächte deutschen Boden betreten hat«. Die Konferenz, so hieß es weiter, würde in dieser Revolution »den vom deutschen Volke selbst ausgesprochenen und Tat gewordenen Willen zur Freiheit erblicken, dem die Welt ihre Achtung nicht versagen dürfte«.[11]

Aber viel Hoffnung auf einen befreienden revolutionären Akt hatten die Emigranten in New York nicht mehr, denn sie fuhren ahnungsvoll fort: »Sollte der Zusammenbruch des Naziregimes nur allmählich, jeweils mit dem Vordringen der alliierten Heere vor sich gehen, so spricht die Konferenz den Wunsch aus, daß bei der dann eintretenden Okkupation die militärischen Befehlshaber bereit sein werden, den demokratischen Kräften Gelegenheit und Hilfe zur Liquidierung der nationalsozialistischen Gewaltherrschaft und zu wirkungsvollem Aufbau einer neuen Demokratie zu bieten ... Die Konferenz würde es begrüßen, wenn der organische Aufbau eines neuen Deutschlands möglichst früh durch Wiedereinführung normaler Formen demokratischen Lebens in Angriff genommen werden könnte. Sie empfiehlt zur Sicherung der künftigen Demokratie und zur Erhaltung des Weltfriedens die politische Demokratie der Zweiten Republik durch wirtschaftlich demokratische Maßnahmen zu festigen und den Bestand der Verfassung durch die Garantie einer überstaatlichen Organisation sicherzustellen.«[12]

Das Referat über die staatliche Neugestaltung Deutschlands hielt Albert Grzesinski, der ehemalige Polizeipräsident von Berlin (1925/26 und 1930–1932) und preußische Innenminister (1926–1930). In der Emigration, die ihn über die Schweiz, Frankreich und Peru in die USA führte, war Grzesinski u. a. von 1939 bis 1943 Vorsitzender der »German Labor Delegation«, der sozialdemokratischen Repräsentanz der deutschen Arbeiterbewegung in den USA. Die Landeskonferenz verabschiedete mehrere Resolutionen, darunter eine »zum künftigen Staatsaufbau Deutschlands«, in der die Überzeugung manifestiert war, daß der Sieg der Alliierten bereits als gesichert zu betrachten sei.

Den Wunsch nach einer revolutionären Erhebung in Deutschland vor der Okkupation durch alliiertes Militär verbanden die Exilanten mit dem Wunsch nach der Chance zur Selbstbestimmung der demokratischen Kräfte in Deutschland, insbesondere der Arbeiterschaft: »Sie gibt ihrer Hoffnung Ausdruck, daß die allgemeine Kriegslage zu einer Revolution in Deutschland führen möge, noch ehe ein Soldat der alliierten Mächte deutschen Boden betreten hat. Militärische Niederlagen, die in das Bewußtsein des deutschen Volkes eingehen, können in Verbindung mit einer der Kriegsmüdigkeit des deutschen Volkes entsprechenden Form psychologischer Kriegsführung durch die Allierten zu einem raschen Zusammenbruch führen, vorausgesetzt, daß dem deutschen Volke eine Aussicht staatlichen Weiterlebens gegeben erscheint.«[13]

Albert Grzesinski hielt auf der Landeskonferenz Anfang Juli 1943 ein emphatisches Plädoyer für die Weimarer Verfassung, die »demokratischste der Welt«. Er stehe nicht an zu erklären, »daß nach Ablauf des Interregnums, mit einigen Modifikationen natürlich, sehr wohl die Verfassung vom 11.8.1919 wieder voll in Kraft gesetzt werden könnte«. Als Modifikationen führte er die damals oft verlangte Heraufsetzung des Wahlalters auf 25 Jahre an, und allen NS-Funktionären wollte er auf Lebenszeit das aktive wie das passive Wahlrecht aberkennen. Der Reichspräsident sollte nicht mehr plebiszitär gewählt werden (den verhängnisvollen Artikel 48 erwähnte Grzesinski nicht), der ehemalige preußische Innenminister beschäftigte sich aus der unmittelbaren Weimarer Erfahrung heraus mit dem Verbot von Waffen und Uniformen und erklärte, die körperliche Erziehung der Jugend habe sich unter Fortfall allen Drills auf gymnastische Übungen und Ausflüge zu beschränken.[14]

Es war nicht verwunderlich, daß Grzesinski ausschließlich vor dem Horizont seiner Weimarer Erfahrung argumentierte, überraschend ist eher die von dem sozialdemokratischen Politiker – und auch darin agierte er als typischer Vertreter seiner Generation und Sozialisation – energisch vertretene Ablehnung jeder Bevormundung der Deutschen nach dem Untergang des nationalsozialistischen Regimes: »Das deutsche Volk kann sich selbst erziehen. Ausländische Erzieher und fremde Truppen – auch wenn man sie mit Polizei bezeichnet – würden dem deutschen wie jedem anderen Volke sehr bald nur noch als Vertreter feindlicher Mächte erscheinen, die man schon nach kurzer Zeit hassen lernte und zum Teufel wünschte, schon weil man sie selbst bezahlen und wahrscheinlich sehr gut bezahlen müßte. Die Wegnahme der Schwerindustrie könnte zwar ausländischen Kapitalisten eine unbequeme Konkurrenz vom Halse schaffen. Das deutsche Wirtschaftsleben aber würde amputiert sein und das deutsche Volk nicht nur als Produzent geschwächt sein, auch seine Kaufkraft auf dem Weltmarkte wäre reduziert, was wohl nicht gerade den Interessen der Warenbesitzer der Welt entsprechen würde. Daß das deutsche Volk auch unfähig gemacht wäre, die Auflagen aus dem Friedensvertrag zu erfüllen, sei nur am Rande noch bemerkt. Die Aufteilung Deutschlands unter seine Nachbarn müßte bei diesen die schon vor Hitler von ihnen kaum bewältigten Minderheiten-Probleme ins Unvorstellbare verschärfen.«[15]

Ein Jahr zuvor, 1942, hatte im brasilianischen Exil der ehemalige Reichsminister Erich Koch-Weser, einer der linksliberalen Verfassungsväter von Weimar, den »Entwurf einer Deutschen Reichsverfassung nach Hitlers Sturz« fertiggestellt.[16] Koch-Weser zog zum Teil die gleichen Schlüsse aus dem Scheitern der Weimarer Republik wie Grzesinski, wenn er die Regierung gegenüber Mißtrauensvoten des Parlaments stärken und wenn er den Ländern Kompetenzen entziehen wollte. Anders als der Sozialdemokrat Grzesinski hielt Koch-Weser aber am plebiszitär gewählten Staatsoberhaupt als der Spitze einer starken Exekutive fest, und – das war ein typischer Reflex auf den Untergang der Weimarer Republik – Koch-Weser suchte die eher konservative Lösung der Stärkung der Exekutive einschließlich eines formulierten Notstandsrechts anstelle der verfassungsrechtlichen Fixierung des Instrumentariums der Massendemokratie, der politischen Parteien.

In der Schweiz war 1943 als Arbeitsgemeinschaft deutscher Emigranten die Organisation »Das Demokratische Deutschland« entstanden. Die formelle Gründung konnte allerdings erst am 8. Mai 1945 erfolgen, die erste öffentliche Versammlung wurde am 1. Juni 1945 in Zürich abgehalten. Nach den Statuten bezweckte die Arbeitsgemeinschaft »die landsmannschaftliche Zusammenfassung und Betreuung der Deutschen in der Schweiz, die Pflege ihrer kulturellen Beziehungen zu der Heimat sowie zu dem Gastland, die gegenseitige soziale Unterstützung und die Ausschaltung aller parteipolitischen Einflüsse in den deutschen Hilfsvereinen und sonstigen Wohltätigkeitseinrichtungen«. Die Formulierungen nahmen auf das Schweizer Zivilgesetzbuch Rücksicht, tatsächlich beschäftigten sich die Mitglieder intensiv mit der Zukunft Deutschlands. Am aktivsten engagierte sich in dieser Gruppe der ehemalige sozialdemokratische Reichstagsabgeordnete und spätere bayerische Ministerpräsident Wilhelm Hoegner; der ehemalige Reichskanzler Josef Wirth (Zentrum) und Otto Braun, bis 1932 Preußens sozialdemokratischer Ministerpräsident, waren die politisch profiliertesten Köpfe im »Demokratischen Deutschland«. Zusammen mit dem Schriftsteller

J. J. Kindt-Kiefer und dem früheren Reichstagsabgeordneten Heinrich G. Ritzel (SPD) bildeten die fünf den Vorstand der Arbeitsgemeinschaft und zeichneten verantwortlich als Herausgeber der »Grundsätze und Richtlinien«, die im Frühjahr 1945 als Broschüre veröffentlicht wurden. Otto Braun hatte das Dokument allerdings nur »unter Vorbehalt der Abweichung in Einzelheiten« unterschrieben.

Die »Grundsätze und Richtlinien« sind ebenso von moralischem Abscheu gegen den Nationalsozialismus wie von der Weimarer Herkunft und den Erfahrungen des Schweizer Exils geprägt. In kraftvoller Sprache und mit Pathos wird ein deutscher Bundesstaat im Mittelpunkt einer europäischen Föderation gefordert. Kategorisch abgelehnt werden die Auflösung der nationalen Einheit und die Schmälerung der territorialen Integrität Deutschlands durch Gebietsverluste im Osten wie durch Gründung von (katholischen) Separatstaaten im Süden oder im Westen. Der deutsche Bundesstaat sollte statt eines Reichspräsidenten eine kollegiale Bundesregierung mit jährlich wechselndem Vorsitz haben. Wirtschaftspolitisch wurden rigorose Enteignungen des Großgrundbesitzes, aber der Erhalt des vererbbaren Privateigentums und genossenschaftliche Produktionsformen in der Landwirtschaft, im Gewerbe und in der zu dezentralisierenden Industrie propagiert. Die besonders zu fördernde Familienpolitik schloß die Forderung nach Einfamilienhäusern beim Wiederaufbau ein.

Den Grundsätzen der Exilpolitiker im Schweizer Asyl war ein Aufruf vorangestellt, in dem eine Kollektivschuld der Deutschen zurückgewiesen wurde: »Das ganze deutsche Volk für alle seit 1933 begangenen Untaten verantwortlich machen zu wollen, ist reine Rachsucht ... Gerecht ist schließlich doch auch die Einsicht, daß das gegenwärtige furchtbare Weltunglück nicht nur von seinen unmittelbaren Urhebern, sondern auch durch blinde Duldung des Unrechts mit verschuldet worden ist.«[17] Vertreter des politischen Exils aller Richtungen stimmten in der Betonung des Selbstbestimmungsrechts der Deutschen, in der Ablehnung alliierter Bevormundung und Umerziehung überein, und sie zeigten sich als Vertreter nationaler deutscher Interessen. Damit entsprachen sie, ob Sozialdemokraten, Liberale, Vertreter des politischen Katholizismus oder Konservative, nicht im mindesten den Vorstellungen von Vaterlandsverrätern oder Kollaborateuren mit »den Feinden Deutschlands«, als die sie von der NS-Propaganda vorgeführt und als die sie noch Jahrzehnte nach dem Untergang des Nationalsozialismus diffamiert wurden.

Die Zurückweisung der Kollektivschuld-These war übrigens häufiger Bestandteil von Überlegungen, die im Exil publiziert worden sind, und indirekt basierte sogar der Aufruf des Nationalkomitees Freies Deutschland an die Wehrmacht und an das deutsche Volk darauf, ja darüber hinaus wurde darin in Aussicht gestellt, daß die Selbstbefreiung der Deutschen vom Nationalsozialismus honoriert würde. Das Ziel heiße »Freies Deutschland«, hatten die Kriegsgefangenen der bei Stalingrad vernichteten 6. Armee in Krasnogorsk bei Moskau im Juli 1943 geschrieben, und das bedeute: »Eine starke demokratische Staatsmacht, die nichts gemein hat mit der Ohnmacht des Weimarer Regimes, eine Demokratie, die jeden Versuch des Wiederauflebens von Verschwörern gegen die Freiheitsrechte des Volkes oder gegen den Frieden Europas rücksichtslos schon im Keim erstickt. Restlose Beseitigung aller auf Völker- und Rassenhaß beruhenden Gesetze, aller unser Volk entehrenden Einrichtungen des Hitlerregimes, Aufhebung aller gegen die Freiheit und Menschenwürde gerichteten Zwangsgesetze der Hitlerzeit. Wiederherstellung und Erweiterung der politischen Rechte und sozialen Errungenschaften der Schaffenden, Freiheit des Wortes, der Presse, der Organisation, des Gewissens und der Religion.«[18]

Das späteste Dokument des demokratisch-sozialistischen Exils, die ›Richtlinien für eine deutsche Staatsverfassung‹, wurde von der Union deutscher sozialistischer Organisationen in Großbritannien Ende November 1945 in London veröffentlicht. In der Präambel hieß es: »Die Achtung und der Schutz der Freiheit und der Würde der Persönlichkeit sind die unveräußerlichen Grundlagen des staatlichen und gesellschaftlichen Lebens der deutschen Republik.«[19]

Dementsprechend hatten Forderungen nach sozialer Gerechtigkeit, kultureller und ökonomischer Gleichberechtigung, Humanität und Frieden, Völkerverständigung und internationaler Organisation hohen Stellenwert. Das erklärt sich auch aus der Entstehungsgeschichte der Union deutscher sozialistischer Organisationen in Großbritannien. In der Organisation trafen unterschiedliche Strömungen des demokratischen Sozialismus aufeinander. Im März 1941 hatte in Großbritannien die Exil-SPD (der unter dem Namen Sopade firmierende Rest des Parteivorstands der 1933 emigrierten SPD) mit drei links von der SPD stehenden politischen Gruppierungen ein gemeinsames Dach errichtet.

Die revolutionär-voluntaristische Gruppe Neubeginnen, die Sozialistische Arbeiterpartei Deutschlands (SAP) und der Internationale Sozialistische Kampfbund (ISK) waren in die Partnerschaft zur Exil-SPD, gegen die sie einst opponiert hatten, eingetreten. Ziel der Gründung der Union war die gemeinsame Repräsentanz aller demokratisch-sozialistischen (das heißt nichtkommunistischen) deutschen Emigranten und die Diskussion und Veröffentlichung eines Bauplans zum demokratischen Wiederaufbau Deutschlands. Wegen der unterschiedlichen ideologischen Positionen innerhalb der Union kam es erst 1944 zum Kompromiß in den entscheidenden Punkten und zur Ausarbeitung programmatischer Richtlinien zur Wirtschaftspolitik, zur Staatsverfassung, zum Aufbau von Verwaltung und Justiz, zur Kulturpolitik und zum Erziehungswesen. Diese Diskussionen im Exil wurden parallel zu den Erörterungen der Gruppierungen des Widerstands in Deutschland im Goerdeler-Kreis und zu den Debatten in Kreisau geführt. Parallel heißt in diesem Zusammenhang vor allem: gleichzeitig, ohne daß sich innere oder äußere Berührungspunkte ergeben haben.

IV.

Ernst Reuter, bis 1933 Oberbürgermeister von Magdeburg, nach zweimaliger Konzentrationslagerhaft und Emigration Professor für Kommunalwissenschaft in Ankara, schrieb im März 1943 einen Brief an Thomas Mann, den in Kalifornien lebenden deutschen Schriftsteller. Thomas Mann sollte, das war die Idee, in einem feierlichen Appell an alle Deutschen Antwort geben auf die verzweifelte Frage, »wie nach dem Sturze der verhaßten Peiniger eine neue, bessere Welt aufgebaut werden könnte ... Auf diese Frage muß eine Antwort gegeben werden, wenn der Absprung dem deutschen Volke und auch denen, die technisch ihn vielleicht in gegebener Zeit herbeiführen könnten, ermöglicht werden soll.« An einen Appell der Sammlung dachte Ernst Reuter, es hätte ein Brückenschlag zwischen dem Widerstand des Exils und den Kräften des Widerstands in Deutschland sein sollen.

Thomas Mann hatte in seinen Radiosendungen die »Deutschen Hörer« seit 1940 immer wieder beschworen, der Welt ein Zeichen der Abkehr von Hitler zu geben, um für die Zeit nach dem Zusammenbruch des Regimes nicht mit leeren Händen dazustehen. Im Sommer 1943, als Thomas Mann den Brief Ernst Reuters erhielt, war er nicht mehr zu solch einem Appell bereit: »Ich war immer der Meinung, daß diese führenden Kräfte aus dem Inneren Deutschlands kommen müssen, und habe über die Rolle, die wir Emigranten dazu zu spielen haben, immer recht bescheiden gedacht ... Es kommt aber etwas anderes hinzu. Ich zweifle nicht, daß sich unter der deutschen Emigration eine Anzahl von Namen finden ließe, die danach angetan wären, das Vertrauen des angeredeten deutschen Volkes zu erwecken ... Mit welcher Autorität aber außerdem können wir zum deutschen Volke sprechen? Doch nur mit unserer allerpersönlichsten, denn wir haben nichts hinter uns, wir sprechen nicht im Einverständnis mit den Regierungen der Länder, in denen wir leben, wir haben keinerlei Sicherheit über ihre Absichten, sondern zuweilen nur böse Ahnungen über diese Absichten. Den Deutschen irgendwelche Zusicherungen zu machen, sind wir einfach nicht in der Lage. Täten wir es, so bestünde die Gefahr einer schweren Desavouierung, und so scheint mir für eine solche Kundgebung, feierlich wie sie gedacht ist, der rechte Grund und Boden zu fehlen.«[20]

In diesem Briefwechsel spiegelt sich das ganze Dilemma von Exil und Widerstand: die Zersplitterung der Kräfte, die Resignation der Hitlergegner in der Emigration, der mangelnde Kontakt zwischen innerem und äußerem Widerstand, das geringe Vertrauen in die Regenerationskraft der schweigenden Mehrheit in Deutschland. Trotzdem bewahrten die Frauen und Männer des Widerstands, die Regimegegner in Deutschland wie die im Exil, den erheblichen Teil der moralischen Integrität auf deutscher Seite, der nach dem Zusammensturz des nationalsozialistischen Regimes das Kapital für den inneren Wiederaufbau bildete.

Anmerkungen

1 Rede an die Deutschen, 18. Mai 1948, in: Fritz von Unruh, Mächtig seid ihr nicht in Waffen. Reden, Nürnberg 1957, S.142–176, zit. S. 156 f.

2 Abgedruckt u. a. in: Kurt R. Grossmann, Emigration. Geschichte der Hitler-Flüchtlinge 1933-1945, Frankfurt a. M. 1969, S. 328.

3 Heinz Kühn, Widerstand und Emigration. Die Jahre 1928–1945, Hamburg 1980, S. 175 f.

4 Ebenda, S. 172 f.

5 Heinrich Brüning, Briefe und Gespräche 1934-1945, Stuttgart 1974, S. 407; vgl. auch: Heinrich Brüning, Memoiren 1918–1934, Stuttgart 1970.

6 Arnold Brecht, Mit der Kraft des Geistes. Lebenserinnerungen zweite Hälfte 1927–1967, Stuttgart 1967, S. 334.

7 Prager Manifest der Sopade, in: Mit dem Gesicht nach Deutschland, herausgegeben von Erich Mathias, bearbeitet von Werner Link, Düsseldorf 1968, S. 215–225, zit.S. 218.

8 Ebenda, S. 220.

9 Ebenda.

10 Das ›Prager Manifest‹, das im wesentlichen Rudolf Hilferdings Handschrift trägt und in der Tradition der USPD steht, war nicht repräsentativ für die gesamte Sopade, es blieb auch im Prager Parteivorstand umstritten und bildete nur eine von vielen sozialistischen Positionen in der Emigration. Vgl. die ideengeschichtlich bedeutsamen Texte: Kurt Klotzbach (Hrsg.), Drei Schriften aus dem Exil (Miles, Neu beginnen!; Otto Bauer, Die illegale Partei; Curt Geyer, Die Partei der Freiheit), Berlin, Bonn-Bad Godesberg 1974. Vgl. auch Werner Röder, Deutschlandpläne der sozialdemokratischen Emigration in Großbritannien 1942–1945, in: Vierteljahrshefte für Zeitgeschichte 17 (1969), S. 72–86.

11 Landeskonferenz deutschsprachiger Sozialdemokraten und Gewerkschafter in den USA, Resolution zum künftigen Staatsaufbau Deutschlands (3./4. Juli 1943), in: Wolfgang Benz (Hrsg.), Bewegt von der Hoff-

nung aller Deutschen. Zur Geschichte des Grundgesetzes. Entwürfe und Diskussion 1941–1949, München 1979, S. 88 f.

12 Ebenda.

13 Resolution zum künftigen Staatsaufbau Deutschlands, 3. und 4. Juli 1943, Archiv Institut für Zeitgeschichte München, ED 202 Bd. 1, gedruckt in: Wolfgang Benz (Hrsg.), »Bewegt von der Hoffnung aller Deutschen«. Zur Geschichte des Grundgesetzes. Entwürfe und Diskussion 1941–1949, München 1979, S. 88 f.

14 Ebenda, S. 84 f.

15 Ebenda, S. 85.

16 Ernst Portner, Koch-Wesers Verfassungsentwurf. Ein Beitrag zur Ideengeschichte der deutschen Emigration, in: Vierteljahrshefte für Zeitgeschichte 14 (1966), S. 280–298.

17 Archiv Institut für Zeitgeschichte, ED 120 (Sammlung Hoegner), Bd. 12, gedruckt in: Benz (Hrsg.), »Bewegt von der Hoffnung«, S. 103 f.

18 Manifest des Nationalkomitees Freies Deutschland an die Wehrmacht und an das deutsche Volk, Juli 1943, in: Bodo Scheurig (Hrsg.), Verrat hinter Stacheldraht?, München 1965, S. 77-83, zit. S. 80.

19 Richtlinien für eine deutsche Staatsverfassung, November 1945, in: Wolfgang Benz (Hrsg.), »Bewegt von der Hoffnung«, S. 120–126.

20 Ernst Reuter, Artikel, Briefe, Reden 1922 bis 1946. Schriften Reden Zweiter Band, bearbeitet von Hans J. Reichhardt, Berlin 1973, S. 530 f.

Die Vertreibung jüdischer Künstler und Wissenschaftler aus Deutschland

Warum gingen Künstler und Intellektuelle ins Exil? Die wenigsten aus böser Ahnung oder Überdruß am Vaterland wie Kurt Tucholsky und Ernst Toller, einige, weil sie sich bereits als Antifaschisten exponiert und deshalb Grund hatten, die Rache der Nationalsozialisten zu fürchten, die meisten, weil sie als Künstler und Wissenschaftler durch die nationalsozialistische Rassenideologie als Menschen diskriminiert oder durch nationalsozialistisches Kulturverständnis diffamiert wurden, als »entartet«, als Marxisten, Kulturbolschewisten, oder einfach als Juden.

Stärkstes Motiv zur Emigration ist der Verlust von Arbeitsplatz und Wirkungsmöglichkeit, und je exponierter die Person, desto schwieriger der Versuch, in der »Inneren Emigration« zu überdauern, desto größer freilich auch die Chance, Visum, Aufenthaltserlaubnis, Arbeitsmöglichkeit in einem fremden Land zu gewinnen. Einige wenige Beispiele mögen das illustrieren. George Grosz hat Deutschland schon am 12. Januar 1933, zweieinhalb Wochen vor Hitlers Kanzlerschaft, verlassen und ist nach New York emigriert. Im März 1933 haben die Maler Willi Baumeister und Max Beckmann ihre Lehraufträge an der Städelschule in Frankfurt am Main verloren, Beckmann emigriert 1937 in die Niederlande. Im April 1933 verlieren Carl Hofer, Max Pechstein, Edwin Scharff und Oscar Schlemmer ihre Lehraufträge in Berlin, in Düsseldorf werden Paul Klee, Heinrich Campendonk, Oscar Moll aus der Kunstakademie vertrieben; Otto Dix verliert in Dresden sein künstlerisches Lehramt. John Heartfield und Wieland Herzfelde fliehen nach Prag,

Herzfelde eröffnet dort wieder den Malik-Verlag. In Amsterdam wird ebenfalls im April 1933 ein Exilverlag gegründet: Fritz H. Landshoff und Emanuel Querido firmieren unter dem Namen Querido als erster Exilverlag. Am 10. Mai 1934, am ersten Jahrestag der Bücherverbrennung, gründen Lion Feuchtwanger, Heinrich Mann und andere die Deutsche Freiheitsbibliothek in Paris als zentralen Ort der in Deutschland verbotenen Literatur.[1]

Das künstlerische, literarische, politische Exil ist die früheste Fluchtbewegung aus dem nationalsozialistischen Deutschland, die auch früh organisatorische Formen findet. Künstler, Gelehrte, Schriftsteller bilden jedoch nur einen kleinen Teil der Emigration. Sie werden aber stärker beachtet als die unbekannten, die als Juden ausgegrenzt, ausgeplündert und vertrieben wurden. Das Leben im Asyl – ob es Emigration war ohne Hoffnung und Aussicht auf eine Rückkehr nach Deutschland oder Exil als Station des Widerstands und des Wartens auf Heimkehr – unterschied sich nur durch die Bedingungen des Gastlandes. Die Barriere aus Demütigung und erlittener Diskriminierung hinderte, bei allem Heimweh und ganz abgesehen von der nach dem Ende der NS-Diktatur in der Regel fehlenden individuell realisierbaren Einladung, die Rückkehr der Juden auf deutschen Boden.

»Hollywood ist ein Paradies, über dessen Tor geschrieben steht: ›Laß, der Du eintrittst, alle Hoffnung fahren.‹ Das ist aber in Kalifornien nicht so einfach. Der Pessimismus braucht dort eine Weile, um sich gegen den Optimismus durchzusetzen, zu dem Klima und eine von Schaffenslust überquellende Natur verleiten.« Dies schrieb Alfred Polgar in seiner Erzählung ›Ein Jahr im Studio‹[2], die 1948 erstmals im Emigrantenverlag Querido in Amsterdam veröffentlicht wurde. Polgar, in Wien einst einer der großen europäischen Literaten, seit 1940 Emigrant in Amerika, davor bis zur Flucht über Lissabon im Asyl in Frankreich, gehörte zu jenen Schriftstellern, die aus Barmherzigkeit in einem Filmstudio in Hollywood zwar angestellt, aber nicht beschäftigt waren und dort das Elend des Exils erfuhren.

Ein anderer, auch er aus Wien, kommt ebenfalls 1940 in die Vereinigten Staaten, aber nicht 67jährig wie Polgar, sondern erst 32 Jahre alt und deshalb möglicherweise flexibler und anpassungsfähiger: Friedrich Torberg. Auch er wird in Hollywood alimentiert, auf die gleiche aussichtslose Weise. Torberg schreibt – und sein Brief macht die Emigrantensituation auf andere Weise deutlich – an den Filmproduzenten Paul Kohner im Oktober 1941 das folgende: »Es wäre nett von Ihnen gewesen, wenn Sie gelegentlich des Verkaufs von Travens ›Schatz der Sierra Madre‹ an die Brüder Warner in einer der Gesprächspausen, die sich bei solchen Anlässen doch immer ergeben, meinen Namen hätten fallen lassen – von ungefähr bloß, ganz ohne Nachdruck, und mit jener müden Selbstverständlichkeit, mit der man eben die allgemeine Kenntnis der Tatsache voraussetzen darf, das ich im deutschen Sprachgebiet Europas (wo Travens Romane zuerst erschienen sind) als einer der führenden Traven-Experten gegolten habe, einer der ersten Vorkämpfer und genauesten Kenner seines Werkes bin und folglich wie kein zweiter geeignet ... Sehr gut hätte sich auch ein kleiner Hinweis gemacht, daß Sie mit mir über die Filmbearbeitung gerade des ›Schatz der Sierra Madre‹ schon früher gesprochen haben ... Wie gesagt: es wäre nett gewesen. Wie noch nicht gesagt: es könnte noch immer nett sein, wenn Sie zum Beispiel an John Huston, der mich von Warners her kennt und (zum Unterschied von Ihnen) keinen Anlaß hat, mich für unbegabt zu halten, in diesem Sinn herantreten könnten und wollten. Sollten Sie hingegen diesen Brief als gegenstandslos betrachten wollen, dann betrachten sie ihn bitte als gegenstandslos. Ergebenst Ihr Torberg«.[3]

Die Erfahrung der beiden Wiener Literaten kontrastiert mit dem Bild, das sich die Welt gerne macht vom Exil der Dichter und Maler, der Musiker und Theaterleute, die auf der Flucht vor Hitler vermeintlich in eine schöne neue Welt eintraten und es dort gut hatten. Thomas Mann in Kalifornien, Lion Feuchtwanger erst im provençalischen Sanary-sur-Mer unter Pinien am Mittelmeer, dann in der Bucht von Santa Monica unter Palmen am Pazifik, ja auch Oskar

Maria Graf in New York prägten das Klischee, das die Flucht vor Hitler zur Existenz im Garten Eden verklärt.

Daß Exil für die Mehrheit der Künstler, Schriftsteller, Wissenschaftler mindestens Karriereverlust, meist existentielle Sorge, immer Demütigung, oft Angst und Verzweiflung bedeutete, daß das Exil für die meisten, und vor allem für die Juden, nur eine andere, allenfalls aufgeschobene, Form von Verlust, für nicht wenige auch nur eine Station vor der physischen Vernichtung war, läßt sich an vielen Biographien zeigen.

Richard Duschinsky, 1897 in Wien geboren, begann 1920 als Schauspieler der Wanderbühne des österreichischen Volksbildungsamtes, war 1922 bis 1925 am Raimund Theater in Wien engagiert, dann an den Barnowsky-Bühnen und der Volksbühne in Berlin. 1929 wurde sein Zeitstück ›Stempelbrüder‹ im Berliner Renaissance-Theater uraufgeführt, er war beim Film als Drehbuchautor beschäftigt, bis ihn die Reichsfilmkammer als »Nichtarier« ausschloß. Mährisch-Ostrau war die erste Station seines Exils, dort wurden zwei Stücke von ihm aufgeführt, 1938 ging Duschinsky nach London, trat im Kabarett »Das Laterndl« auf, war Rundfunksprecher und Autor bei der BBC, wanderte in die USA weiter. Nach dem Krieg wurde sein Stück ›Kronprinz Rudolf‹ am Volkstheater in Wien uraufgeführt (im Februar 1949); ein anderes Stück, der historische Bilderbogen ›Kaiser Franz Joseph I. von Österreich‹, erlebte 1979 während der Wiener Festwochen eine kurze Renaissance. Der Versuch, in der Bundesrepublik als Bühnenautor noch einmal Fuß zu fassen, scheiterte, das Jahr, das Richard Duschinsky in München in den siebziger Jahren verbrachte, war vertan. Niemand war interessiert an ihm, er kehrte enttäuscht nach Los Angeles zurück, wo er 1990 starb. Keines seiner Stücke ist je gedruckt worden. Ohne die Emigration wäre ihm etlicher Ruhm in Deutschland und Österreich sicher gewesen, ebenso einiger ökonomischer Erfolg. Lange bevor auch sein Versuch der Remigration nach Deutschland scheiterte, wurde ihm Entschädigung für die vernichtete Laufbahn als Schauspieler und Dramatiker verweigert. Vom Berliner Entschädigungsamt, in dem ein Beamter zu dem Schluß gekommen war, die Reise zur Uraufführung seines Dramas ›Kaiser Franz Joseph‹ an den Reinhardt-Bühnen in Wien während Hitlers »Machtergreifung«, von der er nicht nach Berlin zurückkehrte, sei »Auswanderung ins Heimatland« gewesen, nicht lebensrettende Flucht. Sein Brief an den Berliner Bürgermeister ist wahrscheinlich nie abgesandt worden. Er fand sich im Nachlaß der Freundin, die ihn entworfen hat. Darin heißt es: »Ich war von 1925 bis 1933 ein Schauspieler und Bühnenautor in Berlin, wo ich meinen Wohnsitz hatte. Zu meinen Dramen, die in Berlin und ganz Deutschland aufgeführt wurden, gehören ›November in Österreich‹, ›Die Stempelbrüder‹ und ›Komparserie‹. Unter den Künstlern, die in meinen Stücken und Filmen auftraten, waren Albert und Else Bassermann, Heinrich George, Ernst Deutsch, Anton Edthofer, Harry Liedtke, Jakob Tiedtke, Hilde Wangel, Nora Gregor, Hilde Körber, Sybille Binder. Als Schauspieler wurde ich u. a. von den Regisseuren Leopold Jessner, Jürgen Fehling, Karlheinz Martin, Max Reinhardt, Gustav Hartung für ihre Inszenierungen herangeholt. Meine Karriere in Berlin ging rasch und steil aufwärts. Dafür liegen dem Berliner Entschädigungsamt Zeugnisse von Ferdinand Bruckner, Prof. O. F. Schuh, Professor Tiburtius, Hilde Körber, Wolfgang Hoffmann-Harnisch vor. Aber ich bin Jude. Dieser Umstand allein hat dazu geführt, dass ich heute, in meinem 62. Lebensjahr, aus England diesen Brief an Sie schreibe. Ich meldete im Januar 1952 meinen Anspruch auf Entschädigung an. Dieser Anspruch wurde mit Bescheid vom 2. Juli 58 vom Berliner Entschädigungsamt abgewiesen. Die haarsträubende Ungerechtigkeit dieser Ablehnung, die Herzlosigkeit, ja Unmenschlichkeit, der sie entspringt, die totale Außerachtlassung des Geistes, dem das relevante Gesetz seine Entstehung verdankt, die brutale Abschiebung menschlicher Belange auf das tote Geleise juristischer Spitzfindigkeit, der kein höherer moralischer Wert innewohnt als den Nürnberger Gesetzen – all dies im Namen des neuen Deutschland! – haben mich zutiefst verletzt, gekränkt, erbittert, enttäuscht.«[4]

Exemplarisch für die Gefährdung der politischen Emigranten ist der Fall des pazifistischen Publizisten Berthold Jacob, der eigentlich Berthold Jacob Salomon hieß, in Berlin 1898 als Sohn eines jüdischen Kaufmanns geboren wurde und als schärfster Kritiker der versteckten Aufrüstung, der »Schwarzen Reichswehr«, in der Weimarer Republik so berühmt war, wie er später in Vergessenheit geraten sollte.[5] Mitstreiter Carl von Ossietzkys und Emil Gumbels, emigrierte Jacob schon im Juli 1932 nach Straßburg und stand im August 1933 mit anderer Prominenz – Lion Feuchtwanger, Heinrich Mann, Ernst Toller, Kurt Tucholsky und vielen anderen – auf der ersten Liste, die Emigranten verzeichnete, denen die deutsche Staatsangehörigkeit aberkannt und damit das Vermögen geraubt wurde.[6] Jacob berichtete in seiner zweisprachigen Korrespondenz ›Unabhängiger Zeitungsdienst‹ weiter über die deutsche Aufrüstung.

Aufsehen erregte seine Entführung durch Gestapoagenten im Jahre 1933 aus Basel. Internationalen Protesten und Bemühungen der Schweizer Regierung dankte er die Freilassung aus dem Gefängnis in Berlin-Moabit. Er ging nach Paris und kämpfte weiter gegen das nationalsozialistische Deutschland. Ein anderer Emigrant, Lion Feuchtwanger, hat ihn in der Figur des Friedrich Benjamin im Roman ›Exil‹, der 1940 in Amsterdam erschien, zur Gestalt der Literatur gemacht.[7] Das Vorbild des Romanhelden war zur dieser Zeit bereits im französischen Internierungslager Le Vernet und dann in anderen Lagern seiner Freiheit beraubt. Eine ›Geschichte der Macht in der deutschen Republik‹, die Jacob mit zwei anderen Autoren schreiben wollte, kam über die Verabredung und eine Skizze nicht hinaus. Beide Mitverfasser haben das Ende der NS-Ära nicht erlebt. Der eine, der Publizist Rudolf Olden, ertrank im Atlantik, als am 17. September 1940 das Schiff, das ihn ins sichere Amerika bringen sollte, von einem deutschen Torpedoboot versenkt wurde. Der andere, Paul Dreyfus, starb 1940 im Internierungslager Le Vernet.

Berthold Jacob konnte mit Hilfe der amerikanischen Rettungsaktion des Varian Fry im Auftrag des im Juni 1940 gegründeten Emergency Rescue Committee im Mai 1941 von Frankreich nach

Spanien fliehen, illegal, mit einem venezolanischen Paß und so schlecht gefälschten Transitvisa, daß er bei der weiteren Flucht an der portugiesischen Grenze verhaftet wurde. Hätte der amerikanische Konsul in Marseille entgegen der Weisung aus Washington das Visum für Berthold Jacob nicht verweigert, hätte dieser den Hilferuf aus Madrid an Prinz Löwenstein nicht schreiben müssen, einen Brief, in dem er unter dem falschen Namen Marcel Rollin mitteilt: »Ich sitze in Madrid auf einem neuen Pulverfaß ... wir können uns in unserem jetzigen Bekleidungszustand nicht unter Menschen wagen und sicherlich nicht auf ein U.S.A. Konsulat ... ich kann Ihnen keine Details von unserer Situation geben. Bitte, unterstellen Sie das schlimmste.«[8]

Das Ende des Exils von Berthold Jacob ließ nicht mehr lange auf sich warten. Mit Hilfe des Unitarian Service Committee, einer amerikanischen Hilfsorganisation, wurde er im Sommer 1941 illegal nach Portugal geschleust. Er wartete in Lissabon auf die Einreiseerlaubnis in die USA, wurde aber am 25. September 1941 auf offener Straße von Gestapoagenten gekidnappt, über Madrid zum zweiten Mal nach Berlin verschleppt, wo er erst im Gefängnis der Gestapozentrale in der Prinz-Albrecht-Straße, dann im Polizeigefängnis am Alexanderplatz inhaftiert war. Wegen eines Herzleidens wurde er am 17. Februar 1944 in das jüdische Krankenhaus überstellt, wo er am 26. Februar starb.

Man verzerrt die historische Realität, wenn man den 1933 54jährigen weltberühmten Albert Einstein zum Maßstab für das Wissenschaftsexil nimmt. Sein Weg von Berlin nach Princeton war ebenso untypisch wie die Emigration Thomas Manns nicht dem Alltag der meisten exilierten deutschen Schriftsteller entsprach. Die beiden Nobelpreisträger, die von Gastvorlesungen im Ausland nicht ins nationalsozialistisch werdende Deutschland zurückkehrten, formulierten ihre Absagen an das neue Regime – wie Einstein im März 1933 von Belgien aus – im Bewußtsein, Deutschland von sich aus den Rücken zu kehren, nicht verjagt worden zu sein. Die Mehrzahl aber floh nach Demütigungen und Diskriminierungen ins Ungewisse, in der Regel unter dauerhaftem Verlust der Karriere oder sicherer Karriereerwartung.

Das trifft auch für Hanna Ahrendt zu, die zwar 1959 die erste ordentliche Professorin in Princeton wurde und auch an anderen Elite-Universitäten wie Chicago und Berkeley lehrte, die aber die existentiellen Unsicherheiten des Exils gründlich erfahren hatte. Die Philosophin, Schülerin von Heidegger, Husserl und Jaspers, bereitete sich auf die Habilitation vor, als sie unter dem beginnenden NS-Regime nach einer Hausdurchsuchung in Haft genommen wurde. Der Flucht nach Frankreich folgte die Tätigkeit als Generalsekretärin des französischen Büros der Jugend-Alijah in Paris. 1940 war sie in Gurs interniert, ehe ihr die zweite Flucht in die USA gelang, wo sie als freie Schriftstellerin, als Mitarbeiterin an der deutsch-jüdischen Emigranten-Zeitung ›Aufbau‹, als Lektorin im Verlag Schocken Books, als Leiterin der Jewish Cultural Reconstruction Organisation arbeitete, ehe sie 1953, gegen Ende ihres fünften Lebensjahrzehnts, wieder in akademisch-wissenschaftliche Geleise kam.

Im günstigen Falle war die akademische Laufbahn emigrierter Wissenschaftler lange verzögert, oft brach sie ab, meist verlief sie mit entsprechenden ökonomischen Konsequenzen auf einem Niveau, das weit unterhalb des Erstrebten, des ordentlichen Professors und der damit verbundenen Sicherheit und Wirkungsmöglichkeit an einer deutschen Hochschule, lag.

Ein Beispiel für eine späte Karriere bietet der Physiker Wolfgang Friedrich Berg.[9] Er war 1908 geboren, studierte an der Friedrich-Wilhelms-Universität in Berlin, wurde Ostern 1930, mit 22 Jahren, außerplanmäßiger Assistent am physikalischen Institut und promovierte Ende 1932. Durch Publikationen zur Strukturforschung und zur Metallphysik machte er sich früh einen Namen. Im Mai 1933 wurde er aufgrund des Gesetzes zur Wiederherstellung des Berufsbeamtentums aus der bescheidenen Stellung als außerplanmäßiger Assistent der Universität Berlin entlassen. Er emigrierte nach Großbritannien und fand mit Hilfe eines Stipendiums schon 1933 eine

Forschungsstelle an der Universität Manchester, wo er 1936 ein zweites Mal promovierte. Nach dem Auslaufen des Stipendiums arbeitete Berg, zunächst jeweils mit kurzfristigen Verträgen, im Forschungslabor der Firma Kodak. Nach fast 13jährigem Aufenthalt im Land wurde er 1946 in Großbritannien eingebürgert. Die wissenschaftlichen Interessen Bergs waren durch den Broterwerb bei Kodak auf photochemische und photophysikalische Prozesse geleitet worden. Zahlreiche Publikationen begründeten in den Nachkriegsjahren den internationalen Ruf Bergs. Nach 25jähriger Tätigkeit bei Kodak erhielt er 1961 einen Ruf an die Eidgenössische Technische Hochschule in Zürich als Professor für Photographie. Er war zu diesem Zeitpunkt 53 Jahre alt.

Weniger erfolgreich war der Mathematiker Emil Julius Gumbel, der schon 1932 emigriert war, nachdem ihm die Universität Heidelberg auf Betreiben nationalsozialistischer Studenten und deutschnationaler Honoratioren die Venia legendi aberkannt hatte. Grund dafür war Gumbels Engagement für Pazifismus und deutsch-französische Verständigung, seine Publizistik gegen Rechtsextremismus, Fememorde und geheime Aufrüstung, die ihn berühmt und bei den Rechten berüchtigt gemacht hatten. Er war einer der bekanntesten und besonders verhaßten politischen Publizisten der Weimarer Republik. Mit seiner akademischen Lehrtätigkeit hatte dies zwar nichts zu tun, die Karriere war durch das politische Engagement und dessen Folgen jedoch dauerhaft zerstört.

Bis 1940 arbeitete Gumbel am Mathematischen Institut der Universität Lyon, entkam der deutschen Besatzung auf Umwegen über Lissabon nach Amerika und fand dort sogar einen Arbeitsplatz an der New School for Social Research in New York, aber es war keine feste Anstellung, sondern nur der Status eines Visiting Professor, bezahlt von einem Rockefeller-Stipendium, befristet bis Herbst 1944. Dann war Gumbel, 1946 bis 1948, Special Lector an der Newark School of Engineering, 1947 unter anderem Associate Professor am Brooklyn College. Seine und anderer Bemühungen, ihn am Institute for Advanced Studies in Princeton, wo Albert Einstein und Herbert

Weyl arbeiteten, unterzubringen, blieben erfolglos. Dazu fehle dem tüchtigen, aber nicht hervorragenden Gumbel doch die Qualifikation, hieß es in einem Gutachten; eine Tätigkeit in der Privatwirtschaft sei für den inzwischen 53jährigen eher das richtige. Gumbel hatte Aufträge vom Office of Strategic Services (OSS), dem amerikanischen Nachrichtendienst, der die Armee auf die Besetzung Deutschlands vorbereitete, und er verfaßte zu diesem Zweck im Frühjahr und Sommer 1945 Schriftsätze zur NS-Ideologie, ihrer Verbreitung und ihrem Einfluß. Mit einem Buch zur mathematischen Statistik erregte Gumbel in Fachkreisen Ende der fünfziger Jahre noch einmal Aufsehen, erhielt Einladungen zu Vortragsreisen nach Asien. In Erinnerung an seine politische Publizistik in der Weimarer Republik wurde Gumbel auch zu Gastvorlesungen an die Freie Universität Berlin und nach Hamburg eingeladen, aber als er 1966 in New York starb, war er vergessen; eine dauernde Anstellung oder gar einen Lehrstuhl hat er nie erlangen können.[10]

Bemerkenswert ist es, wie früh Hilfsorganisationen für die aus den Hörsälen und Laboratorien, Bibliotheken und Kliniken Vertriebenen auf Initiative einzelner Emigranten ins Leben gerufen wurden. In der Schweiz hatten 1933 der Mediziner Philip Schwartz und Fritz Demuth, der im April 1933 in die Schweiz ausgewanderte ehemalige Geheime Regierungsrat und Wirtschaftspolitiker, die »Notgemeinschaft deutscher Wissenschaftler im Ausland« gegründet. Es war eine Selbsthilfeorganisation, die als Stellenmarkt für entlassene und vertriebene jüdische Hochschullehrer und Gelehrte aus Deutschland fungierte und zu diesem Zweck 1936 in London eine ›List of Displaced German Scholars‹ publizierte.[11] Einige der darin veröffentlichten Kurzbiographien haben den Inserenten auch zu Stellen verholfen, die freilich in der Regel befristet waren und nur die ärgste Not lindern konnten. Ebenfalls in London, wohin die »Notgemeinschaft« 1935 übersiedelt war, operierte seit 1933 die »Society for the Protection of Science and Learning«, ursprünglich unter dem Namen »Academic Assistance Council«. In New York hatten Felix M. Warburg und der Mediziner Alfred E. Cohn 1933 ein »Emergency Committee in Aid of Displaced Foreign Scholars« gegründet[12], das Wissenschaftler an amerikanische Universitäten vermittelte. Eine herausragende Rolle spielte dabei die New School for Social Research in New York, die mit ihrer 1933 errichteten »Graduate Faculty«, berühmt als »University in Exile«, zum Brückenkopf europäischer Wissenschaft in den Vereinigten Staaten wurde.

Erwähnt werden müssen auch die Chancen, die die Türkei 200 Wissenschaftlern aus Deutschland bot – unter ihnen als erstem dem Gründer der »Notgemeinschaft« Philip Schwartz, der 1933 den Auftrag bekam, die Medizinische Fakultät der Universität Istanbul zu reformieren und der zum Vorreiter der Wissenschaftsemigration in die Türkei wurde. Schwartz' Lebensschicksal scheint mit dem Begriff Emigration synonym: Der 1894 im Banat Geborene, der an der Universität Budapest Medizin studiert hatte, war 1919 zum ersten Mal ausgewandert, von Ungarn nach Deutschland, um dem Antisemitismus in Ungarn zu entgehen. Von 1927 bis 1933 war er außerordentlicher Professor für Pathologie in Frankfurt. 1933 ging er in die Schweiz, von dort nach London und im Oktober 1933 in die Türkei. 1950 suchte er seine letzte neue Heimat in den Vereinigten Staaten von Amerika.

Das stolzeste Selbsthilfeprojekt war die um die Jahreswende 1936/37 ins Leben tretende »Deutsche Akademie« unter dem Dach der »American Guild for German Cultural Freedom« in New York. Unter dem illustren Präsidium von Sigmund Freud und Thomas Mann führte Hubertus Prinz zu Löwenstein als unermüdlicher Motor des Projekts das Generalsekretariat der »Vereinigung Deutscher Intellektueller und Künstler im Exil«. Peter de Mendelssohn und der aus Wien stammende Richard A. Bermann (dessen Bücher unter dem Pseudonym Arnold Höllriegel bekannt waren) hatten intellektuelle Vorarbeit geleistet und eine Denkschrift verfaßt, in der mit dem der Sache angemessenen Pathos die »deutschen Geistigen« aufgerufen waren, »sich zu einer Deutschen Akademie zu vereinigen, die ihren Sitz in New York haben soll und deren Aufgabe es sein soll, als höchste Autorität für den Wiederaufbau und die Verteidigung der deutschen Kulturgüter zu wirken und die von der American Guild for German Cultural Freedom aufgebrachten Mittel zu verwalten und auf die gerechteste, zweckdienlichste und fruchtbringendste Weise zu verteilen und nutzbar zu machen. Der Deutschen Akademie wird die Ausübung einer höchsten Schutzherrschaft über alles bedrohte deutsche Geistesgut obliegen«.[13]

Neben ideellen und intellektuellen Zielen verfolgte das Unternehmen ganz pragmatische Zwecke, nämlich das Sammeln von Geld für Stipendien und Preise, um »neuen Mut und neuen Antrieb zu rastloser Arbeit« zu stiften, um die Arbeiten der aus Deutschland vertriebenen Künstler, Schriftsteller, Wissenschaftler, Musiker »der Welt auf das nachdrücklichste dadurch zur Kenntnis zu bringen, daß sie mit bestehenden Verlagshäusern in Europa und Amerika Vereinbarungen über die Veröffentlichung der preisgekrönten Werke sowie der Arbeiten trifft, die unter dem Schutz und mit den Stipendien der Akademie geschaffen werden; daß sie, wo es erforderlich ist, die Veröffentlichung solcher Arbeiten und ihre fremdsprachlichen Übersetzungen durch Zuschüsse ermöglicht und Mittel zu ihrer Propagierung zur Verfügung stellt; daß sie parallele Abkommen mit Musikverlegern und Galerien trifft; daß sie die Freunde der deutschen Kultur in deutschen und englischen Buchgemeinschaften organisiert und dadurch den systematischen Aufbau eines dauerhaften Publikums für die Arbeiten der verbannten deutschen Geistigen in den hierfür noch kaum andeutungsweise erschlossenen Vereinigten Staaten ermöglicht.«[14]

Die praktischen Erfolge waren eher bescheiden; die Arbeitsbeihilfen, die aus dem bei Galadiners gewonnenen Geld gezahlt werden konnten, waren gering (in der Regel war es ein drei Monate lang gewährter Betrag von je 30 Dollar), ebenso die Stipendien und Druckkostenzuschüsse. Der moralische Appell wurde jedoch verstanden, nicht nur im Gastland. Am 14. Dezember 1936 berichtete die deutsche Botschaft in Washington dem Reichsminister für Volksaufklärung und Propaganda nach Berlin: »Die in dem Aufruf beschriebenen Ziele der beiden Organisationen stellen einen großangelegten Angriffsplan der Emigranten dar, der darauf abzielt, den kulturellen Einfluß Deutschlands in den Vereinigten Staaten für sich zu beschlagnahmen. Es ist die Absicht der Emigranten, vor der amerikanischen Öffentlichkeit als echte Erben und Vertreter deutscher Kulturtradition aufzutreten.«

Der Attaché der deutschen Botschaft kam zu dem Schluß: »Der Plan stellt zweifellos den bisher umfangreichsten und gefährlichsten Versuch dar, unter Auswertung der hierzulande für Deutschland gebotenen Möglichkeiten wieder ... das nationalsozialistische Deutschland von einer Einflußnahme auf das kulturelle Leben der Vereinigten Staaten auszuschalten.«[15]

An der inneren Situation des Exils der Intellektuellen konnten die Anstrengungen der American Guild und ihrer Deutschen Akademie freilich wenig ändern. Das Unternehmen stieß auch bald an seine Grenzen, als das literarische Preisausschreiben in einem Desaster endete. Der amerikanische Verlag verweigerte die Annahme des preisgekrönten Manuskripts des Schriftstellers Arnold Bender; die Jury fühlte sich düpiert, Oskar Maria Graf beschwerte sich als Präsident der »German American Writers Association« im Namen der 170 Teilnehmer am Preisausschreiben, die Sache endete im Herbst 1940 vor Gericht. Thomas Mann war vom Präsidium zurückgetreten, Prinz Löwenstein hatte aus anderem Grund, nach Auseinandersetzungen über einen Artikel, den er in der New Yorker ›Staatszeitung‹ veröffentlicht hatte und der vielen Emigranten zu deutschfreundlich erschien, das Generalsekretariat im Juni 1940 niederlegen müssen, nachdem Thomas Mann ihn scharf angegriffen hatte. Die längst mittellose Gesellschaft löste sich im Januar 1941 auf.

Einer von den wenigen Wissenschaftlern, die aus der Emigration in die Bundesrepublik zurückkehrten, Theodor W. Adorno, hat in einem Text zu Ehren Max Horkheimers die beschädigte Existenz des Intellektuellen im Exil beschrieben: »Er lebt in einer Umwelt, die ihm unverständlich bleiben muß, auch wenn er sich in den Gewerkschaftsorganisationen oder dem Autoverkehr noch so gut auskennt; immerzu ist er in der Irre. Zwischen der Reproduktion des eigenen Lebens unterm Monopol der Massenkultur und der sachlich-verantwortlichen Arbeit herrscht ein unversöhnlicher Bruch. Enteignet ist seine Sprache und abgegraben die geschichtliche Dimension, aus der seine Erkenntnis die Kräfte zog.«[16]

Möglicherweise ging es – immer den Erfolg vorausgesetzt – Bildenden Künstlern, Architekten, Musikern, Komponisten, weil sie nicht ausschließlich auf ihre Sprache angewiesen waren, als Emigranten besser. Und zwar im doppelten Sinn: Sie konnten in der Emigration besser Fuß fassen, und ihre Erfolge machten sie nach dem Ende der Katastrophe auch im früheren Heimatland attraktiv. Aber für die Mehrheit der Vertriebenen bedeutete das Exil vor allem anderen Beschädigung, Verlust, Zerstörung kreativer Lebensentwürfe.

Anmerkungen

1 Vgl. Exil. Flucht und Emigration europäischer Künstler 1933–1945, München, New York 1997 (Ausstellungskatalog).

2 Aus: Alfred Polgar, Andererseits. Erzählungen und Erwägungen. Amsterdam 1948, S.80–85. Erneut in: Alfred Polgar, Im Lauf der Zeit. Reinbek bei Hamburg 1954. Und: Alfred Polgar, Kleine Schriften. Hrsg. v. Marcel Reich-Ranicki und Ulrich Weinzierl. Reinbek bei Hamburg 1984. Bd. 3: Irrlicht.

3 Torberg an Paul Kohner, 16.10.1941, in: Filmexil 4/Juni 1994, S. 30f.

4 Entwurf im Nachlaß Elisabeth Passer (Ruth Körner), die den Text verfaßt hat, Deutsche Bibliothek Frankfurt a. M.

5 Jost Nikolaus Willi, Der Fall Jacob-Wesemann (1935/1936), Berlin, Frankfurt a. M. 1972.

6 Die Ausbürgerung von Emigranten erfolgte aufgrund des Gesetzes über den Widerruf von Einbürgerungen und die Aberkennung der deutschen Staatsangehörigkeit v. 14.7.1933. Die Ausbürgerungslisten wurden im Reichsanzeiger veröffentlicht, mit dem Verlust der Staatsangehörigkeit war die Konfiskation des Vermögens zu Gunsten des Deutschen Reiches verbunden.

7 Ein frühes Denkmal hatte ihm schon Gabriele Tergit im Roman ›Käsebier erobert den Kurfürstendamm‹ (1931) gesetzt.

8 Zit. nach: Deutsche Intellektuelle im Exil. Ihre Akademie und die »American Guild for German Cultural Freedom«. Eine Ausstellung des Deutschen Exilarchivs 1933–1945 der Deutschen Bibliothek, Frankfurt a. M. 1993, S. 520–521. (Künftig: Deutsche Intellektuelle).

9 Vgl. Wolf-Dieter Bilke, Wolfgang Friedrich Berg. Eine biographische Fallstudie zur Erforschung des Antisemitismus und der Wissenschaftsemigration, Manuskript im Zentrum für Antisemitismusforschung.

10 Zur Biographie vgl. Wolfgang Benz, Emil J. Gumbel. Die Karriere eines deutschen Pazifisten, in: Ulrich Walberer (Hrsg.), 10. Mai 1933. Bücherverbrennung in Deutschland und die Folgen. Frankfurt a. M. 1983,

S. 160–198; Christian Jansen, Emil Julius Gumbel. Portrait eines Zivilisten, Heidelberg 1991.

11 Emigration. Deutsche Wissenschaftler nach 1933. Entlassung und Vertreibung. List of Displaced German Scholars 1936, hrsg. von Herbert A. Strauss, Tilmann Buddensieg, Kurt Düwell, Berlin 1987.

12 Ebenda, S. IX.

13 Peter de Mendelssohn und Richard A. Bermann, Denkschrift über die Begründung einer Deutschen Akademie in New York. Vorgelegt durch die American Guild for German Cultural Freedom, Wien 1936 (4 Bl.), zit. nach Deutsche Intellektuelle, S. 80.

14 Ebenda.

15 Bericht Deutsche Botschaft Washington 14.12.1936, zit. nach Deutsche Intellektuelle, S. 90f.

16 Theodor W. Adorno, Minima Moralia, Typoscript 1945, Stadt- und Universitätsbibliothek Frankfurt a. M., zit. nach Deutsche Intellektuelle, S. 1.

Schwierige Wege nach Erez Israel

»Zu der Konferenz ist sie nicht zugelassen, aber man sieht überall eine resolute Dame mit zerfurchten Zügen, Golda Meir, die Vertreterin der palästinensischen Juden: wie eine Krankenschwester betreut sie ein paar Flüchtlingskinder, die sich, von den Kellnern mit scheelen Augen betrachtet, auf dem Rasen niedergelassen haben«.[1] Die Rede ist von der Konferenz in Evian, auf der in einem Luxushotel am französischen Ufer des Genfer Sees im Juli 1938 auf Initiative des amerikanischen Präsidenten Roosevelt die Vertreter von 32 Nationen durch Tatenlosigkeit über das Schicksal der zahllosen Juden entschieden, die aus dem nationalsozialistischen Machtbereich fliehen wollten, aber keine aufnahmebereiten Immigrationsländer fanden. Der Staat Israel existierte noch nicht, und der Status Golda Meirs, der späteren Regierungschefin, machte deutlich, wie karg die Möglichkeiten waren, in die ersehnte staatliche Heimstatt aller Juden zu gelangen. Aber die Mehrheit der deutschen Juden zögerte bis zum Herbst 1938 mit der Auswanderung, bis ihnen das NS-Regime im inszenierten Pogrom mit aller Brutalität klarmachte, daß es keine Hoffnung auf weitere jüdische Existenz in Deutschland geben konnte.

Am 30. Januar 1933 hatte sich die antisemitische Propaganda der Nationalsozialisten als erfolgreich erwiesen. Sie war ja eine der tragenden Säulen der Ideologie, deren Anhänger jetzt an die Macht gekommen waren. Der Antisemitismus wurde – daran waren bald alle Zweifel vergeblich – Staatsdoktrin – und es erhob sich zunächst allenfalls die Frage, ob die Judenfeindschaft auch zum Machtanspruch gehörte oder ob sich der zum Erfolg gelangte Nationalsozialismus mit Drohgebärden begnügen würde. Darauf hofften natürlich viele, die in angstvollem Abwarten die Hitler-Regierung beobachteten.

Für den gebildeten deutschen Juden war es, trotz der Ausschreitungen, die zu beobachten waren, in den ersten Wochen nach der Machtübernahme Hitlers einfach nicht denkbar, daß die bürgerlichen Rechte und die wirtschaftliche Existenz der deutschen Juden durch den Nationalsozialismus zerstört werden könnten, von Schlimmerem ganz zu schweigen.

Die optimistische Vermutung, daß die Judenfeindschaft der NSDAP nicht in Judenverfolgung münden würde, teilten mit dem Centralverein deutscher Staatsbürger jüdischen Glaubens auch andere Gruppen im deutschen Judentum. Im ›Israelit‹, dem ›Centralorgan für das orthodoxe Judentum‹, war zu lesen, daß das Kabinett Hitler zwar eine »schwere stimmungsmäßige Belastung der ganzen deutschen Judenheit« bedeute, aber man gab sich zuversichtlich, daß die neue Regierung nicht nach den Rezepten im ›Völkischen Beobachter‹ und im ›Angriff‹ vorgehen, also »kurzer Hand die deutschen Juden ihrer verfassungsmäßigen Rechte entkleiden, sie in ein Rassen-Ghetto sperren oder den Raub- und Mord-Instinkten des Pöbels preisgeben« werde. Des Ernstes der Lage müsse man sich jedoch bewußt sein, denn je weniger die neuen Männer die versprochenen wirtschafts- und sozialpolitischen Wunder wirken könnten, desto näher liege für sie der Wunsch, »doch wenigstens ein paar Absätze aus dem rassentheoretischen Programm der Partei in die politische Wirklichkeit umzusetzen«, und das könne »ohne sensationelle und kompromittierende Judengesetze auf dem Wege des ›trockenen Pogroms‹, der systematischen Aussperrung und Aushungerung der Juden im wirtschaftlichen und kulturellen Leben leicht geschehen«.[2]

Der Reichsbund jüdischer Frontsoldaten übte sich in selbstverleugnender Loyalität. Seine Hauptaufgabe sah der betont national auftretende Reichsbund wie schon vor 1933 darin, mit Hinweis auf die 12 000 jüdischen Gefallenen des Ersten Weltkriegs der antisemitischen Propaganda vom »Drückebergertum« der Juden entgegenzutreten.[3] Dazu diente in erster Linie die Zeitschrift ›Der Schild‹, die im August 1933 in einer Sondernummer erschien, in der die Rechtsposition der jüdischen Deutschen eindringlich beschworen wurde. Der Hauptmann a. D. und Bundesvorsitzende Löwenstein z. B. betonte, daß die jüdischen Frontkämpfer auch nach dem Krieg ihren Mann in den Kämpfen »gegen Chaos und Bolschewismus« gestanden hätten, und definierte das Recht und die Pflicht der deutschen Juden: »Auf deutschem Boden ist das geistige und körperliche Erbgut der deutschen Juden in fast zwei Jahrtausenden gewachsen; das innere Recht an diesem deutschen Boden kann keiner uns streitig machen. Dieses Recht ist aber ebenso das Fundament unserer Pflicht gegenüber Deutschland, an dessen nationalem Neubau wir mit all unseren Kräften mitwirken wollen und für das wir allezeit nach innen wie nach außen in der Treue stehen, die das Mark auch unserer Ehre ist.«[4]

Die von der NSDAP Ende März angekündigte und am 1. April 1933 in Szene gesetzte Boykott-Aktion brachte für die Juden nach den Wochen bangen Ahnens das erste tiefe Erschrecken und das erste Signal, daß die Nationalsozialisten sich nicht, wie gehofft, auf die gewohnten antisemitischen Deklamationen beschränken würden. Die Proteste und Verwahrungen, die Ende März von jüdischen Offiziellen verfaßt wurden, bestanden aus einer Mischung von feierlicher Zurückweisung der »ungeheuerlichen Anschuldigungen, die gegen uns deutsche Juden erhoben werden«, von entschiedener Distanzierung von der ausländischen Presse, die mit ihrer Berichterstattung über die Judenpolitik der Hitler-Regierung den Vorwand für den April-Boykott geliefert hatte, und von Appellen an Anstand und Vernunft.[5] In keinem dieser Dokumente, die den Regierungsstellen aller Ebenen bis hinauf zur Reichskanzlei zugestellt oder in der jüdischen Presse veröffentlicht wurden, fehlte der Hinweis auf die jüdischen Opfer im Ersten Weltkrieg. So schrieb Dr. Alfred Neumeyer als Präsident der Bayerischen Israelitischen Gemeinden »in tiefer Ergebenheit« an den neuen Ministerpräsidenten von Bayern, General von Epp: »Wir deutschen Juden haben stets für Deutschland gearbeitet, viele Tausende von uns haben im Krieg ihr Leben für Deutschland geopfert, das Wohl des Vaterlandes war uns stets die höchste Aufgabe. Wir können und wollen den Maßnahmen, die sich gegen uns wenden, nicht mit äußeren Mitteln entgegentreten. Aber wir werden sie standhaft ertragen im Bewußtsein, daß uns schweres Unrecht geschieht. Der göttliche Herrscher der Welt wird uns die Kraft dazu geben. Wir beten zu ihm, daß er unseren deutschen Volksgenossen bald die Einsicht schenken möge, daß der Weg zum großen Ziel des nationalen Wiederaufbaues Deutschlands nicht über die Unterdrückung der Juden geht.«[6]

Der Centralverein deutscher Staatsbürger jüdischen Glaubens hatte am 24. März eine beschwichtigende Presseerklärung herausgegeben, in der es hieß: »Das deutsche Volk befindet sich seit Wochen in einem politischen Umschwung gewaltigen Ausmaßes. Hierbei ist es zu politischen Racheakten und Ausschreitungen auch gegen Juden gekommen. Die Reichsregierung wie die Länderregierungen haben sich mit Erfolg bemüht, möglichst schnell Ruhe und Ordnung wiederherzustellen. Der Befehl des Reichskanzlers, Einzelaktionen zu unterlassen, hat seine Wirkung getan.«[7] Die Zionistische Vereinigung für Deutschland distanzierte sich von der antideutschen Propaganda des Auslands und ihr Organ, die ›Jüdische Rundschau‹, äußerte die Hoffnung, daß auch große Teile der NSDAP und ihre Führer wegen Überlastung durch die Tagesgeschäfte »die wirklichen Zusammenhänge« nicht würdigen könnten.

Der Appell nach dem damals so beliebten Motto »Wenn das der Führer wüßte« war immerhin mit einiger Skepsis formuliert, wenn es etwa hieß, die NSDAP habe heute die unbeschränkte Macht in Deutschland und könne den angeordneten Boykott durchführen. Die deutschen Juden würden dann zur Auswanderung gezwungen, aber ein solcher beispielloser Vorgang würde der Hilfe von legitimierten völkerrechtlichen Instanzen bedürfen. Daß so etwas geschehe, könne man nicht glauben, weil sich die Machthaber doch nicht der Wahrheit verschließen könnten, daß das Judentum keinen

Kampf gegen oder in Deutschland erstrebe. Freilich sei es Heuchelei, zu behaupten, daß die »nationale Revolution« von den Juden freudig begrüßt worden sei, da der siegreiche deutsche Nationalismus im Zeichen radikaler Judenfeindschaft stehe. Trotzdem habe das nationale Judentum – gemeint waren die Zionisten – volles Verständnis »für jede nationale Bewegung und besonders auch für jede Erhebung gegen einen unerträglichen, die Ehre eines Volkes verletzenden Druck«[8]. Die offizielle Reaktion der Repräsentanten des deutschen Judentums auf die Boykott-Ankündigungen bestand in einem Appell an den Reichskanzler, in dem sie beteuerten, wie sie sich »mit allen Fasern ihres Herzens der deutschen Heimat verbunden«[9] fühlten.

Eine Wirkung der äußeren Bedrohung bestand im Frühjahr 1933 darin, daß sich die jüdischen Reihen zu schließen begannen. Die Notwendigkeit einer gemeinsamen Repräsentanz führte zur Gründung der »Reichsvertretung der deutschen Juden«, die mit Rabbiner Leo Baeck an der Spitze im September 1933 nach mühseligen Verhandlungen um Führungspositionen und Richtungskämpfe an die Öffentlichkeit trat.[10]

Das Bedürfnis nach Positionsbestimmung, nach Definition des jüdischen Selbstverständnisses, nach der Wiederbelebung jüdischer Eigenart wurde allenthalben artikuliert und – streng nach Richtungen geschieden – zur wichtigsten Forderung der Zeit erhoben. In der jüdischen Presse tauchte verschiedentlich folgender Gedankengang auf: Der Nationalsozialismus sei Ausdruck der Selbstbesinnung der deutschen Menschen, er stehe für die nationale Wiedergeburt des deutschen Wesens, und die Antwort auf jüdischer Seite müsse (schon weil der Antisemitismus der Nationalsozialisten eine solche erzwinge) in der Rückbesinnung auf traditionelle jüdische Werte und Leistungen bestehen.

Das wurde von den einzelnen Fraktionen des Judentums ganz unterschiedlich verstanden. Die Zionisten warfen den Mitgliedern des Centralvereins vor, sie erschöpften sich in der Aufzählung der Leistungen und Verdienste, die das deutsche Judentum zugunsten der deutschen Nation erbracht habe, um mit dem Goethe-Wort »Wenn ich dich liebe, was geht's dich an« zu resignieren. Die Zionisten verlangten statt dessen ein energisches Bekenntnis zum Judentum und die Auseinandersetzung in »der Judenfrage« mit dem »Deutschtum«, die sie sich freilich ehrenvoller gedacht hatten: »Wir hätten gewünscht, daß die Initiative rechtzeitig von den Juden ausgegangen wäre oder daß wenigstens in einem Stadium, wo die Zuspitzung der Lage bereits offenkundig war, die deutschen Juden das Wesen des Geschehens begriffen hätten.«[11]

Daß nur die Emigration lebensrettend war, und für viele, die später in Frankreich oder Holland unter der deutschen Besatzung den Häschern der Gestapo in die Hände fielen, galt nicht einmal das – wer konnte dies vor dem November 1938 wissen? Im Rückblick ist es nicht schwer festzustellen, daß die am frühesten von Maßnahmen der neuen Regierung Betroffenen die größeren Chancen hatten. Margot Bloch-Wresinski etwa, eine junge Sozialarbeiterin in Berlin, verlor im Mai 1933 ihre Stelle und schloß sich einem Jugendgefährten an, der schon zwei Monate vorher als Jude die Kündigung erhalten hatte. Er wollte sich »als Pionier zum Aufbau von Palästina melden«. Die jungen Leute bereiteten sich im Memelland in einem landwirtschaftlichen Lehrgut auf das Siedlerleben in Palästina vor. »Hachscharah«, Ertüchtigung, hieß dieses Training. Ende 1934 gingen sie in Haifa an Land, dann kamen sie nach Tel Aviv, »der ersten von Juden erbauten und nur von Juden bewohnten Stadt. Welches Erlebnis für uns! Alle Straßenbezeichnungen, alle Aufschriften an den Geschäften in hebräischen Buchstaben!«[12]

Der zionistischen Verklärung stand die mühselige Realität der Auswanderung nach Palästina gegenüber. Eine andere Lebensgeschichte enthält auch die Beschreibung der Schwierigkeiten des mehr aus der Not als aus Überzeugung geborenen Zionismus.

Fanny Cymberg, Kind ostjüdischer Einwanderer aus der Ukraine, lebt in Dresden. Sie ist 24 Jahre alt, als Hitler zur Macht kommt. Sie ist Zionistin, Mitglied im Jugendverband Blau-Weiß, und sie turnt im Makkabi-Sportverein. 1933 beschließt sie, nach Palästina auszuwandern. Der Vater hat kein Verständnis dafür und sieht keine Notwendigkeit dazu.

Bei den Auswanderungsvorbereitungen wird Fanny wieder mit den Illusionen konfrontiert, die die deutschen Juden haben, aber auch mit der Abspaltung der Ostjuden aus dem Bewußtsein der länger Assimilierten: »Die meisten jungen Menschen meines Alters ließen sich auf die Landwirtschaft vorbereiten, um in einen Kibbuz zu gehen. Das waren meist organisierte zionistische Jugendliche. In einen Kibbuz und in die Landwirtschaft wollte ich nicht. Ich brauchte also ein Arbeitsvisum. Dafür ließ ich mich bei einem jüdischen Arzt, Dr. Dreyfuß, als Krankengymnastin ausbilden. Ich lernte orthopädisches Turnen mit Kindern, die Schäden an der Wirbelsäule hatten. Ich fragte auch ihn: Professor, denken Sie nicht ans Auswandern? Ach, wer jagt denn uns fort, ich war Soldat an der vordersten Front, habe das Eiserne Kreuz bekommen, die meinen doch nur die Leute aus dem Osten, die keinen deutschen Paß haben. So dachten damals die meisten deutschen Juden ... Mein Vater war längst deutscher Staatsbürger geworden. Wir hatten alle deutsche Pässe. Wir Kinder waren in Deutschland geboren. Aber die Nazis fragten nicht nach deutschen Pässen, es ging ihnen um die Juden.«

Fanny gelingt die Auswanderung. Die Lebensumstände in Palästina sind freilich trostlos und entmutigend. Von ihrer Ausbildung läßt sich überhaupt kein Gebrauch machen, sie lebt in beengten Verhältnissen, in einer Art Nachtasyl zur Untermiete. Dort hausen auch drei junge Männer aus Hannover. »Was diese drei berichteten, klang so hoffnungslos, daß man eigentlich gleich die Koffer packen und wieder wegfahren wollte. Sie hatten in Deutschland Geschäfte, der eine zum Beispiel eine Drogerie, und sie zweifelten daran, eine neue Existenz aufbauen zu können. Die wenigsten Emigranten konnten hier ihre Berufe ausüben. Tel Aviv war erst 24 Jahre alt, eine Entwicklungsstadt, auf den Sand am Meer gebaut ... diese drei jungen Männer in unserem Haus waren nicht bereit, das Risiko in Palästina auf sich zu nehmen. Sie haben ihre päckelach gepackt und sind zurück nach Hannover gegangen. Und sind dann dort umgekommen.«[13]

Das Motiv – der Diskriminierung im nationalsozialistischen Deutschland zu entgehen – ist Teil des damaligen Generationskonflikts. Fortgeschrittene Jahre und materielle Existenzängste bestimmen bei den Älteren die Neigung, zu bleiben und deshalb über Diskriminierungen hinwegzusehen und die Bedrohung der physischen Existenz nicht wahrzunehmen.

Jakob Gur, 1921 in Ortelsburg in Ostpreußen geboren, lebt seit 1925 in Berlin und besucht dort die Schule. Er erinnert sich an die ersten Jahre der NS-Herrschaft: »Auf den Straßen wurde es für mich schlimm. Oft bekam ich Prügel, und manchmal gelang es mir, Nazi-Kinder zu verprügeln. Auch daheim wurde es schwierig. Mein Vater erhielt eine Entlassung nach der anderen. Wir wechselten unsere Wohnungen im Jahre öfters als mancher Mensch seine Hemden .... Seit Anfang 1936 hatte ich langsam genug von den Nazis mit ihren Prügeleien und anderen Schwierigkeiten. Ich sagte meinen Eltern, daß ich weg wolle. Ich war knapp 15 Jahre alt. Mein Vater sagte: ›Warum? Das geht vorbei! Es werden Wahlen kommen. Warum mußt Du weg?‹ Auch sein Argument, daß er im Ersten Weltkrieg Frontsoldat war und mit dem Eisernen Kreuz Erster Klasse ausgezeichnet wurde, imponierte mir nicht. Später stellte sich leider heraus, daß es auch die Nazis nicht beeindruckte. Unter anderem sagte ich ihm, er könne sein Eisernes Kreuz auf das Klo hängen. Und dafür bekam ich eine Ohrfeige, aber dies änderte nichts an meinem Entschluß. Später gab er zu, es sei doch vielleicht besser, wegzugehen. Er hatte einen Bruder in Südafrika, der dort schon seit 1933 lebte, und ich sollte zu ihm fahren. Mein Argument war, daß nur in Palästina Ruhe zu finden sei, denn auch in Südafrika gäbe es Antisemitismus und auch dort könne Judenverfolgung aufkommen. So waren zum Schluß Vater und Mutter einverstanden, mich nach Palästina auswandern zu lassen. Ich trat dem zionistischen Verein ›Die jungen Makkabäer‹ bei und wollte mich so auf die Auswanderung vorbereiten, um mit einer Jugendgruppe nach Palästina zu kommen. Dann kam der Vater mit dem guten Rat, die Schule zu verlassen, um etwas Praktisches zu lernen, damit ich im neuen Lande beim Aufbau mithelfen könne. Mein Vater hatte einen ehemaligen christlichen Kriegskameraden, ein gewisser Wilhelm Gerhardt. Er war Schlosser- und Klempnermeister und nahm mich nach Absprache mit meinem Vater in die Lehre … Meine Eltern kauften mir Arbeitskleidung, ein gebrauchtes Fahrrad und einige warme Unterhosen. Bezahlt wurde ich nicht. Das Geld war 1936 zu Hause sehr knapp, und so konnte ich nicht mit der Bahn zur Arbeit fahren, sondern nur mit meinem Fahrrad. Ich machte den Weg jeden Tag vom Bahnhof Weissensee bis Moabit und wieder zurück, wobei eine Tour dreiviertel Stunde dauerte.«[14]

Ende 1937 trifft sich die künftige Kibbuz-Gruppe zur Vorbereitung und rudimentären landwirtschaftlichen Schulung auf einem Bauernhof bei Rüdnitz, am 28. Februar 1938 bringen die Eltern den 17jährigen Zionisten zum Bahnhof. Es war das letzte Mal, daß sie sich sahen.

Die Wendung zum Zionismus und der Anschluß an den »Hechaluz«, die Pionierorganisation der jungen Juden für Palästina, war als jüdische Antwort auf den Nationalsozialismus die Ausnahme. Die Erinnerung des jungen Frankfurter Juden Georg Kiever an die Anfänge der NS-Zeit überliefert die typischere Reaktion. Zionismus war ihm ebenso unverständlich wie die Gleichschaltung der deutschen Gesellschaft. Er lebte in einem bewußt assimilierten Elternhaus, in dem auch keine tiefe Bindung zur jüdischen Religion bestand. Die Eltern waren eigentlich Freidenker: »Aber die Religion diente ihnen, besonders Mama, als eine Art Kitt, der die Familie zusammenhielt … Dem ganzen damaligen Rummel vom wiedererweckten jüdischen Bewußtsein stand ich ablehnend gegenüber. Dabei war anfänglich durchaus nicht eine betonte deutsche Haltung meinerseits ausschlaggebend, das kam erst später. Vorläufig war meine Absicht, in absehbarer Zeit einen technischen Beruf zu ergreifen, wesentlicher.«[15]

So wenig »die Juden« in Deutschland als homogene Gruppe gesehen werden dürfen, so individuell, vom jeweiligen sozialen Status und von politischen wie religiösen Überzeugungen abhängig waren die Überlegungen, die zur Frage der Auswanderung angestellt wurden. Mit zunehmender Diskriminierung und Ausgrenzung aus dem gesellschaftlichen und ökonomischen Leben nahm die Bereitschaft zur Emigration zu. Einen wesentlichen Impuls gaben die Nürnberger Gesetze, mit denen die deutschen Juden im September 1935 zu Bürgern minderen Rechts erniedrigt wurden; das Olympiajahr 1936 schien dagegen eine Beruhigung der rabiaten Judenpolitik zu verheißen. Im Jahre 1938 steigerte sich die Judenfeindschaft dann zur offenen Verfolgung. Jetzt waren die Möglichkeiten zur Auswanderung freilich drastisch schlechter geworden.

An zwei Familienschicksalen läßt sich die Situation charakterisieren. Den Gedanken, Deutschland zu verlassen, hat die dreiköpfige Familie Nathorff lange erwogen und anfänglich immer wieder verworfen. Als die Eltern im Juli 1938 erfahren, daß ihre ärztliche Approbation ab 30. September 1938 erloschen sein wird – das trifft mit der 4. Verordnung zum »Reichsbürgergesetz« alle jüdischen Ärzte in Deutschland –, steht der Entschluß fest. Das Ehepaar Nathorff[16] , beide erfolgreiche Mediziner in Berlin, bitten Verwandte in den USA um ein »affidavit of support«, die nach amerikanischen Einwanderungsgesetzen notwendige Bürgschaft und die unerläßliche Vorbedingung einer Auswanderung in die Vereinigten Staaten. Das begehrte Papier ist im August in ihren Händen und wird beim US-Konsulat eingereicht. Daß eine Wartezeit bevorstand, war sicher – die Konsulatsangestellten sahen keinen Grund zur Eile bei der Bearbeitung der Anträge, und außerdem gab es für die Einwanderung in die USA Länderquoten, in die man eingereiht werden mußte.

Aber während der Wartezeit wurde der Novemberpogrom inszeniert. Die »Reichskristallnacht« vom 9. November 1938 wird für die deutschen Juden zur Apokalypse. Dr. Erich Nathorff wird abgeholt und kommt ins KZ Sachsenhausen. Er ist einer der jüdischen Männer, die in diesen Tagen für Wochen oder Monate nach Dachau, Buchenwald oder Sachsenhausen gebracht, die drangsaliert und gedemütigt werden, damit sie sich zur Auswanderung entschließen.

Hertha Nathorff hat Mitte November 1938 immerhin eine telegraphische Einladung von Verwandten nach Kalifornien. Damit steht sie fünf Stunden vor dem amerikanischen Konsulat, um eine Bestätigung darüber zu erlangen, daß sie im August das Affidavit eingereicht hat – vergeblich. Bei der Auswandererberatungsstelle will sie eine Bescheinigung, die notwendig ist zur Ausstellung eines Passes. Den erhält man aber nur, wenn ein definitiver Ausreisetermin angegeben werden kann. Sie sendet Telegramme in alle Welt nach Visa, egal wohin, nach Schiffspassagen zu jedem beliebigen Hafen in Übersee. Ein Visum nach Chile, von einem österreichischen Nazi angeboten, soll 3000 Reichsmark kosten. Ein Reisebüro offeriert – legal, nach stundenlangem Verhandeln – eine Passage nach Kuba, im Februar 1939.

Kuba wird gebucht. Das Vorzeigegeld, das in Havanna zu präsentierende Anfangskapital, wird telegraphisch von den amerikanischen Verwandten erbeten. Sie sagen zu, es in Kuba zu deponieren. Im Auswanderungsamt kann Hertha Nathorff jetzt den Reisepaß beantragen. Nach stundenlangem Anstehen (auf der Treppe, die als Extraaufgang »nur für Juden« vorgeschrieben ist) bekommt sie eine Nummer für den nächsten Tag, an dem sie die für das Weitere erforderliche Bescheinigung abholen kann. Zwei Tage später, am 5. Dezember, wird der Paß bei der Polizei beantragt. Zuvor mußten Bescheinigungen verschiedener Finanzämter vorgelegt werden, daß der Fiskus keine Forderungen an die Ausreisewilligen hat.

Am 8. Dezember 1938 bekommt Hertha Nathorff im amerikanischen Konsulat die Quotennummer zugeteilt; wegen der langen Wartezeit bis zur Einreise in die USA wird es notwendig sein, einen Zwischenaufenthalt in England zu organisieren. Erste Zweifel an der Kuba-Passage kommen auf. Am 15. Dezember wieder ein Gang zum Finanzamt. Der Anteil an der »Sühneabgabe«, der den deutschen Juden zynisch auferlegten Sondersteuer von einer Milliarde

Reichsmark aus Anlaß des Novemberpogroms, muß bezahlt werden. Das Geld ist auch für diejenigen, die Vermögen haben, nur mit Schwierigkeiten aufzutreiben, denn seit Ende April 1938 sind jüdische Vermögen sequestriert. Kurz vor Weihnachten gibt es neue Probleme beim Versuch, ein Permit für den Zwischenaufenthalt in England zu bekommen; das britische Konsulat braucht eine Bestätigung vom US-Konsulat mit dem Zeitpunkt der Einreiseerlaubnis für Amerika. Dieses Datum wird aber nicht bekanntgegeben, und deshalb gibt es auch kein Permit für England (15. Januar). Über den jüdischen Hilfsverein ist dann doch zu erfahren, daß die Einreise nach USA ab August 1939 möglich sein wird. Jetzt braucht das britische Konsulat die Quotennummer (20. Januar). Am 30. Januar wird bekannt, daß die gebuchte Schiffspassage nach Kuba nicht zu erhalten ist.

Wenigstens kommt am 11. Februar das Permit für Großbritannien: Aufenthaltserlaubnis für ein halbes Jahr. Am 2. März 1939 verläßt der 14jährige Sohn Deutschland. Frau Nathorff hat für ihn einen Platz in einem Kindertransport nach London ergattert. Die Auflösung der Wohnung beginnt. Am 12. März 1939 entscheidet ein Beamter im Auftrag der zuständigen Behörde, wie viele Abgaben zu entrichten sind für die Ausfuhr des Eigentums. Am 18. März müssen Schmuck und Silber abgeliefert werden, das ist Pflicht für alle Juden. Die Ablieferung findet in der Pfandleihe statt, der Ort dient der Demütigung und bezahlt werden auf amtliche Anordnung nur Bruchteile des Wertes. Zur Auswanderung darf die Familie Nathorff drei Bestecke und fünf kleine Schälchen aus Silber (je 40 Gramm schwer) behalten, ferner die Trauringe und eine silberne Uhr.

Am 1. April werden die Listen für das Umzugsgut genehmigt. Vier Tage lang wird an Ort und Stelle von Zollbeamten Stück für Stück alles geprüft. Dann, am 6. April 1939, geht der Speditionsbehälter mit dem Rest der Habe, der »Lift«, wie er im Emigrantenjargon allenthalben heißt, nach Rotterdam. Von dort aus soll er in die USA verschifft werden. Die leeren Zimmer der Wohnung sind versiegelt, die Koffer für die Reise nach England plombiert. Drei Wochen später, am 27. April, reist das Ehepaar Nathorff im Zug nach Bremerhaven und weiter nach England. Der Aufenthalt dort zieht sich in die Länge, die Situation ist mehr als deprimierend: In einer dürftigen Kammer in einem Londoner Vorort notiert Hertha Nathorff: »Seit Anfang Mai sitzen wir so und warten, mein Mann und ich – stumm, zerquält und verzweifelt. Dieses Wartenmüssen, es hat uns um alles gebracht, alles, was wir an irdischen Gütern noch besessen hatten. Unsere Schiffskarten sind verfallen, unser Geld aus Deutschland ist nicht transferiert worden, unser Lift in Holland ist verloren, weil wir jetzt den Transport in Devisen ein zweites Mal zu bezahlen hätten, da die Nazi-Räuber auch dieses Geld nicht transferiert haben. Auf fremde Hilfe und Güte sind wir angewiesen für unser kärgliches Essen und Wohnen.«[17] Ende Februar 1940 kommt die Familie Nathorff endlich in New York an und beginnt mit dem Wiederaufbau einer bescheidenen Existenz. Im Vergleich mit der Auswanderung in den ersten Jahren des NS-Regimes ist die Emigrationsgeschichte der Familie Nathorff ein Drama, verglichen mit anderen verlief sie freilich glimpflich.

Das zweite Schicksal: Dr. Alfred Heller, Druckereibesitzer und Verleger in München, dessen Tochter und Schwiegersohn seit Februar 1935 in Palästina leben, trägt sich seit 1937 mit dem Gedanken, den Münchner Betrieb aufzulösen und in Palästina neu zu beginnen.[18] Er ist kein Zionist, er will nur aus der Not das Beste machen. Nach der »Reichskristallnacht« wird er als »Aktionsjude« ins KZ Dachau verschleppt. Im Frühjahr 1939 bemüht sich das Ehepaar mit aller Kraft, aus Deutschland wegzukommen.

Das Einwanderungszertifikat für Palästina ist längst beantragt, das Vermögen zum Transfer bereitgestellt, der Transfer des Vorzeigekapitals angemeldet. Mit zwei Jahren Wartezeit, erfährt Dr. Heller, ist zu rechnen, bis seine Anmeldenummer aufgerufen wird. Das hat, neben der restriktiven Politik der britischen Mandatsmacht, auch fiskalische Gründe: Die 1 000 Pfund Vorzeigekapital, die in Palästina verlangt werden, müssen von der Reichsbank (gegen

26 000 Reichsmark nach der Bestimmung vom Frühjahr 1939) zugewiesen werden im Rahmen der Verfügbarkeit von Devisen. Dr. Heller bittet Verwandte in der Schweiz, ihn und seine Frau für die Dauer der Wartezeit aufzunehmen. Es fällt ihm schwer, danach zu fragen, aber den Verwandten sind sie willkommen. Die Schweizer Behörden verlangen indes Beweise für die »ernste Weiterwanderungsabsicht« der Hellers, und diese sind in bürokratisch befriedigender Form nicht beizubringen. Dr. Heller schreibt nach Zypern, Griechenland und Italien Gesuche um Aufenthaltsgenehmigungen auf dem Weg nach Palästina. Inzwischen haben die Kinder in Haifa das Vorzeigekapital aufgebracht und die Einreisegenehmigung beantragt.

Dr. Heller betreibt nun die Auflösung von Geschäft und Wohnung und kümmert sich wie zehntausende deutscher Juden, wie die Nathorffs in Berlin, um die Ausreiseformalitäten bei der Polizei, beim Paßamt, bei der Auswanderungsberatungsstelle, beim Finanzamt, der Vermögensverwertungsstelle, dem Devisenamt und der Devisenüberwachungsstelle, beim Zoll. Das Vermögen schwindet durch die Gebühren, Abgaben, Steuern rasch dahin, »die Werte schmolzen wie Schnee an der Sonne. Was in Jahrzehnten aufgebaut und zusammengetragen, ging in Augenblicken verloren.« Schließlich ist der »Lift« beim Spediteur zum Transport nach Palästina an die Adresse der Kinder. Er geht gerade noch vor Kriegsbeginn ab; Hellers Lift bleibt nicht, wie so viele, deren Besitzer die Weiterbeförderung in ausländischer Valuta nicht bezahlen können, in Rotterdam, Triest oder in anderen Häfen liegen und geht für die Eigentümer unwiederbringlich verloren.

Aber für das Ehepaar Heller sinken die Chancen der Auswanderung. In Palästina sind neue Bestimmungen in Kraft. Es muß wieder ein Ausweg, eine Zwischenlösung gesucht werden, Hilferufe gehen in die USA. Ein amerikanischer Verwandter überweist die von den britischen Behörden verlangte Garantiesumme für den Lebensunterhalt in London. Das Permit für den Zwischenaufenthalt in Großbritannien ist vielleicht schon unterwegs, als das britische Konsulat die Arbeit einstellt. Es ist September 1939. Der Zweite Weltkrieg hat begonnen.

Im Spätherbst findet sich – zufällig hat Dr. Heller davon erfahren – eine Gelegenheit zur Auswanderung, und Mitte Dezember 1939 verlassen Hellers München, um auf die abenteuerlichste Weise den illegalen Weg nach Palästina zu suchen. Die Schweizer Verwandten haben für sie zwei Plätze gebucht für eine Reise, die über Wien und Preßburg auf Donauschiffen bis zum Schwarzen Meer und von dort aus entlang der türkischen Küste durch die griechische Inselwelt über Kreta nach Erez Israel führen soll. Veranstalter der Reise war eine »Aktion für Auswanderung« in Wien, Unternehmen eines Kommerzialrats Storffer, das mit Duldung der Gestapo in Zusammenarbeit mit der Wiener jüdischen Gemeinde das Ziel hatte, möglichst viele Juden aus dem deutschen Herrschaftsbereich fortzubringen. Daß die Auswanderung aus Deutschland legal war, konnte den Reisenden leicht bestätigt werden, für die Einwanderung nach Palästina war die Agentur nicht zuständig.

Für die Hellers und 3500 Mitreisende wird es eine Odyssee mit Entbehrungen und Zwangsaufenthalten von deprimierender Dauer. Schon die erste Station, Preßburg/Bratislava, die kurz vor Weihnachten 1939 erreicht wird, erweist sich als Alptraum. Weil die Donau zugefroren ist, weil die Veranstalter finanzielle Probleme haben und wegen der politischen Lage (welche Flagge können die Schiffe führen?) müssen die jüdischen Auswanderer neun Monate in Lagern, bewacht von der Hlinka-Garde, der slowakischen SS, ausharren. Am 4. September 1940 legt die Flüchtlingsflotille endlich ab, vier gefährlich überladene Schiffe mit Juden aus Deutschland, Österreich und dem »Protektorat Böhmen und Mähren«. In Tulcea im Donaudelta steigen sie um auf drei seegängige Schiffe, »Atlantik«, »Pacific« und »Milos«, Seelenverkäufer, mit Bretterbuden auf Deck kläglich ausgerüstet, in der Überfüllung schwimmenden Konzentrationslagern ähnlich. Schwierigkeiten mit den rumänischen Behörden, mit der griechischen Reederei, Mangel an Verpflegung und Kohlen verzögern die Weiterreise. Man wartet auf ein viertes

Schiff, die »Rosita«, und auf die Mannschaft. Nach wochenlangem Aufenthalt werden endlich am 7. Oktober die Anker gelichtet unter der Flagge Panamas.

In Istanbul helfen die ortsansässigen Juden, finanzieren Hafengebühren und liefern Proviant, genügend Kohlen sind aber nicht aufzutreiben. Die Weiterfahrt dient vor allem der Suche nach Brennstoff, vergeblich in Mytilene, Lesbos, Samos. In Kreta wird nach vielem Hin und Her minderwertiges Heizmaterial erworben. Am 7. November geht es weiter. Die Ägäis ist inzwischen Kriegsgebiet. Der Kapitän der »Atlantik« hat Angst, versucht, vom Schiff zu fliehen, will die jüdischen Flüchtlinge sich selbst überlassen. Die haben längst begonnen, die armselige Schiffsmannschaft selbst nach Kräften zu ersetzen. Aber das Schiff macht kaum noch Fahrt, der Dampfdruck ist wegen der miserablen Kohle zu gering. Die Reisenden verfeuern alles, was aus Holz ist auf dem Schiff, kriechen so mit letzter Kraft ohne Proviant und Wasser nach Zypern. Für viel Geld und ihre letzten Wertsachen gibt es neue Vorräte. Schließlich, unter britischem Kommando, erfolgt der Aufbruch zur letzten Etappe nach Haifa. Anfang Dezember 1940 erreichen die drei Schiffe die Küste Israels.

Aber die Flüchtlinge aus dem Reich Hitlers dürfen nur an Land, um im Internierungslager Atlith südlich von Haifa auf ihre Deportation zu warten. Der britische Dampfer »Patria« soll die Illegalen, die unerwünschten Einwanderer, wieder nach Europa bringen. Als die »Patria« nach einer Explosion untergeht, wobei fast 300 Menschen den Tod finden, zeigen sich die Engländer gnädig: Die Geretteten dürfen in Palästina bleiben. Hellers gehören jedoch nicht dazu. Am 9. Dezember 1940 transportiert sie ein britisches Schiff auf die Insel Mauritius. Hier bleiben die Emigranten bis zum Sommer 1945 in einem britischen Polizeigefängnis interniert, bei unzureichender Ernährung, in schwer erträglichem Klima, getrennt nach Geschlechtern, von Malaria geplagt. Am 26. August 1945, mehr als sechs Jahre nach der Abreise in München, betritt Alfred Heller endlich palästinischen Boden. Seine Frau wird schwerkrank vom Schiff getragen, sie stirbt wenige Tage nach der Ankunft. Heller findet eine Anstellung in einer Druckerei und gründet später eine Werkstatt für Büttenpapier. Zehn Jahre bleiben ihm noch bei Kindern und Enkeln in der neuen Heimat. Auch sein Schicksal ist typisch, denn darin spiegeln sich die existentiellen Probleme einer jeden Flucht aus Hitlerdeutschland: die »Wahl« des Auswanderungslandes und die Bestimmung des Zeitpunkts der Emigration, sofern Vokabeln wie »Wahl« und »Bestimmung«, die Freiheit und Handlungsspielraum suggerieren, hier angebracht sind. Bert Brecht hat es auf die Formel gebracht: »Damit man herausbringt, ob man schon heut fliehen muß oder erst morgen fliehen darf, ist eine Intelligenz nötig, mit der man noch vor ein paar Jahrzehnten hätt ein unsterbliches Werk schaffen können.«[19]

Die Ankunft in Erez Israel und den Aufbau der materiellen Existenz empfanden nicht nur die Jüngeren trotz aller Entbehrungen und Schwierigkeiten als Wiedergeburt, als Beginn einer neuen jüdischen Identität, für die es zu kämpfen lohnte. (Enttäuschung und Resignation waren durch die Gefühle des hoffnungsvollen Ankommens freilich bei vielen nicht auf Dauer zu verhindern.) Im August 1933 schrieb Erwin Moses, der zwei Monate zuvor aus Deutschland ausgewandert war, aus Tel Aviv an seinen Vater, den ehemaligen Reichstagsabgeordneten Julius Moses in Berlin: »In dieser Judenstadt fühle ich mich unglaublich wohl. Als neulich im Israelitischen Familienblatt ein Preisausschreiben stand unter dem Titel: ›Ihr stärkstes jüdisches Erlebnis!‹ wollte ich antworten und hatte mir auf einem Zettel notiert: Als ich nach zwölfjähriger treuer und verantwortungsvoller Mitarbeit in der Leitung eines großen Unternehmens im März dieses Jahres meine Tätigkeit einstellen mußte – da hatte ich die eindrucksvollste Begegnung mit dem jüdischen Schicksal; ich mußte gehen, weil ich Jude bin. Plötzlich stand ich als Fremder in der geliebten Welt, aus der ich nie weggehen wollte. Ich kannte die herrlichen Berge und Seen des ganzen Landes und war ebenso zuhause in Hamburg und München, Köln und Königsberg, wie in meiner Vaterstadt Berlin. Mich schmerzte die

Frage ›Jude wohin?‹ Dann ging ich ... mit Frau und Kindern nach Palästina ... Von Marseille brachte uns das Schiff nach Jaffa; von dort gingen wir nach Tel-Aviv, der jüdischen Stadt. Und das ist mein jüdisches Erlebnis, das ist der Tag, an dem ich das Judesein als Glück empfand, das stolz macht und stark: das jüdische Wunder – Tel-Aviv.«[20]

Über ähnliche Empfindungen berichteten auch andere, die durch erlittene Diskriminierung in Deutschland zu Zionisten geworden waren, die Entbehrungen im unwirtlichen, schwer erreichbaren, umkämpften Erez Israel den Demütigungen im nationalsozialistischen Deutschland vorzogen. Die Auswanderung nach Palästina stärkte das jüdische Selbstbewußtsein. Fanny Cymberg, die im Sommer 1933 mit 24 Jahren aus Dresden nach Tel Aviv gekommen war, erinnert sich: »Zuerst konnte ich gar nicht glauben, daß das alles Juden waren, daß auch alle Arbeiten von Juden gemacht wurden. Es gab sogar jüdische Straßenkehrer, und dabei waren sie immer korrekt angezogen. Die Juden aus Deutschland, meist Intellektuelle, Künstler und Kaufleute, wurden ›Jeckes‹ genannt, in Deutschland waren sie es gewohnt, im Anzug und Jackett zu gehen. Und so verhielten sie sich auch hier bei der ungewohnten körperlichen Arbeit. Vor dem Kino Mograbi verkaufte ein Sänger von der Berliner Staatsoper Würstchen ... Die meisten jungen Männer arbeiteten als Plattenleger und Steineklopfer. Ein Anstreicher verdiente drei Pfund im Monat. Zu Hause hatte er als Arzt seine Eltern unterstützt.«[21]

Die Enttäuschten und Entmutigten, die sich nicht an die Entbehrungen in Erez Israel, an das primitive Leben gewöhnen, die den sozialen Abstieg nicht verwinden konnten, schrieben eher keine Erinnerungen. Der gerade 16jährige Ernst Loewy, aus Krefeld in Palästina eingewandert, schrieb im April 1936 an seine in Deutschland lebende Familie über den großen Eindruck, den das Land auf ihn machte: »Mit ähnlichen Gefühlen muß ein Mensch in seine Heimat zurückkehren, die er seit seiner Kindheit nicht mehr gesehen hat. Ich sah mein eigentliches Vaterland das erste Mal, und noch etwas anderes, etwas Großes sah ich das erste Mal. Den jüdischen Arbeiter, durch den das schlechte Land wieder zu einem Land wird, wo Milch und Honig fließt.«[22]

Ernst Loewy war mit der Jugend-Alijah nach Palästina gekommen, einer Organisation, die schon 1932 von Recha Freier, der Frau eines Berliner Rabbiners, gegründet worden war – gegen die Bedenken der Zionistischen Vereinigung für Deutschland und gegen den Widerstand der Jewish Agency. Als Dachorganisation fungierte (am 30. Januar 1933 gegründet) die »Jüdische Jugendhilfe«, die sich um die Finanzierung der Jugend-Alijah kümmerte, wozu nicht nur Passagen und Ausbildungskosten gehörten (die Mandatsregierung stellte spezielle Zertifikate für die Kinder und Jugendlichen zur Verfügung, wenn ihre Unterbringungs- und Ausbildungskosten in Palästina für zwei Jahre gesichert waren), sondern auch der Unterhalt von Siedlungen wie das Kinderheim Ahawah in Kirjath Bialik und das Kinder- und Jugenddorf Ben Schemen. Zwischen Februar 1934 und März 1939 sind 3 262 deutsche jüdische Jugendliche auf diese Weise nach Palästina gelangt, insgesamt waren es bis 1945 7 406 junge jüdische Menschen aus Deutschland, Österreich, der Tschechoslowakei und Polen, die mit der Jugend-Alijah einreisen konnten.[23]

Der Hechaluz (»Pionier«) war 1921 anläßlich des Zionistenkongresses in Karlsbad gegründet worden und hatte seine Zentrale in Warschau. Der deutsche Landesverband hatte 1933 erst 500 Mitglieder, 1936 waren es in 158 Ortsgruppen 15 000, davon befanden sich etwa 4 000 in der Ausbildung. Im Hechaluz waren Juden vom vollendeten 17. bis zum 33. Lebensjahr organisiert.

Entscheidende Voraussetzung der rettenden Auswanderung war die Hilfe von außen. Der 18. Zionistenkongreß hatte im August 1933 in Prag beschlossen, eine Zentralstelle für die Einwanderung deutscher Juden nach Palästina zu errichten. Die Jewish Agency etablierte dazu in Jerusalem das »Central Bureau for the Settlement of German Jews«; die Organisation verwaltete die Mittel, die vom Londoner »Council for German Jewry« und vom American Refugee Committee gesammelt wurden. Ohne diese Spenden (in der

Höhe von mehr als einer Million Pfund) wäre die Ansiedlung deutscher Juden kaum möglich gewesen, da die finanzielle Situation der Jewish Agency prekär war. Spenden zugunsten deutscher Juden kamen aber auch aus dem Land selbst: Schon im Frühjahr 1933 brachten die in Palästina lebenden Juden, der Jischuw, einen beachtlichen Beitrag zu diesem Zweck auf. Aus den Reihen der schon Ansässigen kamen auch die Mitglieder der Hilfsorganisationen, die bei der Eingliederung der Einwanderer Unterstützung boten wie die Hitachduth Olej Germania (»Vereinigung der Einwanderer aus Deutschland«). Die Hilfe bestand in sozialer, kultureller und ökonomischer Betreuung, d. h. Wohnungs- und Arbeitsvermittlung, Sprachunterricht, Siedlungsorganisation, Fürsorge und juristischer Beratung. Die Eingewöhnung im Land blieb schwer genug, und vielen gelang sie nie.

Immerhin warb auch eine Broschüre des »Zentralausschusses der deutschen Juden für Hilfe und Aufbau« schon im Oktober 1933 für die Auswanderung nach Palästina, weil es als einziges Land konkrete Vorbereitungen für eine größere Einwanderung deutscher Juden treffe: »Durch die Pioniertätigkeit der Fonds der zionistischen Organisation (Keren Hajessod und Keren Kajemeth[24]) wurde die Grundlage für die Entfaltung einer normal geschichteten Wirtschaft geschaffen, wie sie kein anderes Land mit jüdischer Ansiedlung aufzuzeigen hat. Es bieten sich hier die verschiedensten Möglichkeiten zur Entfaltung wirtschaftlicher Talente. In Palästina ist der Jude wieder zum Bauern geworden, aber er ist auch in die Verarbeitung der Produkte, in die Industrie eingedrungen, hat *alle Zweige* der Wirtschaft erobert und einen neuen Typus des ›Jüdischen Menschen‹ geschaffen, der vorbildlich auch für die Judenheit anderer Länder geworden ist.«[25]

Angesichts der wachsenden Restriktionen durch die britische Mandatsregierung gegenüber jüdischen Einwanderern stieß die Ermunterung zur Auswanderung nach Palästina jedoch rasch auf Grenzen, ganz abgesehen davon, daß die Emigration durch die nationalsozialistische Propaganda zwar gefordert und forciert, durch die deutschen Behörden aber gleichzeitig behindert und schließlich unterbunden wurde.

Für die Mehrheit der deutschen Juden, insbesondere für die mittlere und ältere Generation, war indessen Palästina als unterentwickelte unruhige Region, die auch von den Arabern beansprucht wurde, kein erstrebenswertes Ziel. Das Klima und die Anforderungen an Gesundheit und körperliche Leistungsfähigkeit waren für Juden aus Deutschland, die keine für den Aufbau des Landes benötigten handwerklichen oder landwirtschaftlichen Fähigkeiten und Kenntnisse hatten, abschreckend genug. Nicht wenige Einwanderer haben deshalb resigniert und Palästina wieder verlassen. Mit zunehmender Ausgrenzung und Verfolgung im nationalsozialistischen Deutschland wurde die Frage der Attraktivität des Einwanderungslandes Palästina freilich nebensächlich. Die ärgste Sorge der deutschen Juden war es ab 1938, aus dem Deutschen Reich überhaupt noch herauszukommen, die Auswanderung zu finanzieren und – vor allem – die Voraussetzungen jeder Emigration: Visum, Passage und Aufenthaltserlaubnis zu ergattern.

Für die Einwanderung (Alijah) in Palästina war ein Zertifikat notwendig, das die britische Mandatsregierung im Rahmen einer Quotenregelung ausstellte. Erforderlich dafür waren entweder Vermögen oder eine für die jüdische Siedlung interessante berufliche Qualifikation. A-Zertifikate konnten »Kapitalisten« mit einem Mindestkapital von 1 000 Pfund (A1-Zertifikat), Freiberufler (Mindestkapital 500 Pfund/A2), Handwerker (A3-Zertifikat), Rentner und andere Personen mit gesichertem Einkommen (A4) erhalten. B-Zertifikate waren für Angehörige religiöser Berufe und Schüler oder Studenten mit gesichertem Einkommen (Jugend-Alijah B3-Zertifikate) und C-Zertifikate waren für Arbeiter bestimmt. Die Kategorie D galt für Personen, die von bereits in Palästina Ansässigen abhängig waren. Voraussetzung für die Arbeiter-Zertifikate waren landwirtschaftliche oder für die Siedlung einschlägige handwerkliche Kenntnisse. Diese Fertigkeiten mußten durch Umschulung vor der Auswanderung erworben werden. Die Umschulung war Teil der Hachscharah, der Ertüchtigung. Sie erfolgte in $1\frac{1}{2}$- bis 2jährigen Kursen, die in eigenen Ausbildungsbetrieben in Deutschland abgehalten wurden.

Zur Vorbereitung auf Palästina gehörte das Erlernen der hebräischen Umgangssprache. Das Palästina-Amt verlangte als Minimum die Beherrschung von 900 Vokabeln und Kenntnis der Grundzüge von Grammatik und Orthographie. Gelehrt wurde hebräisch in allen jüdischen Elementarschulen, in Abendkursen für Erwachsene und durch einen Fernkurs in der zionistischen Zeitung ›Jüdische Rundschau‹. Da Ehefrauen und Kinder bis zu 18 Jahren als Begleitpersonen keine eigenen Einwanderungsgenehmigungen benötigten, erschienen in der ›Jüdischen Rundschau‹ zu jener Zeit Heiratsanzeigen mit dem Ziel der gemeinsamen Auswanderung nach Palästina. Auch Scheinehen wurden aus naheliegendem Grund geschlossen.

Als Ausbildungsstätten für die landwirtschaftliche Umschulung dienten Gutsbetriebe, die sich in jüdischer Hand befanden oder zu diesem Zweck von der Reichsvertretung der Juden in Deutschland gegründet wurden, da die nationalsozialistischen Behörden die Beschäftigung von Juden in nichtjüdischen landwirtschaftlichen Betrieben verboten. Es gab auch Lehrgüter wie die 1893 errichtete »Israelitische Erziehungsanstalt Ahlem« bei Hannover, die später unter dem Namen »Jüdische Gartenbauschule Ahlem« bekannt war. Sie war nichtzionistisch, ebenso wie das 1928 in der Trägerschaft des Reichsbunds jüdischer Frontsoldaten gegründete Gut Groß-Gaglow bei Cottbus oder das seit 1922 existierende Landwerk Neuendorf bei Fürstenwalde in Brandenburg, das ursprünglich zur Schulung arbeitsloser Juden gedacht war. Gründungen der Reichsvertretung waren das 70 km westlich von Berlin gelegene Steckelsdorf oder Ahrensdorf im Kreis Trebbin (Brandenburg), Ellguth in Schlesien und das Auswandererlehrgut Groß-Breesen in der Nähe von Breslau (ab 1936). Handwerkliche Fähigkeiten im Hinblick auf die Auswanderung (nicht nur nach Palästina) konnten u. a. ab 1937 in Berlin in der ORT-Schule[26] erworben werden.

Ende des Jahres 1935 befanden sich 2 587 Jungen und Mädchen

in landwirtschaftlicher oder handwerklicher Ausbildung mit dem Ziel der Emigration aus Deutschland. Ab 1935 entstanden viele neue Lehrbetriebe, die meisten von ihnen unter zionistischer Regie. Ende 1936 waren es 30, im Herbst 1938 existierten insgesamt 94 Lehrbetriebe, in denen 5 520 Jugendliche arbeiteten. Ende des Jahres 1938 war die Zahl der Ausbildungsstätten auf 61 zurückgegangen, sie waren als Folge des Novemberpogroms geschlossen worden, auch der Fortbestand der verbleibenden Lehrgüter war jetzt nur noch begrenzt.[27] Wegen der Behinderungen, die nationalsozialistische Behörden zunehmend gegen die ursprünglich erwünschten Kurse zur »Umschichtung« der jüdischen Berufsstruktur verfügten, wurde die Ausbildung von Auswanderungswilligen ins Ausland verlagert. Das »Werkdorf Wieringen« in Holland war 1934 eines der ersten Projekte. In zehn europäischen Ländern fand zwei Jahre später die »Auslands-Hachscharah« statt.

Viele der landwirtschaftlichen Lehrgüter arbeiteten nicht unter zionistischen Voraussetzungen, d. h. Palästina war nicht das einzige Auswanderungsziel, und die identitätsstiftende jüdische Komponente der Ausbildung fehlte, aber das soziale und ökonomische Ziel, berufliche Ausbildung und Umschulung als Voraussetzung der Siedlung, war das gleiche. Das zionistische Postulat der geistigen Wandlung (verbunden mit religiöser, kultureller und sprachlicher Identifizierung mit einem künftigen jüdischen Staat auf palästinensischem Boden) war beim Konzept der Ausbildungsstätten, die die Reichsvertretung nach Erlaß der Nürnberger Gesetze ins Leben rief, nicht erfüllt. Das galt für das schlesische Lehrgut Groß-Breesen ebenso wie für die im Januar 1936 gegründete nichtzionistische Jüdische Auswanderungsschule in Berlin.

Die Parallelexistenz zionistischer und anderer jüdischer Ausbildungsstätten war auch Gegenstand von Auseinandersetzungen im deutschen Judentum. Insbesondere die Zionisten warfen den durch die Ereignisse offensichtlich ins Unrecht geratenden Exponenten der Assimilation – den mitgliederstarken Organisationen »Reichsbund jüdischer Frontsoldaten« und »Centralverein deutscher Staatsbürger jüdischen Glaubens« – vor, die Zeichen der Zeit nicht oder zu spät zu erkennen.[28]

Die Reichsvertretung als Dachverband aller jüdischen Vereinigungen in Deutschland setzte unter dem Eindruck der die jüdische Minderheit in Deutschland rechtlich ausgrenzenden Nürnberger Gesetze ab Anfang 1936 auf Emigration. In einem programmatischen Beitrag war im September 1935 die Forderung zu lesen: »Dem gesteigerten Auswanderungsbedürfnis ist mit einer großzügigen Planung zu entsprechen, die vor allem Palästina, aber auch alle anderen in Frage kommenden Länder einbezieht und besonders der Jugend gilt. Hierzu gehört die Sorge für die Vermehrung der Auswanderungsmöglichkeiten, Ausbildung in für die Auswanderung geeigneten Berufen, insbesondere Landwirtschaft und Handwerk, die Schaffung von Möglichkeiten zur Mobilisierung und Liquidierung des Vermögens wirtschaftlich Selbständiger, die Erweiterung bestehender und die Schaffung neuer Transfermöglichkeiten.«[29]

Abgesehen von der Notwendigkeit der Vorbereitung auf die schwierigen Bedingungen in Erez Israel war die Auswanderung aus Deutschland nach Palästina sowohl Überzeugungssache – für die Zionisten – wie Flucht. Der Gedanke der Alijah (»Aufstieg«), der Besiedelung und Inbesitznahme palästinensischen Bodens zur Errichtung der jüdischen Heimstätte wurde in einer ersten Welle von Juden aus Rußland ab 1880 bis zur Jahrhundertwende praktiziert. Ihnen folgten in der zweiten Alijah bis 1914 weitere 34 000 Juden, ebenfalls aus Rußland, die die Voraussetzungen jüdischen Arbeits- und Soziallebens schufen, auf denen die dritte Alijah (35 000 Menschen aus Rußland, Polen, Rumänien) bei der Kolonisation des Landes aufbaute. Die vierte Einwanderungsbewegung, die Mittelstands-Alijah, dauerte von 1924 bis 1928 und brachte 65 000 Juden, vor allem aus Polen, ins Land. Darauf, von 1929 bis 1935, kamen etwa 100 000 Menschen aus Ost- und Mitteleuropa, mit einem großen Anteil von Handwerkern, Kaufleuten, Akademikern. Die sechste Alijah, von 1936 bis 1940, war mit insgesamt 90 000 Einwanderern von den Flüchtlingen vor dem Nationalsozialismus geprägt. In ihr spielten die deutschen Juden eine beträchtliche Rolle.

Organisiert wurde die Alijah durch das Palästina-Amt in Berlin, das als Dienststelle der Jewish Agency for Palestine[30] mit 22 Zweigstellen im Deutschen Reich für Beratung, Devisentransfer, Besorgung von Zertifikaten, Visa und Transport zuständig war. Das Palästina-Amt veranstaltete auch Informationsreisen für vermögende Auswanderungswillige, die noch unentschlossen waren. Die nicht geringen Schwierigkeiten, einen befristeten Reisepaß zu erlangen und die zehntägige Reise zu finanzieren (dies geschah mit Reisekreditbriefen, die in Deutschland bezahlt wurden), wurden mit Hilfe der Auswandererberatungsstelle des Hilfsvereins der Deutschen Juden und der Abteilung »Touristik« des Palästina-Amtes gemeistert. Ende 1936 waren monatlich 400 bis 500 Anträge auf Informationsreisen zu bearbeiten. Das Palästina-Amt wählte schließlich die Auswanderer aus den Bewerbern aus und sorgte für deren Vorbereitung in der Hachscharah. Nach dem Novemberpogrom 1938 wurde das Palästina-Amt der Reichsvertretung der Juden in Deutschland eingegliedert, blieb aber bis zum Frühjahr 1941 relativ selbständig.

Das Problem des Vermögenstransfers war im Haavara-Abkommen geregelt, das von 1933 bis 1939 nach dem Grundsatz »Ware gegen Menschen« funktionierte. Kapital wurde auf Treuhandkonten der »Palästina-Treuhandstelle zur Beratung deutscher Juden GmbH« (Paltreu) in Deutschland eingezahlt. Gesellschafter der Paltreu waren die Privatbanken M. M. Warburg in Hamburg und A. E. Wassermann in Berlin, die bei der Reichsbank Sonderkonten errichtet hatten, aus denen deutsche Waren gekauft und nach Palästina verschifft wurden, wo der Gegenwert (abzüglich der erheblichen Transferverluste) jüdischen Einwanderern aus Deutschland in Form von Immobilienbesitz zur Verfügung gestellt wurde. Auf diese Weise sind von 1933 bis 1942 ca. 140 Millionen Reichsmark transferiert worden, womit die Existenz von etwa einem Fünftel der Emigranten aus Deutschland gesichert werden konnte.[31]

Von der Jewish Agency offiziell betreut, also legal, wanderten

1933 bis 1936 maximal 29 000 Juden aus Deutschland nach Palästina ein, in den Jahren 1937 bis 1941 waren es noch rund 18 000. Die Statistik der Jewish Agency registrierte für die Jahre 1933 bis 1942 insgesamt 52 463 Einwanderer aus dem Deutschen Reich. Mit 36 Prozent hatten die »Kapitalisten« den größten Anteil daran, gefolgt von Arbeitern mit 32,6 Prozent. Jeweils etwas mehr als 14 Prozent machten die Schüler und Studenten der Jugend-Alijah und die »Dependents«, die abhängigen Angehörigen, aus.[32] Wegen der politischen Restriktionen durch Palästinas Mandatsmacht Großbritannien blieb die Einwanderung auf offiziellen Wegen für viele Juden aus Deutschland eine unerfüllbare Hoffnung.

Die illegale Einwanderung (Alijah Beth) war dagegen reich an Risiko und gelang nur einigen tausend Menschen. Lange bevor im Oktober 1941 mit dem Verbot der Auswanderung durch das NS-Regime die Falle endgültig zuschnappte, war die Emigration auf legalem Weg kaum mehr möglich. Zunächst sogar mit Unterstützung der Gestapo operierten freilich Organisationen, die die illegale Einwanderung nach Palästina förderten, einige wie die Revisionisten-Zionisten und die »Mossad le Alijah Beth« machten das aus idealistischen Motiven. Aber natürlich gab es auch Vermittler von Schiffspassagen nach Palästina, die aus der Not der Auswanderer hohen Gewinn zogen, ohne die erwünschte Leistung garantieren zu können, und die Gestapo war auch daran interessiert, die britische Politik zu stören und Zwietracht zwischen Arabern, Briten und Juden in Palästina zu erzeugen.

Seit Sommer 1934 gab es, zunehmend auf abenteuerliche Weise, eine organisierte illegale Einwanderung nach Palästina. Zwischen Anfang 1939 und August 1940 erreichten die letzten sieben Transporte die Küsten Palästinas. Die illegalen Passagen hießen S.H.-Transporte (die Abkürzung bedeutete »Sonder-Hachscharah«), finanziert wurden sie mit Hilfe des American Joint Distribution Committee[33], wie ein Teilnehmer des letzten Transportes (»S.H. 7«), der im August 1940 von Wien abging, berichtet: »Für jeden Auswanderer mussten mindestens 80 Dollar zur Verfügung stehen.

Dank der Zusammenarbeit des ›Joint‹ und der Palästinaämter Berlin und Wien gelang es, die nötigen Gelder für das Zustandekommen des SH 7 Transportes einzubringen.«[34] Aber nicht nur Seelenverkäufer und obskure Agenten boten Überfahrten nach Palästina an. Auch die renommierte Reederei Hapag offerierte, gewiß mit Zustimmung der Gestapo, im Sommer 1940 dem Palästinaamt in Berlin ein Projekt illegaler Schiffspassagen, das unter der Tarnbezeichnung »Ha'pala« (illegale Einwanderung) firmieren sollte, aber nicht zustande kam.

Die britische Mandatsregierung wehrte den unerwünschten Zustrom nach Kräften ab, von Oktober 1939 bis April 1940 herrschte zur Strafe für die Alijah Beth eine absolute Einwanderungssperre, aber auch unabhängig davon mußten die Passagiere der illegalen Transporte mit Zurückweisung oder Deportation rechnen. Die deutschen Juden, die Schiffskarten für die illegale Einwanderung erkämpft hatten, konnten jedoch nicht wählerisch sein, sie hofften, irgendwie unentdeckt von den britischen Patrouillenbooten vor der Küste Palästinas heimlich an Land zu gelangen, nachdem sie die Entbehrungen der Überfahrt überstanden hatten.

Jakob Gur, der junge Berliner Zionist, der sich zunächst mit der improvisierten Schlosser- und Klempner-Lehre und dann auf dem Hachscharah-Bauernhof bei Rüdnitz zwei Jahre lang auf die Auswanderung nach Palästina vorbereitet hatte, war Anfang 1938, fast 17 Jahre alt, mit einer Gruppe vom Verein »Die jungen Makkabäer«, fertig zur Abfahrt. Jakob Gur war kein illegaler Einwanderer. Er verkörperte den Typ des zielstrebigen jungen Zionisten aus Deutschland. »Meine Kindheit, Jugendzeit und mein Zuhause waren mit meiner Auswanderung am 28. Februar 1938 vorbei. Meine Eltern brachten mich zum Bahnhof in Berlin, doch damals wußte niemand, daß es das letzte Mal war, daß wir uns sahen. Ich versprach, zu schreiben und war eigentlich froh, als der Zug abfuhr ... Private Sachen – wie Fotos und eine Briefmarken-Sammlung – durfte man nicht mitnehmen, und an Geld waren nur zehn Reichsmark erlaubt. Das ganze Gepäck bestand aus einem Koffer und einer kleinen mit Eisenbändern beschlagenen Kiste, in der sich unter anderem Wäsche und Kleidungsstücke befanden. Man kann sagen, daß ich damit mein zweites Leben angefangen habe. Wenn man heute zurückdenkt, war es eigentlich sehr viel, was wir mitnehmen konnten: Denn was die Überlebenden nach dem Holocaust mitbrachten, war nur eine tätowierte Nummer auf dem Arm.«[35]

Anmerkungen

1 Ahasver in Evian, in: Hans Habe, Leben für den Journalismus, Bd. 1, München, Zürich 1976, S. 192f.

2 Der Israelit, 2.2.1933 (»Die neue Lage«).

3 Vgl. Ulrich Dunker, Der Reichsbund jüdischer Frontsoldaten 1919–1938, Düsseldorf 1977; Hermann O. Pineas, Erinnerungen an den Reichsbund jüdischer Frontsoldaten, Manuskript im Leo Baeck Institute New York, Pineas Collection.

4 Der Schild, 15.8.1933 (»Unsere Pflicht – unser Recht«).

5 Vgl. z. B. C.V. Zeitung, 30.3.1933 (»Wir 565 000 deutsche Juden legen feierliche Verwahrung ein«).

6 Hans Lamm (Hrsg.), Vergangene Tage. Jüdische Kultur in München, München 1982, S. 431.

7 C.V. Zeitung, 30.3.1933 (»Unser Kampf für Deutschland«).

8 Jüdische Rundschau, 31.3.1933 (»Versuch einer Klärung«).

9 Vgl. Klaus J. Herrmann, Das Dritte Reich und die deutsch-jüdischen Organisationen 1933–1934, Köln 1969, S. 60 f.

10 Günter Plum, Deutsche Juden oder Juden in Deutschland?, in: Wolfgang Benz (Hrsg.), Die Juden in Deutschland 1933–1945. Leben unter nationalsozialistischer Herrschaft, München 1993[3], S. 35–74.

11 Jüdische Rundschau, 13.4.1933 (»Jüdische Zwischenbilanz«); vgl. Robert Weltsch, Die deutsche Judenfrage. Ein kritischer Rückblick, Königstein/Ts. 1981, S. 73 f.

12 Margot Bloch-Wresinski, Streiflichter aus dem einfachen Leben einer deutsch-jüdischen Einwanderin, Manuskript Leo Baeck Institute, New York.

13 Fanny Cymberg, Wenn die Erinnerungen kommen … Fanny Cymberg – eine Zionistin aus Dresden, Manuskript im Zentrum für Antisemitismusforschung Berlin, S. 21, 25.

14 Jakob Gur, »Ich mache mir Gedanken«, Manuskript im Zentrum für Antisemitismusforschung Berlin, S. 10–12.

15 Georg Kiever, Erinnerungen 1921–1983, Manuskript im Institut für Zeitgeschichte München.

16 Nach: Das Tagebuch der Hertha Nathorff, Berlin-New York. Aufzeichnungen 1933 bis 1945, hrsg. von Wolfgang Benz, Frankfurt a. M. 1988.

17 Ebenda, S. 13.

18 Nach: Alfred Heller, Dr. Seligmanns Auswanderung. Der schwierige Weg nach Israel, hrsg. von Wolfgang Benz, München 1990.

19 Bertolt Brecht, Flüchtlingsgespräche, Berlin, Frankfurt a. M. 1961, S. 159.

20 Dieter Fricke (Hrsg.), Jüdisches Leben in Berlin und Tel Aviv 1933 bis 1939. Der Briefwechsel des ehemaligen Reichstagsabgeordneten Dr. Julius Moses, Hamburg 1997, S. 78.

21 Fanny Cymberg, Wenn die Erinnerungen kommen, Manuskript im Zentrum für Antisemitismusforschung, Berlin, S. 25.

22 Ernst Loewy, Jugend in Palästina. Briefe an die Eltern 1935–1938, hrsg. von Brita Eckert, Berlin 1997, S. 52f.

23 Die jüdische Emigration aus Deutschland 1933–1941. Die Geschichte einer Austreibung, Ausstellungskatalog Frankfurt a. M. 1985, S. 157.

24 Keren Hajessod (»Grundfonds«) war 1920 in Großbritannien als Finanzierungszentrale des jüdischen Aufbauwerks in Palästina gegründet worden, die Organisation mit Sitz in Jerusalem (seit 1926) war 1929 in die Jewish Agency eingegliedert worden. Ursprünglich waren die Mitglieder der Zionistischen Vereinigung verpflichtet, auf der Basis der Selbsteinschätzung Beiträge an Keren Hajessod zu leisten. Keren Kajemeth Lejisrael (»Jüdischer Nationalfonds«) war 1901 auf dem 5. Zionistenkongreß in Basel gegründet worden mit dem Zweck, durch freiwillige Spenden den Boden Palästinas in jüdischen Gemeinbesitz zu bringen und die Ansiedlung unbemittelter Juden zu ermöglichen.

25 Zentralausschuß der deutschen Juden für Hilfe und Aufbau (Hrsg.), Hilfe und Aufbau, Berlin-Charlottenburg 1933, S. 15f.

26 ORT (Obshchestvo Raprostraneniya Truda = Gesellschaft für handwerkliche Arbeit) war 1880 in St. Petersburg gegründet worden, um russischen Juden handwerkliche Kenntnisse für die Auswanderung zu vermitteln. Die Organisation operierte als World ORT Union international und unterhielt ab 1921 eine Zweigstelle in Berlin. 1937 befanden sich 101 Jugendliche in der Berliner ORT-Schule in Ausbildung, und 13 Erwachsene besuchten Umschichtungskurse.

27 Vgl. Werner T. Angress, Generation zwischen Furcht und Hoffnung. Jüdische Jugend im Dritten Reich, Hamburg 1985, S. 33.

28 Vgl. Günter Plum, Deutsche Juden oder Juden in Deutschland?, in: Die Juden in Deutschland (Anm. 10), S. 35f.

29 C.V. Zeitung, 26.9.1935.

30 Die Jewish Agency wurde aus Kollekten finanziert, die seit 1929 im amerikanischen Fonds »United Palestine Appeal« gesammelt wurden.

31 Werner Feilchenfeld, Dolf Michaelis, Ludwig Pinner, Haavara-Transfer nach Palästina und Einwanderung deutscher Juden 1933–1939, Tübingen 1972; Avraham Barkai, German Interests in the Haavara-Transfer Agreement 1933-1939, in: Yearbook Leo Baeck Institute 35 (1990), S. 245–266.

32 Vgl. Juliane Wetzel, Auswanderung aus Deutschland, in: Die Juden in Deutschland, S. 453.

33 Die 1914 (von amerikanischen Juden überwiegend deutscher Herkunft) gegründete zentrale Hilfsorganisation mit Sitz in New York unterstützte bis 1933 vor allem osteuropäische Juden, dann leistete sie in großem Stil Auswanderungshilfe für Juden aus Mittel- und Westeuropa; seit 1945 engagiert sich der Joint besonders für die Überlebenden des Holocaust.

34 Chanan Benhar (Hans Freiberg), 107 Tage mit der SH-7, Manuskript im Zentrum für Antisemitismusforschung Berlin, S. 1.

35 Jakob Gur, »Ich mache mir Gedanken«, Manuskript im Zentrum für Antisemitismusforschung Berlin, S. 16.

Politisches Denken im Exil

Nachkriegsplanungen im Council for a Democratic Germany 1944-1945

In New York trat am 3. Mai 1944 ein Kreis deutscher Emigranten an die Öffentlichkeit, der sich aus unterschiedlichen politischen Positionen und Erfahrungen heraus mit Zukunftsperspektiven für Deutschland beschäftigte. Dem Initiativ-Komitee des »Council for a Democratic Germany« aus 19 Mitgliedern, dem der Theologe Paul Tillich präsidierte, gehörten Politiker, Wissenschaftler und Künstler an wie der ehemalige Reichstagsabgeordnete Siegfried Aufhäuser, der frühere Polizeipräsident in Magdeburg Horst Baerensprung, der Chemnitzer Stadtverordnete Kurt Glaser, Friedrich Baerwald aus dem Reichsarbeitsministerium, Hans E. Hirschfeld, der 1924–1932 Pressechef im Preußischen Innenministerium gewesen war (und nach der Remigration 1950 Leiter des Presse- und Informationsamtes des [West]Berliner Senats wurde), der einstige preußische Innenminister Albert C. Grzesinski, der Reichstagsabgeordnete Paul Hertz, der Publizist Albert H. Schreiner, der Gewerkschafter Jakob Walcher, Hermann Budzislawski von der »Welt-Bühne«, Bertolt Brecht. Die Erklärung vom 3. Mai 1944 unterzeichneten 60 Prominente des Exils – Politiker, Künstler, Schriftsteller, unter anderen Elisabeth Bergner, Ernst Bloch, Lion Feuchtwanger, Emil J. Gumbel, Leopold Jessner, Alfred Kantorowicz, Fritz Kortner, Heinrich Mann, Erwin Piscator, Wolfgang Stresemann, Veit Valentin, Berthold Viertel, Herbert Weichmann.

Unterstützt wurde die Deklaration von einer stattlichen Zahl amerikanischer Intellektueller, die das Wohlwollen ihrer Landsleute auf den Council for a Democratic Germany lenken wollten als

Gruppe aus »ehemaligen Deutschen, die als Gegner des Nazismus jetzt in unserem Lande leben«, und zwar als Repräsentanten der »Hauptrichtungen der politischen Hitler-Gegner«.[1] Die Deklaration des Council war beispielhaft: Auf amerikanischem Boden und nach mehr als einem Jahrzehnt des Exils waren die Pariser Querelen um eine Volksfront der Hitlergegner längst historisch, es ging 1944 um die greifbarer werdende Vision eines demokratischen Deutschland nach dem Sturz Hitlers.

In der New Yorker Erklärung hieß es ebenso pragmatisch wie hoffnungsfroh: »Für die Entwicklung Deutschlands zu einer vom Volk bejahten Demokratie ist es erforderlich, daß die militärischen und zivilen Repräsentanten der Vereinigten Nationen die künftigen Träger einer solchen Demokratie von vornherein gewähren lassen. Es ist weiter erforderlich, daß alle diejenigen ausgeschlossen werden, die für den Aufstieg des Nationalismus (!) mit verantwortlich sind, auch wenn sie anfängliche Vorteile bieten. Dafür müssen alle diejenigen einbezogen werden, die dem Nationalsozialismus widerstanden haben, die Unbekannten der Untergrundbewegung, der Gestapogefängnisse und Konzentrationslager, Gewerkschaftler und Arbeiter aus der Arbeiterbewegung, die Widerstandskreise der Kirchen und Intellektuellen, des Mittelstandes in Stadt und Land und einzelne Persönlichkeiten, die zu keiner dieser Gruppen gehören. Auf sie muß sich die künftige deutsche Demokratie stützen. Mit ihrer Hilfe muß die Bildung einer unabhängigen Regierung vorbereitet, müssen Garantien der Rechtssicherheit und die Grundrechte der Deutschen ohne Verzug in Kraft gesetzt werden. Die Aufhebung der Rassengesetze muß sofort erfolgen, ebenso wie die Wiederherstellung der religiösen und wissenschaftlichen Freiheiten. Die Presse-, Versammlungs- und Vereinigungsfreiheit muß wieder eingeführt werden. Dem Neubau der Arbeiterbewegung dürfen keine Hindernisse in den Weg gelegt werden. Die von den Nationalsozialisten geschaffenen Einrichtungen müssen beseitigt, die von ihnen beseitigten sozialen und demokratischen Einrichtungen müssen neu geschaffen werden. Wenn das deutsche Volk es unternimmt, durch eine Massenbewegung den Nationalsozialismus in seinen Wurzeln auszurotten und den Boden für eine künftige, innerlich gesicherte Demokratie zu errichten, so sollte ein solches Ereignis von den Vereinigten Nationen begrüßt, keinesfalls aber erschwert oder verhindert werden. Nur wenn das deutsche Volk durch eine solche Bewegung sich selbst vom Nationalsozialismus befreit, ist es ganz frei. Der Sieg der Vereinigten Nationen kann und muß die äußere Macht des Nationalsozialismus über das deutsche Volk brechen; aber nur das deutsche Volk selbst kann sich innerlich von ihm befreien. – Darum sollte dem deutschen Volk ein Friede gegeben werden, den es trotz aller Lasten, die er bringen wird, als gerecht empfinden kann. Es muß die innere und äußere Möglichkeit geschaffen werden, daß Deutschland eine Regierung durch das Volk und für das Volk entwickelt und aufrechterhält.«[2]

Der Council for a Democratic Germany, dessen Programm so euphemistisch auf die Selbstreinigungs- und Regenerationskräfte der Deutschen setzte, verstand sich als Sammlungsbewegung und als eine Art westliches Pendant zum »Nationalkomitee Freies Deutschland«, das nach der Kapitulation der Stalingrad-Armee in sowjetischer Kriegsgefangenschaft unter den Auspizien sowjetischer Propaganda gegründet worden war. Das Nationalkomitee hatte in erster Linie die Aufgabe, die Deutschen von der Sinnlosigkeit weiteren Kämpfens im längst verlorenen Krieg zu überzeugen.[3]

Der Council hatte ähnliche Absichten, wenn er an die Deutschen appellierte, Widerstand gegen den Nationalsozialismus zu leisten. In einem Aufruf nach der Invasion in der Normandie am 6. Juni 1944 findet sich eine weitere Beschwörung des anderen Deutschland: »Dieser Krieg ist nicht Euer Krieg. Weiterer Widerstand kann nur den Tod von Hunderttausenden mehr, die Zerstörung weiterer deutscher Städte und Dörfer mit sich bringen und die Zukunft nur noch grauenvoller gestalten. Nur ein Kampf ist für Euch noch sinnvoll: der Kampf des deutschen Volkes gegen die Nazi-Herrschaft. Je größer Eure Entschlossenheit in diesem Kampfe ist, desto eher wird der schrecklichen Zerstörung Halt geboten werden und desto früher wird der Tag kommen, an dem das von der Nazi-Pest gereinigte Deutschland beginnen kann, eine neue Demokratie aufzubauen. Wir deutschen Anti-Nazis im Exil wissen, daß es Millionen Menschen in Deutschland gibt, die unseren Glauben teilen. Wir kämpften für die Nazi-Gegner in Deutschland auch in jenen dunklen Stunden, als die Verbrechen der Nazis uns völlig zu widerlegen schienen, als es keine sichtbaren Zeichen des Widerstandes gegen die Nazi-Tyrannei gab und die Welt gleichgültig war gegenüber dem Kampf gegen den faschistischen Terror. Wir wußten während dieser ganzen Zeit, daß die besten Vertreter des deutschen Volkes niemals aufgehört hatten, den Nazis in jeder möglichen Weise Widerstand zu leisten. Wir wissen auch, daß die Antinazi-Gruppen in Deutschland keiner Aufrufe vom Auslande bedürfen, um in der Stunde der Entscheidung das ihrige zum Sturze Hitlers beizutragen.«[4]

Ähnlich, zum Teil sogar in personengleicher Besetzung hatte sich ein Jahr zuvor, am 3. und 4. Juli 1943, schon die »Landeskonferenz deutschsprachiger Sozialdemokraten und Gewerkschaftler in den USA« vernehmen lassen. Veranstalter des Treffens in New York waren die »deutschsprechende Branch der Social Democratic Federation of America«, die »German Labor Delegation in USA« und die New Yorker ›Neue Volkszeitung‹.

Mit dem wohl spätesten Dokument der Emigration zum staats- und verfassungsrechtlichen Neubau Deutschlands, den Londoner ›Richtlinien für eine deutsche Staatsverfassung‹ vom November 1945, schloß sich der Kreis sozialdemokratischer Überlegungen, die mit dem ›Prager Manifest‹ 1934 begonnen hatten.[5] Nach Prag und Paris war London die letzte Station des sozialdemokratischen Parteivorstands im Exil. Spät, im März 1941, hatten in Großbritannien die Exil-SPD (Sopade), die revolutionär-voluntaristische Gruppe »Neubeginnen«, die »Sozialistische Arbeiterpartei Deutschlands (SAP)« und der »Internationale Kampfbund (ISK)« – also emigrierte Sozialdemokraten und drei linksoppositionelle sozialistische Vereinigungen – die »Union deutscher sozialistischer Organisationen in Großbritannien« gegründet. Ziele waren die gemeinsame Repräsentanz aller sozialistischen (nichtkommunistischen) deutschen Emigranten und die Diskussion von Nachkriegsplänen. Aufgrund unterschiedlicher ideologischer Positionen innerhalb der Union kam es freilich erst 1944 zum Kompromiß in den entscheidenden Punkten und zur Ausarbeitung programmatischer Richtlinien zur Wirtschaftspolitik, zur Staatsverfassung, zum Aufbau von Verwaltung und Justiz, zur Kulturpolitik und zum Erziehungswesen. Die Richtlinien wurden Ende November 1945 in London veröffentlicht.

Im Vergleich zum revolutionären Impetus des ›Prager Manifests‹ waren die Londoner Überlegungen kaum mehr als Vorarbeiten zum Organisationsstatut eines demokratischen Staates mit einer schönen Präambel, die soziale Gerechtigkeit, politische und soziale Demokratie, Befreiung der Wirtschaft vom Monopoleigentum, Planung der Wirtschaft, die »Ausschaltung des Krieges als Mittel der Politik« erstrebte.[6]

Der New Yorker Council for a Democratic Germany, im Juli 1943 als »Tillich-Komitee« ins Leben getreten, das in Thomas Manns Hotel tagte, bis sich der Nobelpreisträger im Frühjahr 1944 vom Council zurückzog, mühte sich mit zahlreichen Ausschüssen und Unterausschüssen um alle möglichen Aspekte künftiger staatlicher Organisation und demokratischer Wiedergeburt Deutschlands. Die Agenda reichte von der Reform von Recht und Verwaltung bis zur Fürsorge für Kriegsgefangene, Erziehung und Wissenschaft, Kunst und Gesundheitswesen. Viele Intellektuelle arbeiteten in den Ausschüssen und erzeugten Denkschriften und Memoranden, die ausführlich diskutiert wurden, die indes nichts anderes waren als Dokumente politischer Reflexion – wie alle Verfassungsentwürfe und Demokratisierungskonzepte des Exils. Als Exempel politischen Denkens sind die Arbeiten des Rechts- und Verwaltungsausschusses aber von Interesse.

Von Friedrich Baerwald, dessen Handschrift man in den ›Vorschlägen für eine neue deutsche Verwaltung und ein neues deutsches

Rechtswesen‹[7] unschwer erkennen kann, gibt es einen an die Mitglieder des Rechts- und Verfassungsausschusses des Council for a Democratic Germany gerichteten Verfahrensvorschlag zur Vorbereitung einer neuen Reichsverfassung. Das Rundschreiben vermittelt einen Eindruck von der Grundstimmung, in der die Beratungen der acht Mitglieder des Fachausschusses stattfanden. Geprägt von der Erfahrung des Scheiterns der parlamentarischen Demokratie in der Republik von 1918/19, mißtrauisch hinsichtlich der Demokratiebereitschaft und politischen Regenerationsfähigkeit der Deutschen und fixiert auf die formalen Schwächen des Weimarer politischen Systems dachte der Jurist Baerwald – er war damals Professor an der Fordham University in New York – an Regelungen für eine Übergangszeit. Die wirklichen Ambitionen reichten aber sicherlich weiter.

Die Ausschußmitglieder waren darüber mit Baerwald, dem Pragmatiker des politischen Katholizismus vom sozial engagierten Flügel des Zentrums, dessen politische Sozialisation sich in der Arbeitsverwaltung und als Assistent des Reichstagsabgeordneten Friedrich Dessauer vollzogen hatte, wohl einig. Der politische Horizont von Hans E. Hirschfeld, der sozialdemokratischer Journalist gewesen war und als Referent des preußischen Innenministers Severing gearbeitet hatte, war ziemlich ähnlich, nicht anders auch der des stellvertretenden Ausschußvorsitzenden Horst W. Baerensprung, der als sozialdemokratischer Rechtsanwalt eine politische Karriere begonnen hatte, die mit dem Amt des Polizeipräsidenten von Magdeburg 1932 endete. Zu Albert H. Schreiner, der als Kommunist im Council mitarbeitete, zu dessen Vorgeschichte eine mehrtägige Amtszeit als Kriegsminister der württembergischen Revolutionsregierung vom November 1918 gehörte, bestand dagegen wohl erhebliche Distanz.[8]

Das Rundschreiben Baerwalds, eine Art Arbeitsprogramm des Ausschusses des Council for a Democratic Germany, hat folgenden Wortlaut, der *in extenso* vorgestellt wird, da er für das politische Denken des politischen Exils als Schlüsseldokument gelten darf:

I. »Es kann dahingestellt bleiben, ob die Verfassung vom 11.8.1919 noch zu Recht besteht oder aber nicht nur tatsächlich, sondern auch rechtlich ihre Wirkung verloren hat. Auf jeden Fall muß das deutsche Volk sich nach den Erfahrungen der letzten 15 Jahre eine neue Verfassung geben. Nicht jede Zeit jedoch hat den Beruf zu einer Verfassungs-Schöpfung. Solange das Volk unterernährt ist, das Verkehrswesen unterbrochen ist und die Wirtschaft im allgemeinen darniederliegt, kann an die Verabschiedung einer neuen Verfassung nicht gedacht werden. Wie Oswald Spengler mit Recht ausgeführt hat, ist eine Verfassung des Staates, die der Verfassung des Volkes nicht entspricht, sinnlos. Ein Volk ist im Augenblick der Niederlage nicht in der Verfassung, sich schon ein endgültiges neues Staatsgebäude zusammenzuzimmern. Es widerspräche auch dem Geiste einer wirklich verstandenen Demokratie, wenn etwa Emigranten in der Sicherheit dieses Landes einen Entwurf zu einer Verfassung in allen Einzelheiten ausarbeiten wollten. Eine solche Arbeit wäre dazu verurteilt, ein Stück Papier zu bleiben. Es ist jedoch vordringlich, jetzt im Kreise des Council sich auf ein Verfahren zu einigen, auf Grund dessen eine Verfassung später zustande kommen kann. Dies soll hier erörtert werden.

II. Um das Verfahren bei der Schaffung einer neuen Verfassung zu verstehen, ist es notwendig, sich zunächst einmal die Vorgänge zu vergegenwärtigen, die am Ende dieser Entwicklung, also unmittelbar v o r der Verabschiedung eines solchen Grund-Gesetzes stehen. Erst dann kann dargelegt werden, was bereits unmittelbar nach dem Zusammenbruch geschehen muß, um den Vorgang der Verfassungs-Schöpfung in Bewegung zu setzen.

Die neue deutsche Reichsverfassung sollte von einer, ausdrücklich zu diesem Zweck gewählten National-Versammlung beraten und beschlossen werden. Es wird also vorgeschlagen, die neue National-Versammlung nicht etwa – wie es falscherweise 1919 geschehen ist – auch mit anderen gesetzgeberischen und politischen Aufgaben, vor allem auch nicht: der Annahme eines Friedens-Vertrages zu belasten. Mit der Verabschiedung der Verfassung gilt die National-Versammlung als aufgelöst und es müssen dann Neu-Wahlen nach Maßgabe der neuen Verfassung selbst vorgenommen werden.

Eine solche National-Versammlung kann nur auf Grund des allgemeinen gleichen und geheimen Wahl-Rechtes aller Staatsangehörigen zustande kommen, wobei die Möglichkeit nicht ausgeschlossen ist, einzelne Gruppen oder Personen, die durch ihre Verbindung mit der N.S.D.A.P. besonders hervorgetreten sind, vom aktiven und passiven Wahlrecht auszuschließen.

Eine Beibehaltung des Verhältnis-Wahlrechtes mit seinen riesigen Wahlkreisen sollte vermieden werden. Unter Vermeidung jeder »Wahlkreis-Geometrie« sollten wieder eine bestimmte Anzahl kleiner Wahlkreise geschaffen werden, die jeder nur einen Abgeordneten in die National-Versammlung entsenden. Der Unfug der Reichslisten muß aufhören. Abgeordnete, die nicht fähig sind, sich einen Wahlkreis zu erobern und nur mit der Liste in das Parlament hereinrutschen, sind keine Bereicherung des volksstaatlichen Lebens. Das hier vorgeschlagene System wird Stichwahlen wieder notwendig machen. Solche Wahlen sind ein gutes Instrument der politischen Erziehung und erleichtern die Koalitionsbildungen in der Volksvertretung.

Wahlen zu einer solchen Nationalversammlung können nur stattfinden, nachdem Presse-, Versammlungs- und Redefreiheit wieder völlig hergestellt sind und für mindestens 12 Monate bestanden haben. Eine solche Wiederherstellung der politischen Freiheit schließt nicht eine Aufhebung des Verbotes der Fortsetzung oder Neubildung nationalsozialistischer Vereinigungen aus.

III. Wie schon oben aufgeführt, werden sich die Zustände unmittelbar nach dem Zusammenbruch noch nicht zur Wiederherstellung all dieser Freiheiten eignen. Um so wichtiger ist es, sich auf Folgendes für die Übergangszeit zu einigen und es als Politik des Councils for a Democratic Germany öffentlich anzukündigen:

1. »Der Council erklärt, daß es das Ziel aller in ihm vetretenen Gruppen ist, dem deutschen Volk zu gegebener Zeit Gelegenheit zu

geben, in allgemeinen freien und geheimen Wahlen eine verfassungsgebende National-Versammlung zu bestellen.

2. Es besteht Einmütigkeit darüber, daß von keiner Seite der Versuch unternommen werden soll, ohne solche Wahlen auf andere Weise eine Verfassung zustande zu bringen.

3. Der Entschluß, zu gegebener Zeit Wahlen zu einer verfassungsgebenden Nationalversammlung stattfinden zu lassen, muß dem deutschen Volk sofort nach dem Zusammenbruch angekündigt werden, zugleich mit der Ablehnung jeden Versuches, einseitiger Weise der Gesamt-Entscheidung des Volkes vorzugreifen.

4. In welchem Umfange die Presse-, Rede- und Versammlungsfreiheit bald nach dem Zusammenbruch wiederhergestellt werden kann, wird in vielen Fällen von rein örtlichen und bezirklichen Verhältnissen abhängen. Jedoch muß dem gesamten Volk die alsbaldige Wiederherstellung dieser Freiheiten in bindender Form versprochen werden, falls ihre unmittelbare Einführung in Ausnahme-Fällen untunlich erscheint.

5. In dieser Übergangszeit muß die verwaltungsmäßige und politische Ausmerzung des National-Sozialismus vorangehen. Jedoch darf sich diese Ausrottungs-Aktion nicht in Verfolgung aller derer verwandeln, die – ohne Nationalsozialisten zu sein – sich erlauben, anderer Ansicht wie die Wortführer der besonders tätigen Bewegungen zu sein. Die Rechte solcher Personen müssen von Anfang an geschützt werden, soll nicht das künftige Verfassungswerk sich in eine Farce verwandeln«.[9]

Die Ausarbeitung des Ausschusses für Rechts- und Verwaltungsfragen ist ausdrücklich nur als Entwurf einer Übergangsregelung für die Zeit der Vorbereitung eines demokratischen Deutschland deklariert. Im Unterschied zu den zahlreichen Verfassungsmodellen, die im Widerstand und in der Emigration erdacht wurden[10], beschränkten sich die Rechtsexperten des Councils auf die Regelung eines »Übergangszustandes«, und dies zu einem Zeitpunkt – zwischen der Krimkonferenz der alliierten Großmächte im Februar 1945 und der

Potsdamer Konferenz im Juli/August 1945 –, als die Weichen für die alliierte Besatzungspolitik längst gestellt, die Grundzüge der Behandlung Nachkriegsdeutschlands festgelegt waren.

War die Perspektive für die Aufstellung eines Katalogs von Verwaltungsmaßnahmen für die Zeit unmittelbar nach dem Sturz des NS-Regimes (in der Annahme, für alles Weitere sei viel Zeit) zu kurz, so zeigt das Dokument bei näherer Betrachtung doch alle Züge eines Verfassungsentwurfs. Denn es werden die Strukturen der Verwaltung und Regierung eines reformierten Deutschen Reiches diskutiert, allerdings in der irrigen (und für Emigranten in New York wegen der ihnen zur Verfügung stehenden Informationsmöglichkeiten eher erstaunlichen) Annahme der Handlungsfähigkeit deutscher Entscheidungsträger und in der (nach der Potsdamer Konferenz im Sommer 1945 tief erschütterten) Gewißheit der Unantastbarkeit traditioneller territorialer und staatsrechtlicher Strukturen.[11]

Schon in der Präambel[12] wird entschieden gegen einen föderalistischen Staatsaufbau Stellung bezogen. Im Gegensatz zu den alliierten Vorstellungen, nach denen die Zerstörung der föderalistischen Strukturen – beginnend mit der »Gleichschaltung« und der Mediatisierung der Länder 1933/34 – erheblich zur nationalsozialistischen Machtausübung beigetragen hatte, plädiert der Council für eine straffe Zentralisierung, also für die Beibehaltung von nationalsozialistischen Errungenschaften. Die Warnung vor »Partikularismus und Separatismus« charakterisiert die Festlegung auf einen dezidiert zentralistischen Staatsaufbau; sie findet sich in allen Vorschlägen zur Regelung einschlägiger Materien im ganzen Dokument, bei der Behandlung der Selbstverwaltung (unter zentraler Kontrolle) ebenso wie bei den Ausführungen über die Spitzenbehörden, der Erörterung der Notwendigkeit einer Gebietsreform, im Plädoyer für zentralisierte Instanzenzüge wie für eine zentrale Organisation des Polizeiwesens.

Die Beschwörung der demokratischen Traditionen von 1848 war zeittypisch und auch vom Kontext des New Yorker Exils her ziemlich selbstverständlich.[13] Auch die Betonung des Gedankens der

Selbstverwaltung findet sich in vielen Verfassungs- und Reformplänen sowohl des Widerstandes (im Kreisauer Kreis oder im Goerdeler-Kreis) als auch des Exils. Für bürgerliche und konservative Politiker der Weimarer Republik, die sich in der Emigration oder im Widerstand als Gegner des NS-Staats engagierten, bedeutete der Rückgriff auf die Ideale der Selbstverwaltung auch ein Wiederanknüpfen an die Traditionen der preußischen Reformperiode des 19. Jahrhunderts. Diese Ideale schlossen die Vorstellung nationalen Selbstbewußtseins, ordentlicher Verwaltung und verantwortlich tätigen Bürgersinns in überschaubaren Bereichen – Gemeinde, Stadt, Kreis, Provinzialverband – ein, vor historisch positiv besetztem Hintergrund, nämlich den Befreiungskriegen im 19. Jahrhundert und der Überwindung des Obrigkeitsstaates durch die Weimarer Verfassung im 20. Jahrhundert.

Konterkariert wird in den Vorschlägen des Council das ausdrückliche Votum für die demokratiestiftende lokale Selbstverwaltung aber durch das rigide Gebot der Staatsaufsicht und der Forderung nach einer Gebietsreform (wobei die Vermutung des Vorhandenseins moderner Verkehrsmittel für Nachkriegsdeutschland nicht zutraf). Die vorgeschlagene Zusammenlegung von Landkreisen und die Beseitigung der Regierungsbezirke als mittlere Verwaltungsebene zugunsten der oberen Verwaltungsebenen der Provinzen zeigt, daß die Verfasser des Dokuments ausschließlich in preußischen Dimensionen dachten und daß sie von föderativen Strukturen ihres Exillandes entweder wenig begriffen hatten oder sie geringschätzten.

Denn das Postulat einer »Neuregelung der Bezirkseinteilung« nach zentralistisch-praktischen Gesichtspunkten unter Beseitigung der Länder der Weimarer Republik verkannte sowohl die Bedürfnisse der Bevölkerung (nicht nur in den süddeutschen Staaten), es ignorierte auch die amerikanischen Vorstellungen von der Demokratisierung Deutschlands, die auf kleineren Einheiten aufbauten. Die preußische Perspektive kam auch darin zum Ausdruck, daß die Rede davon war, daß »die Reste der von der Weimarer Republik nicht beseitigten Länder« liquidiert werden müßten. Die Tatsache, daß Preußen territorial drei Fünftel des Reichsgebiets einnahm, bedeutet ja trotz des daraus resultierenden Ungleichgewichts nicht, daß die Weimarer Republik ein Zentralstaat gewesen war.

Die Reichsverfassung von 1919 hatte zwar die souveränen Rechte der Länder beschnitten, aber kein einziger Bundesstaat des Bismarckreiches war beseitigt worden, lediglich die thüringischen Kleinstaaten hatten sich 1920 zusammengeschlossen. Die Forderung nach Zentralisierung war ein Reflex auf eines der entscheidenden Strukturprobleme der Weimarer Republik, auf den Dualismus zwischen Reichsregierung und Preußenregierung in Berlin. Alle Anstrengungen zur Lösung des Problems durch Neugliederung waren seinerzeit (nicht zuletzt an der Weigerung Preußens) gescheitert; der Versuch Franz von Papens im Juli 1932, durch einen Staatsstreich den Dualismus aufzulösen und die Machtverhältnisse zugunsten des Reiches zu klären, hatte nicht nur für einige Mitglieder des Council traumatische Bedeutung bekommen, der 20. Juli 1932 hatte auch das Ende des demokratischen Staates eingeläutet.

Der Wunsch nach einer Neustrukturierung des deutschen Territoriums nach Gesichtspunkten ausschließlich administrativer Zweckmäßigkeit war der Versuch einer radikalen Antwort auf Probleme der Weimarer Republik: Unter gleichzeitiger Beseitigung aller Traditionen und regionaler Emotionen wäre das die großpreußische Lösung gewesen. Sie war freilich noch mehr Illusion, als es die Reichsreform-Diskussion der zwanziger Jahre gewesen war.[14]

Die Vorstellungen der Emigranten über den Aufbau und die Aufgabe der deutschen Polizei waren den Absichten der künftigen Besatzungsmächte in jeder Weise entgegengesetzt. Das Aufspüren und Unschädlichmachen von »Kriegsverbrechern« (worunter nach damaligem Sprachgebrauch alle Funktionseliten des NS-Staates zu verstehen waren) gehörte keinesfalls zu den Aufgaben, die die Mächte der Antihitlerkoalition deutschen Polizeikräften zugedacht hatten, und eine zentrale Polizeiorganisation, wie sie Heinrich Himmler als »Reichsführer SS und Chef der Deutschen Polizei« bis

1936 aufgebaut und dann mit der SS organisatorisch verschmolzen hatte, stand bei den Überlegungen der Alliierten überhaupt nicht zur Debatte.[15]

Die Autoren der »Vorschläge« für ein neues Verwaltungs- und Rechtssystem im Deutschland nach Hitler dachten jedoch in den Kategorien der Zeit nach dem Ersten Weltkrieg, sie fürchteten das Entstehen paramilitärischer Organisationen, wie sie damals als Einwohnerwehren, Freikorps, Vaterländische Verbände usw. als Zellen der Reaktion und Nährboden des Rechtsradikalismus existiert hatten. Solchen Gefahren hofften sie, anders als das damals aufgrund föderalistischer Hemmnisse möglich gewesen war, durch eine zentral (und demokratisch) gesteuerte Polizei begegnen zu können. Zweifellos hatten die Emigranten in New York die bornierte Haltung der Regierung in München in den frühen zwanziger Jahren vor Augen, die Bayern als nationale »Ordnungszelle« deklarierte und zur Schutzzone für Rechtsextremisten machte, gegen die kein Eingreifen aus Berlin möglich war.[16]

Die vorgeschlagene Organisation ist ein typisches Beispiel dafür, daß Emigranten als Verfasser von Staatsordnungskonzepten in aller Regel mit ihren Vorschlägen unmittelbar an ihre Erfahrungen in der Weimarer Republik anknüpften und weder die Entwicklungen in Deutschland während der NS-Zeit berücksichtigten (wozu sie allerdings auch kaum in der Lage waren) noch staatsrechtliche oder gesellschaftliche Vorbilder der Exilländer in Betracht zogen. Charakteristisch hierzu waren etwa die Gesetzentwürfe des bayerischen Ministerpräsidenten Wilhelm Hoegner im Herbst 1945, der, aus dem Schweizer Exil zurückgekehrt, kurzerhand das Republikschutzgesetz von 1922 als »Gesetz zum Schutz des bayerischen Staates« wiederbeleben wollte.[17]

Der rückwärts gewandte Blick intendierte die Zweifel und das Mißtrauen in die Bereitschaft und Fähigkeit des deutschen Volkes zur Demokratie, die wie in vielen anderen Neuordnungsmodellen auch in den Vorschlägen des Council for a Democratic Germany zum Ausdruck kamen. Tendenzen zur Erziehungsdiktatur gingen einher mit verbreiteter Skepsis wegen früh angesetzter Wahltermine (ob die Deutschen denn schon reif seien für demokratische Wahlen, mußten sich vor allem die Amerikaner von den Exilanten fragen lassen; in ihrer Besatzungszone machten diese mit den Kommunalwahlen im Januar 1946 dann den Anfang). Am stärksten springt der Drang der politischen Denker des Exils ins Auge, die Demokratisierung durch autoritäre Maßnahmen zu fördern und zu schützen.

Für die Rechts- und Verwaltungsexperten des Council sollte die Polizei das Instrument sein, das mit weitgehender Vollmacht ausgestattet nach »diskretionärem Ermessen« unter Beschränkung der persönlichen Rechte des Staatsbürgers, den Kampf gegen Demokratiefeinde führen und die Demokratie als Staatsprinzip durchsetzen sollte. Daß der Gedanke der Prävention die Demokratisierungsvorstellungen beherrschte, ist aus dem Trauma des Untergangs der Weimarer Republik erklärlich. Sie galt ihren Anhängern als zu wenig geschützt gegen politischen Radikalismus von rechts und links, weil ihre Verfassungskonstruktion zu liberal (»überdemokratisch«) gewesen sei. Statt auf institutionelle Sicherungen setzten die Verfasser der »Vorschläge« aber auf obrigkeitliche Kraftentfaltung.[18]

Nicht weniger von der Erinnerung an Weimar beeinflußt waren die Vorschläge zur Justiz. Folgende Grundgedanken sollten verwirklicht werden: die Aufhebung aller Richterprivilegien, die strenge Prüfung der politischen Zuverlässigkeit der Richter, die Heranziehung von Laien in der Rechtspflege (ausdrücklich wurde die amerikanische Form des Schwurgerichts propagiert) und eine energische politische Kontrolle der Justiz im demokratischen Sinn (die Emigranten benutzten dafür meist den Terminus »republikanisch«). Dazu sollte ein »Volkstribunal« als besondere Instanz errichtet werden, mit der Aufgabe, justizreformerisch zu wirken. Es sollte mit weitgehenden Vollmachten ausgestattet werden, nämlich dem Recht des Eingriffs in alle Verfahren und der Kompetenz in erster und letzter Instanz für die Ahndung von Kriegsverbrechen und nationalsozialistischen Verbrechen gegen das deutsche Volk. Darüber hinaus sollte das »Volkstribunal« zuständig sein für die Aburteilung aller Wiederbelebungsversuche der NSDAP (einschließlich Neonazipropaganda etc.) und zur Entscheidung über Beschwerden bei Richterentlassungen.

Im »Volkstribunal« flossen mehrere Ideen zusammen, die allerdings mindestens mit dem Prinzip der Gewaltenteilung, wohl auch dem des Rechtsstaats, kollidierten. Das Tribunal sollte der Apparat zur politischen Säuberung sein und gleichzeitig Instrument der Erziehung des Justizpersonals, es enthielt Elemente der Verfassungsgerichtsbarkeit, aber auch des diktatorischen Zugriffs auf Personal und Entscheidungen, mit denen Demokratiefeinde bestraft und unschädlich gemacht und Demokratie als Staatsidee durchgesetzt werden sollten.[19]

Am meisten gingen die Meinungen im Rechts- und Verwaltungsausschuß bei der Formulierung des zentralen Abschnitts »der Staatsbürger« (in dem auch die Problemkreise Beamtenschaft, Polizei und Justiz abgehandelt sind) auseinander. Denn hier standen nicht nur Grundsatzfragen zur Debatte, hier wurde auch die Problematik der politischen Säuberung diskutiert. Wer sollte am politischen Wiederaufbau beteiligt sein, wer (und in welcher Form und wie lange) ausgegrenzt bleiben? Bemerkenswert ist außer den Lösungsvorschlägen des Problems auch die Diktion. Wiederholt ist in den Arbeiten des Council von der »Ausmerzung« nationalsozialistischer Verbrecher oder »aller nationalsozialistischen und militaristischen Kräfte« die Rede, auch von einer »Ausrottungs-Aktion«.

Prüfstein für die Tauglichkeit von Neuordnungskonzepten waren die Vorschläge zur Säuberung, zur Aufarbeitung der nationalsozialistischen Vergangenheit, in jedem Falle.[20] Die Skala der Möglichkeiten reichte von totaler und dauernder Diskriminierung aller Funktionäre und Nutznießer des NS-Regimes bis zur Amnestierung und Rehabilitation. Das Unbehagen über die in den vier Besatzungszonen Deutschlands dann ab 1945 vorgenommene »Entnazifizierung« dauerte nicht zuletzt deshalb an, weil die Absichten, Formen und Konsequenzen der notwendigen Maßnahme nicht eindeutig genug erkennbar waren.[21]

Mit dem Problem mühten sich spätestens ab 1944 theoretisch und seit Frühjahr 1945 praktisch – außer den dafür zuständigen Militärregierungen, die die alliierte Besatzungsherrschaft in den vier Zonen Deutschlands ausübten – viele. Freilich waren nur die Militärregierungen für die politische Umsetzung der Entnazifizierung zuständig, die Autoren von Verfassungsentwürfen und Neuordnungsdenkschriften agierten ausschließlich im Bereich der Reflexion über Schuld und Sühne. Nicht alle gelangten zu so originellen Lösungsvorschlägen wie der Jurist und spätere Politikwissenschaftler Theodor Eschenburg, der im Herbst 1945 eine zeitlich begrenzte Säuberungsaktion vorschlug mit einem streng kategorisierten und limitierten Denunziationsrecht, das eine schnelle, effektive und zeitlich kontrollierbare Selbstreinigung der deutschen Bevölkerung ermöglichen sollte.[22] Das war mindestens pragmatischer und sicherlich auch vernünftiger gedacht als die von vielen erhobene Forderung des langfristigen oder dauernden Ausschlusses aller NSDAP-Mitglieder von den demokratischen Mitwirkungsrechten im Staat. Das hätte, die Mitglieder der Gliederungen und angeschlossenen Verbände nicht gerechnet, bis zu achteinhalb Millionen Deutsche betroffen und dem demokratischen Neubau eine beträchtliche Hypothek aufgeladen.

Das Bekenntnis zu den Menschenrechten war im Staatsbürger-Kapitel der Vorschläge des Council obligatorisch, nicht minder die Garantie der »bürgerlichen Freiheiten« wie Wahl- und Koalitionsrecht, Rede- und Pressefreiheit. Darüber hinaus war die Pflicht des Staates definiert, freie Entwicklungsmöglichkeiten für Kultur und Wissenschaft zu schaffen. Unvermittelt und unorganisch folgt dann aber der ausgrenzende Satz: »Nach 12 Jahren Nazidiktatur kann nicht die *Gesamtheit* des deutschen Volkes am Aufbau Deutschlands beteiligt werden.« Und daran anschließend, nach der Erörterung der Notwendigkeit politischer Ausnahmegesetze für die »politisch unverläßlichen Personen« der Appell, den »aktivsten, ehrlichsten und konsequentesten« Gegnern des Faschismus freie Hand beim Neubau zu gewähren.

Das politische Denken und die Arbeit des Council for a Democratic Germany auf dem Gebiet der Rechts- und Verwaltungsreform zeichneten sich weder durch Innovation oder Originalität noch durch Pragmatik angesichts der Realitäten des Jahres 1945 aus. Die Verfasser blieben fixiert auf die Republik von Weimar, deren Konstruktionsfehler sie durchaus erkannt hatten, die sie aber eher durch den Rückgriff auf autoritäre Traditionen überwinden wollten als durch Inspiration nach angelsächsischen Vorbildern. Die Berufung auf den Geist der Paulskirche war ebenso zeittypisch wie das Beschwören preußischer Tugenden vom Zitat Friedrichs des Großen (beim Beamtenrecht) bis zu den Errungenschaften der Reformperiode (Selbstverwaltung) nach den Befreiungskriegen des vorigen Jahrhunderts. Die Skizze des New Yorker Council for a Democratic Germany zum Verwaltungs- und Rechtsaufbau Deutschlands nach Hitler spiegelt damit die Tendenzen der Rückkehr zu bürgerlichen, parlamentarisch-demokratischen Kategorien der Politik, ganz ähnlich den meisten Modellen, die im Kreise des Widerstands und der Emigration entstanden sind. Das politische Exil zeigte sich damit den gleichen Traditionen politischen Denkens verpflichtet. Innovationen oder wenigstens Versuche wie auf dem Gebiet des Beamtenrechts, des Bildungswesens, der Medien und der Justiz blieben den Besatzungsmächten in Deutschland vorbehalten.

Anmerkungen

1 Ursula Langkau-Alex/Thomas M. Ruprecht (Hrsg.), Was soll aus Deutschland werden? Der Council for a Democratic Germany in New York 1944–1945. Aufsätze und Dokumente, Frankfurt, New York 1995, S. 166.

2 Archiv Institut für Zeitgeschichte München, ED 202 (Sammlung Glaser) Bd. 2; gedruckt in: Langkau-Alex/Ruprecht (Hrsg.), Was soll aus Deutschland werden?, S. 158.

3 Gerd R. Ueberschär (Hrsg.), Das Nationalkomitee »Freies Deutschland« und der Bund Deutscher Offiziere, Frankfurt a. M. 1995.

4 Langkau-Alex/Ruprecht (Hrsg.), Was soll aus Deutschland werden?, S. 169. Der Aufruf wurde nicht veröffentlicht.

5 Mit dem Gesicht nach Deutschland. Eine Dokumentation über die sozialdemokratische Emigration. Aus dem Nachlaß von Friedrich Stampfer, hrsg. von Erich Matthias, bearb. von Werner Link, Düsseldorf 1968.

6 Zur Politik deutscher Sozialisten. Politische Kundgebungen und programmatische Richtlinien der Union deutscher sozialistischer Organisationen in Großbritannien 1941–45. London 1945, S. 5–8; auch in: Benz (Hrsg.), »Bewegt von der Hoffnung«, S. 120 f. Vgl. Werner Röder, Die deutschen sozialistischen Exilgruppen in Großbritannien 1940–1945, Hannover 1968, S. 275–278; ders., Deutschlandpläne der sozialdemokratischen Emigration in Großbritannien 1942–1945, in: Vierteljahrshefte für Zeitgeschichte 17 (1969), S. 72 ff.

7 Wortlaut in: Langkau-Alex/Ruprecht (Hrsg.), Was soll aus Deutschland werden?, S. 254–266.

8 Dem Rechts- und Verfassungsausschuß des Council gehörte (bis Oktober 1944) auch der ehemalige sozialdemokratische Politiker Albert Grzesinski an. Mitglied war auch der Philosoph Richard Kroner, der 1935 seinen Lehrstuhl in Kiel verloren hatte und 1941–1952 Professor am Union Theological Seminar in New York war. Gemäß dem Koalitionskonzept des Council arbeiteten als Vertreter des Liberalismus der Ju-

rist Fritz Haussmann mit sowie Dr. Otto Pfeiffenberger, der in Mannheim Rechtsanwalt gewesen war.

9 Undatiertes Rundschreiben im Nachlaß Hans E. Hirschfeld, Landesarchiv Berlin, Rep. 200 Acc 2014 (5–7).

10 Vgl. Wolfgang Benz, Konzeptionen für die Nachkriegsdemokratie. Pläne und Überlegungen im Widerstand, im Exil und in der Besatzungszeit, in: Thomas Koebner/Gert Sautermeister/Sigrid Schneider (Hrsg.), Deutschland nach Hitler. Zukunftspläne im Exil und aus der Besatzungszeit 1939–1949, Opladen 1987, S. 201–213.

11 Vgl. Friedrich Baerwald, Zur politischen Tätigkeit deutscher Emigranten im Council for a Democratic Germany, in: Vierteljahrshefte für Zeitgeschichte 28 (1980), S. 372–383.

12 Deren einleitender Satz im zugrundeliegenden ›Bericht des Rechts- und Verwaltungsausschusses‹, aus dem die »Vorschläge für eine neue deutsche Verwaltung und ein neues deutsches Rechtswesen« redigiert sind, lautet: »Die Naziregierung war nicht nur unethisch, sondern auch illegal und illegitim«. Bericht des Rechts- und Verwaltungsausschusses (Institut für Zeitgeschichte ED 202/2, Bl. 82–101) künftig zit.: Bericht.

13 Der Schlußsatz der Vorrede des Berichts wurde nicht übernommen, er lautet: »Dass auch in bezug auf Verwaltungs- und Rechtswesen das künftige Deutschland sich den demokratischen Ländern Europas anpassen und sich immer mehr als Teil des europäischen Ganzen fühlen muß, erscheint dem Council notwendig.«

14 Vgl. Gerhard Schulz, Zwischen Demokratie und Diktatur. Verfassungspolitik und Reichsreform in der Weimarer Republik, 2 Bände, Berlin 1963 und 1987.

15 In den Vorarbeiten zu den Vorschlägen findet sich (Bericht, Bl. 90–91) folgende Argumentation für die Zentralisierung der Polizei: »In seinen Botschaften an das deutsche Volk (Botschaft Nr. X.,8) hat sich General Eisenhower gegen eine Reichspolizei ausgesprochen und bestimmt: ›The police force will be decentralized and reorganized on a regional and local basis‹. Gegen diese Auffassung sprechen jedoch, auf lange Sicht gesehen, die oben angeführten Gründe. Befürchtungen, daß eine einheitliche Reichspolizei den Kern bilden könnte für eine neue heimliche Aufrüstung oder zum mindesten für eine oppositionelle Bestätigung dürften unbegründet erscheinen. Die Erfahrung hat gezeigt, daß gerade die preußische Polizei, die das weitaus größte Kontingent der deutschen Polizei ausmachte, besonders tätig war im Kampf gegen die militärischen und halbmilitärischen Verbände, die wiederum von der Reichswehr materiell und ideell zum Zwecke der Aufrüstung und zum Sturze der demokratischen Verfassung unterstützt wurden. Es sei darauf hingewiesen,

daß von den 1932 von Papen und 1933 von Hitler entlassenen Beamten die preußischen Polizeioffiziere zahlenmäßig den größten Prozentsatz ausmachen, und daß von 36 preußischen Polizeipräsidenten nur einer sich gleichgeschaltet hat. Wenn trotz der guten demokratischen Zusammensetzung der preußischen Polizei die Reaktion siegte, so lag das daran, daß der Polizei in ihrem Kampf gegen die politischen Verbrecher durch die »überdemokratische« Gesetzgebung der Weimarer Republik die Hände gebunden waren und daß die reaktionäre Justiz die Polizei nicht nur nicht unterstützte, sondern ihr andauernd erhebliche Schwierigkeiten machte. Die entsprechende Reorganisation der deutschen Justiz wird später behandelt.«

16 In einer ungezeichneten und undatierten Ausarbeitung (Durchschlag) im Nachlaß Hirschfeld, die in diesen Zusammenhang gehört, werden 300 000 Mann Polizei (davon 250 000 uniformiert) als notwendig erachtet. Diese Polizeitruppe müsse nicht notwendig aus jungen Männern bestehen, vielmehr wurde die Rekrutierung aus den Reihen erprobter älterer Demokraten (1933/34 aus politischen Gründen Entlassene) empfohlen. Zur Ausrüstung erging folgende Anregung: »Bewaffnung der uniformierten Polizei im allgemeinen mit Revolvern, Knüppel. Dazu Gewehre oder Karabiner, leichte Maschinengewehre für Abteilungen- d. h. auf gewisse Anzahl je eines. Ebenso einige Flugzeuge für die größeren Polizeistandorte und gepanzerte Wagen. Eine gewisse Reserve von schweren Waffen wie Kanonen, Bombern usw. könnte unter Aufsicht eines internationalen Ausschusses bestehen, um in Notfällen auf Anforderung zur Verfügung gestellt zu werden. Mit großen Flugzeugen ist ein Transport innerhalb Europas heute bereits in wenigen Stunden durchzuführen.« Landesarchiv Berlin, Rep. 200 Acc. 2014 (5–7).

17 Institut für Zeitgeschichte München, ED 120, Bd. 127.

18 Entsprechende Gedankengänge kommen in den Vorarbeiten noch deutlicher zum Ausdruck: »Nur wenn die Polizei in der Lage ist, schon gegen verdächtige Personen einschreiten zu können, ohne daß es ihr obliegt, den hundertprozentigen Beweis für die Schuld zu erbringen, kann sie in erregten Übergangszeiten die schwierige und verantwortungsvolle Aufgabe der Kontrolle der politischen Staatsfeinde erfüllen. Die beiden Hauptgebiete, auf denen die Polizei in der Übergangszeit ›diskretionäres‹ Ermessen haben muß, sind: das Eingreifen in die Grundrechte des Bürgers und die Verweigerung von gewissen Lizenzen bei ›politischer Unzuverlässigkeit‹ des Antragstellers. (Autoführerschein, Waffenschein, Jagdschein, Wandergewerbeschein, etc.)« Bericht, a. a. O.

19 Die im Ausschuß umstrittenen Überlegungen zum »Volkstribunal« sind unter dem Einfluß einer Denkschrift angestellt worden, die der Verfas-

ser Manek Riegelhaupt unter Bezugnahme auf ein Gespräch am 6. April 1945 an Hans E. Hirschfeld übersandte: »Ein Politisches Obertribunal für Deutschland als interimistische Lösung des Beamtenproblems« Typoscript, 25 S., im Nachlaß Hirschfeld, Landesarchiv Berlin, Rep. 200 Acc. 2014 (5–7).

20 Nicht aufgenommen in die Endfassung wurde die folgende Passage, die auch Rehabilitierungsabsichten erkennen läßt: »Es sollte aber Vorsorge getroffen werden, daß nach einer gewissen Zeit ›Unzuverlässige‹ bei guter Führung rehabilitiert und in die Reihen der ›Zuverlässigen‹ überführt werden können. Auf der anderen Seite müßten allen denjenigen, die sich später noch als Staatsfeinde herausstellen und die wegen ihrer republikfeindlichen Betätigung verurteilt werden, gleichzeitig mit der Strafe auch die ›Staatsbürgerlichen Ehrenrechte‹ für eine bestimmte Frist oder für dauernd entzogen werden, eine Maßnahme, die z. B. auch in der amerikanischen Verfassung vorgesehen ist.

Auf Grund dieser leider notwendigen Trennung und Registrierung der Bevölkerung in ›Zuverlässige‹ und ›Unzuverlässige‹ sollten Wählerlisten aufgestellt werden, damit sobald wie möglich die *Wahlen* zu den Körperschaften der lokalen und regionalen Selbstverwaltung sowie zu den Organen der Gewerkschaften stattfinden können.

Ob bei der Vorbereitung zu diesen Wahlen und überhaupt im Anfang uneingeschränkte Versammlungs-, Vereins- und Pressefreiheit gewährt werden kann, hängt von Umständen ab, die von hier nicht zu übersehen sind. Das gleiche gilt von den *Wahlen im Reichsmaßstabe*, über deren Zeitpunkt hier auch nichts Näheres gesagt werden kann, außer daß sie nicht zu bald, aber auch nicht zu spät erfolgen sollten. Auf jeden Fall sollte man bedenken, daß große Teile der deutschen Bevölkerung der Demokratie entwöhnt sind und andere Teile demokratische Grundsätze und Betätigung nie oder nie bewußt kennengelernt haben. Man sollte nicht den Fehler der Staatsleitung von 1918 wiederholen, die über Nacht – gleichsam wie aus einem Füllhorn – sämtliche demokratischen Rechte über das *gesamte* deutsche Volk ausgossen, von dem ein großer Teil noch keine Erfahrung in der Handhabung und im Gebrauch dieser Rechte hatte, und von dem ein anderer beträchtlicher Teil von vornherein ganz bewußt diese Rechte im staatsfeindlichen Sinne mißbrauchte. So wurde aus einem Akt, der als vollkommenster Ausdruck des demokratischen Rechtsstaates sozusagen als *summum jus* beabsichtigt war, eine *summa injuria.*

Da man ferner mit einer gewissen Opposition auch unter denjenigen Staatsbürgern rechnen muß, die sich unter dem Hitler-Regime nicht offen kompromittiert haben und zunächst als ›zuverlässig‹ registriert worden sind, müssen in der Übergangszeit wahrscheinlich auch alle diejenigen Rechte, die die persönliche Rechtssphäre des Staatsbürgers garantieren, sich eine Einschränkung zu Gunsten eines schnellen und wirksamen Eingreifens der Polizei gefallen lassen. (Näheres siehe im Abschnitt ›Beamtenschaft‹).

Abschließend soll gesagt werden, daß den als zuverlässig befundenen Staatsbürgern so viel Gelegenheit wie nur möglich gegeben werden muß, am Wiederaufbau des Landes teilzunehmen. Bei den »Unzuverlässigen« muß unterschieden werden zwischen unverbesserlichen Staatsfeinden einerseits und bloßen Mitläufern andererseits: den ersten gegenüber ist schonungslose Härte am Platze, den zweiten gegenüber ein aufbauender Versöhnungswille. Es wird ein Prüfstein für die neue deutsche Verwaltung sein, ob es ihr gelingt, in nicht allzu langer Zeit die Mehrzahl der Deutschen als zuverlässige Republikaner zu qualifizieren.« Bericht (s. Anm. 12), Bl. 94–95.

21 Vgl. Klaus-Dietmar Henke/Hans Woller (Hrsg.), Politische Säuberung in Europa. Die Abrechnung mit Faschismus und Kollaboration nach dem Zweiten Weltkrieg, München 1991.

22 Vgl. Wolfgang Benz, Staatsneubau nach der bedingungslosen Kapitulation. Theodor Eschenburgs »Überlegungen zur künftigen Verfassung und Verwaltung in Deutschland« vom Herbst 1945, in: Vierteljahrshefte für Zeitgeschichte 33(1985), S. 166–213.

Der Moskauer Schriftstellerkongreß 1934

Ein Forum des frühen Exils

Im Mai 2000 war die »Fondazione Giangiacomo Feltrinelli« Gastgeber einer internationalen Konferenz über Vertreibung und Flucht als Folgen von Krieg, zu der Wissenschaftler und Vertreter internationaler Organisationen nach Cortona gereist waren, um über Reaktionen und Perspektiven, über mögliche Interventionen und Hilfeleistungen zu diskutieren. Eine bittere Bilanz über Massenflucht und »ethnische Säuberung«, über Genozid und Entwurzelung war zu ziehen nach Referaten über die Situation im Sudan, am Horn von Afrika, im Kaukasus, im ehemaligen Jugoslawien. Historisch spannte sich der Bogen vom »Bevölkerungsaustausch« zwischen Griechenland und der Türkei 1923 über die Vertreibung der Deutschen aus Ost-Mittel-Europa 1945, dem Transfer von Hindus und Moslems 1946/47 anläßlich der Staatsgründung Indiens und Pakistans, den ethnischen Komponenten des Israel-/Palästinakonfliktes 1948. Der Tschetschenienkrieg war ein prominent behandeltes Thema der Konferenz.[1]

Eine der zentralen Fragen in Cortona war an die Intellektuellen gerichtet, welche Rolle sie in der Wahrnehmung der staatlich initiierten Großpogrome gegen Minderheiten spielen, ob ihnen Anstrengungen zur Verhinderung oder wenigstens zum Protest gegen die Barbarei zu danken seien, welche Pflichten und Möglichkeiten sie als internationale Gemeinde von Gebildeten, Aufgeklärten, Wissenden haben angesichts ungezügelter Gewalt gegen Menschen im Namen irgendwelcher Ideologie und Staatsräson.

Zur gleichen Zeit wie die Gelehrten in der Toskana hatte sich die

Internationale der Schriftsteller zum PEN-Kongreß in Moskau eingefunden. Günter Grass warf bei der Gelegenheit die Autorität des Nobelpreisträgers mit einer Rede gegen den Tschetschenienkrieg in die Waagschale öffentlicher Moral. Sie bewegte sich nicht. Die politischen Autoritäten Rußlands und seiner Hauptstadt schwiegen beleidigt, die Medien mühten sich, den Appell herunterzuspielen, als unzulässige Einmischung zu brandmarken oder totzuschweigen. Empfänge wurden abgesagt, die Politik ging auf Distanz, die Reihen der Abwehr waren fest geschlossen. Im Vorfeld des Moskauer Kongresses hatte die ›Niesawissimaja Gaseta‹ ihren Lesern mitgeteilt, daß der PEN keine staatliche Organisation sei, sich sein Budget selbst verdienen müsse, und zwar mit der Verurteilung des Tschetschenienkrieges. In der folgenden Ausgabe des Blattes, das als Zeitung für Intellektuelle gilt, gab es Anspielungen auf eingebildete Schriftsteller und überzogene politische Positionen. Die Wirtschaftszeitung ›Kommersant‹ meinte lakonisch, von dem Schriftstellerkongreß könne man nichts weiter erwarten als »lange Sitzereien mit Besäufnissen und den üblichen Verbrüderungen«.[2]

Auch die russische Schriftstellerprominenz hielt sich bedeckt oder nahm gegen Günter Grass Stellung. Der Chef des russischen PEN, Alexander Tkatschenko, räumte zwar ein, es sei politischer Druck auf ihn ausgeübt worden, aber er bedauerte vor allem »die Politisierung des Kongresses«, und Wassilij Axjonow, einst regimekritischer Schriftsteller, seit langem in den USA lebend, unterstützte den Kreml mit der gegen Grass vorgebrachten Überzeugung, bei den Feldzügen in Tschetschenien handele es sich um den ersten gerechten Krieg, den Rußland seit einem halben Jahrhundert führe.[3]

Vor solchem Hintergrund ist die Erinnerung an einen Schriftstellerkongreß reizvoll, der 1934 in Moskau unter internationaler Aufmerksamkeit und Sympathie, unter reger Teilnahme politischer Prominenz und der Bevölkerung stattfand, bei dem politische Themen wie Faschismus und Krieg eine eminente Rolle spielten und der damit zu einem wichtigen Forum des politischen Exils wurde.

Zu den Bestrebungen, den Analphabetismus in Sowjetrußland

zu überwinden, eine neue Intelligenz als Trägerin sozialistischer Kultur zu etablieren, gehörten die Vorbereitungen zur Gründung eines sowjetischen Schriftstellerverbandes unter dem Vorsitz Maxim Gorkis. Sie waren gekrönt vom Ersten Allunions-Kongreß der Sowjetschriftsteller, an dem vom 17. August bis 1. September 1934 in Moskau 377 Delegierte mit Stimmrecht und 220 mit beratender Funktion teilnahmen. Der Schriftstellerkongreß war eine wichtige Station bei der Durchsetzung der Ästhetik-Maxime des »sozialistischen Realismus«, die vom ZK der KPdSU im April 1932 dekretiert worden war. Volksnahe Darstellung gesellschaftlicher Realität mit dem »neuen Menschen« im Mittelpunkt als Wirkung sozialistischer Prinzipien waren die wesentlichen Vorgaben stalinistischer Kulturpolitik, die nach 1945 im gesamten Ostblock verbindlich wurde. Folgt man der offiziellen Darstellung, die noch im ledernen Verlautbarungsstil der DDR-Historiographie der siebziger Jahre den Quellen nachempfunden ist, so manifestierte sich das Interesse des Volkes als Element der neuen gesellschaftlichen Verhältnisse »in der Teilnahme und Mitsprache breitester sowjetischer Bevölkerungsschichten. So besuchten zum Beispiel 25 000 Leser den Kongreß, während seiner 26 Sitzungen traten zahlreiche Delegationen von sowjetischen Werktätigen – Arbeiter aus Industrie und Verkehrswesen, Kolchosbauern, Forschungskollektive, Kunstarbeiter, Abgeordnete der Roten Armee und Flotte, Lehrer, Studenten, Arbeiter der neuen Metro – sowie Pionierabordnungen mit Grußadressen und Leserwünschen an die Schriftsteller auf.«[4]

Eine Masseninszenierung also, die immerhin die Position deutlich macht, die der Literatur im Aufklärungs- und Propagandainstrumentarium sowjetamtlich zugedacht war. »Diesen Literaturenthusiasmus eines ganzen Landes« beschrieb Wieland Herzfelde seine Moskauer Kongreßerfahrung, müsse man erlebt haben, »um zu verstehen, daß dieser Kongreß ohnegleichen in der Geschichte ist«. Eine stolze Demonstration nationaler und individueller Vielfalt sei die Veranstaltung gewesen. »Und es war ein Prozeß der Klärung: Alle Fragen der Produktion, der Form, der Sprache, der Themenwahl, des Verhältnisses zur eigenen Literatur und zu der anderer Länder, die großen Probleme unserer Epoche, Faschismus, Krieg und Revolution, wurden leidenschaftlich und brüderlich diskutiert.«[5]

Herzfelde war Mitglied der Delegation deutschsprachiger Schriftsteller, die mit elf Deutschen und einem Österreicher die größte der ausländischen Besuchergruppen des Kongresses war. Ihr gehörten Johannes R. Becher, Willi Bredel, Franz Carl Weiskopf, Friedrich Wolf, Oskar Maria Graf, Adam Scharrer, Theodor Plievier, Klaus Mann, Balder Olden, Albert Ehrenstein und Ernst Toller an. Egon Erwin Kisch, den Klaus Mann in seinen Erinnerungen an den Kongreß erwähnt[6], war zwar eingeladen, hatte die Teilnahme aber mit der Begründung abgelehnt, er sei in Paris mit Arbeit für den Bund proletarisch-revolutionärer Schriftsteller überlastet; möglicherweise war das aber nur ein Vorwand, mit dem er ideologische Vorbehalte gegen das Konzept des sozialistischen Realismus verbrämte.[7] Gustav Regler, der sich auf einer Reise in Moskau befand, wo er an einem für das Saargebiet bestimmten Propagandafilm über die Sowjetunion arbeitete, war erst dort zum Schriftstellerkongreß eingeladen worden.[8]

Er muß mehr gewesen sein als ein Massenspektakel im Dienst der Sowjetpropaganda. Oskar Maria Graf und Balder Olden, Gustav Regler und Klaus Mann verdanken wir ausführliche und farbige Schilderungen vom Moskauer Kongreß, seinen Teilnehmern, dem Rahmenprogramm und den anschließenden Rundreisen durch die Sowjetunion.[9]

Graf, der sich fühlte »wie auf Besuch bei nahen Freunden, die nach schwerer Zeit in gute Verhältnisse gekommen waren«[10], benützt Situationsbilder über den ihm nahe milieuverwandten Adam Scharrer als häufig wiederkehrendes Stilmittel seiner »naiven«, aber keineswegs unkritischen Beschreibung des Landes. Andererseits ist in den Schilderungen Balder Oldens die bukolische Figur des Oskar Maria Graf ständig präsent.

Adam Scharrer (1889–1948) ist von allen Teilnehmern des Moskauer Kongresses wohl am stärksten in Vergessenheit geraten. Aus ärmlichen bäuerlichen Verhältnissen in Mittelfranken kommend, engagierte er sich in der Novemberrevolution im Spartakusbund und dann bei der linken kommunistischen Abspaltung KAPD, vom Schlosser und Werftarbeiter arbeitete er sich zum sozialistischen Schriftsteller hoch. Graf ironisiert ihn als sauertöpfischen Pessimisten und ständigen Pechvogel. Eine kurze Nachkriegskarriere hatte Adam Scharrer noch, als er ab Mai 1945 in der sowjetischen Besatzungszone Deutschlands am kulturellen Neuaufbau mitwirkte, als Mitgründer des Kulturbunds zur demokratischen Erneuerung Deutschlands und als Redakteur der ›Schweriner Landeszeitung‹.

Der einzige österreichische Teilnehmer war Albert Ehrenstein. Er lebte im Ersten Weltkrieg in der Schweiz, dann zehn Jahre lang in elenden Umständen in Berlin und seit 1932 wieder in der Schweiz, wo er 1938 ausgewiesen, 1939 nach einem Aufenthalt in Amsterdam auf Intervention von Schriftstellerkollegen wieder geduldet wurde. Von August 1934 bis Mai 1935 hielt er sich in Moskau auf, 1941 emigrierte der Dichter, dessen Existenz nach frühen Erfolgen geradezu sinnbildlich für die Entwurzelung und Hoffnungslosigkeit ewiger Exilsituation in Armut war, nach New York. Dort starb er, knapp 64jährig, 1950 im städtischen Armenspital.

Der Verdacht liegt nahe, daß der Moskauer Schriftstellerkongreß unter prominenter Beteiligung sowjetischer Führer wie Bucharin, Radek, Shdanow, veranstaltet und überstrahlt von der patriarchalischen Symbolfigur Maxim Gorkis[11] , ebenso zur Propaganda instrumentalisiert werden sollte wie die Einladung ausländischer Schriftsteller, deren positiver Reaktion die Veranstalter sicher sein konnten, wobei die Bereitschaft dazu überdies durch äußerst großzügige Gastfreundschaft und ausgedehnte Rundreisen noch befördert wurde. Aber die Eingeladenen waren keineswegs insgesamt im kommunistischen Lager engagiert, die Skala reichte von der bürgerlichen Linken, vertreten durch Klaus Mann über Oskar Maria Graf, der ebenfalls nicht parteipolitisch gebunden war, und Ernst Toller, Balder Olden, die am ehesten als unorthodoxe und kritische Linke zu charakterisieren sind, bis zu Weiskopf und Bredel, Becher und Plievier.

Die Gäste aus Deutschland lebten als Hitlergegner bereits in der Emigration, Adam Scharrer reiste wie Oskar Maria Graf zum Kongreß von der Tschechoslowakei aus nach Moskau in der Absicht, dort mit seiner Frau zu bleiben. Er verbrachte die Emigrationszeit dann in einem ukrainischen Dorf. Willi Bredel ging ebenfalls 1934 ins Moskauer Exil, nach 13 Monaten Haft im Hamburger KZ Fuhlsbüttel war er zunächst in die Tschechoslowakei emigriert. Friedrich Wolf lebte schon seit 1933 in der Sowjetunion, Johannes R. Becher kam 1935 endgültig, nach einer Station in Paris, nach Moskau. Theodor Plievier lebte von 1933 bis 1945 in der Sowjetunion.

Die anderen Teilnehmer des Moskauer Kongresses emigrierten in westliche Länder. Oskar Maria Graf, der aus Moskau nach Brünn zurückkehrte, übersiedelte 1938 nach New York, Balder Olden ging über London 1941 nach Argentinien und dann nach Uruguay, wo er 1949, gesundheitlich angeschlagen und vom Exildasein zermürbt, den Freitod wählte. Klaus Mann entschied sich nach Aufenthalten in Amsterdam, Paris, Zürich, Prag und dortigen antifaschistischen Aktivitäten für die USA. Ernst Toller war in London glanzvoll aufgenommen worden, dennoch setzte der Ruhelose 1939 in einer seiner tiefen Depressionen in einem New Yorker Hotel seinem Leben ein Ende. Auch der Kommunist Weiskopf entschied sich 1939 für das Exil in Amerika, ebenso Wieland Herzfelde, der 1949 von dort aus in die DDR übersiedelte, wo er eine Professur und die Präsidentschaft der Akademie der Künste innehatte.

Franz Carl Weiskopf, der auf dem Kongreß über den Einfluß der Sowjetliteratur auf das Schaffen deutscher fortschrittlicher Schriftsteller sprach, hat der Veranstaltung eine hymnische Reportage gewidmet: »Es war ein Kongreß sondergleichen in der Geschichte der Weltliteratur. Tausend Schriftsteller – Anfänger und Meister, vollendete Kenner der klassischen und modernen literarischen Technik und primitive Volkssänger, Arbeiter und Bauern, Intellektuelle der neuen und der alten Art, ehemalige Landstreicher und frühere obdachlose Kinder, Russen und Armenier, Usbeken und Ukrainer, Tataren und Wolgadeutsche, Lyriker und Dramatiker, Romanciers und Essayisten ..., sie alle demonstrierten gleichzeitig die unendliche Verschiedenheit ihrer nationalen Kunst und ihres individuellen Talents und die große Einheit ihrer sozialistischen Überzeugung. Sie berichteten, diskutierten, kritisierten (zum Teil überaus scharf), sie sprachen über Inhalt und Form, Komposition und Themenwahl, über Faschismus und Krieg, Revolution und Klassenkampf, über James Joyce und Honoré de Balzac, über den ›sozialistischen Realismus‹ und den ›positiven Helden‹, und sie fanden sich immer wieder zusammen in der Harmonie der gemeinsamen Aufgaben und Ziele.«[12]

Albert Ehrenstein plante ein Rußlandbuch, das 1935 auf deutsch, russisch und jiddisch erscheinen sollte, aber nicht zustande kam, lediglich einige Reiseberichte wurden in Exilblättern von ihm veröffentlicht. Daß er vom Schriftstellerkongreß beeindruckt war, geht aus einer Karte an Hermann Hesse hervor, in der er schrieb, »daß hier das Verhältnis zwischen Dichter und Publikum weit tiefer und intensiver ist als bei uns«. Und: »Mit der Erziehung und Verbesserung der Lebenshaltung ihrer Millionen beschäftigt, hat die Sowjetunion mit Recht kein Interesse an Interventionspolitik.«[13]

Von Balder Olden gibt es mehrere Schilderungen der Moskauer Eindrücke, die unter dem Motto stehen »Drei Monate hat das Glück nur gedauert ... Ich kam in Moskau so unwissend und so skeptisch an wie nur irgend einer aus dem Lager der bürgerlichen Demokratie, den erst der Faschismus zum Revolutionär gemacht.«[14] Olden berichtete zunächst in Vorträgen in Prag und in der tschechischen Provinz über seine Erfahrungen in der Sowjetunion: »Was mich schrankenlos begeistert hatte und worauf all das für die Hörer im kapitalistischen Land so märchenhaft hinauslief, war die geistige Situation in Rußland, die Wißbegier, die Lernbegier, die Kunstfreudigkeit, die sich zugleich der breitesten Massen bemächtigt hat in einem Lande, das von zahlreichen Nationen und so verschiedenen Rassen bewohnt wird.«[15] Die Anteilnahme der Bevölkerung ist ähnlich auch von anderen ausländischen Gästen des Schriftstellerkongresses beschrieben worden: »Täglich und stündlich sah man vor dem Eingang zum Gewerkschaftshaus, in dem der Kongreß tagte, ein paar Hundert Menschen dicht aneinander gedrängt und lautlos Spalier stehend, Arbeiter aller Berufe, Männer und Frauen, die stundenlang ausharrten, um den einen oder anderen ihrer Lieblingslehrer, Lieblingsdichter von Angesicht zu Angesicht zu sehen. Immer waren die Galerien des Kongreßsaales überfüllt, Kopf an Kopf standen die Menschen dort oben, stundenlang, und wollten kein Wort verlieren von dem, was diskutiert wurde. Und doch war es natürlich auf einem Fachkongreß nichts anderes als das, was man in Deutschland als Fachsimpelei bezeichnen würde: Ästhetische Probleme, vergleichende Literaturwissenschaft, kaum ein Wort von Politik, nie ein Wort von Gewerkschafts- und sozialen Fragen.«[16]

Der Schriftstellerkongreß genoß landesweite Publizität, darüber berichten die Teilnehmer übereinstimmend. Daß von Politik die Rede war, überliefert aber nicht nur F. C. Weiskopf. Willi Bredel sprach über Schriftsteller in den Gefängnissen und Konzentrationslagern Hitlers, Louis Aragon über antifaschistische Literatur in Frankreich, Delegierte aus China und Japan äußerten sich über Revolution und Literatur in ihren Ländern, und Johannes R. Becher entwarf den Plan zu dem »großen Bündnis aller Schriftsteller guten Willens gegen die Feinde der Menschheit: Krieg und Faschismus«.[17]

Oskar Maria Graf beschreibt auch die Regie der Reden: Wieland Herzfelde und Theodor Plievier waren aufgefordert zu sprechen. Herzfelde wollte Radek auf dessen Ausführungen über James Joyce energisch erwidern, und Plievier wollte, ebenfalls gegen Radek, die deutsche Antikriegsliteratur verteidigen. Als die Reden anderntags sehr viel moderater klangen, als ihre Autoren angekündigt hatten, erfuhr Graf, daß sie nächtlicher Parteizensur unterlegen waren. Als Graf selbst aufgefordert wurde, auf dem Kongreß zu sprechen, wollte er für den Dialekt und dialektgefärbte Milieuschilderungen als Stilmittel in der Literatur plädieren, im Gegensatz zu Maxim Gorki, der sich energisch dagegen ausgesprochen hatte. Da Oskar Maria Graf frei sprechen wollte und sich weigerte, vorab ein Manuskript einzureichen, kam es, mit dem Hinweis, daß die Rede dann nicht übersetzt werden könne, nicht zum Auftritt Grafs.[18]

Sein Urteil über das Schriftstellertreffen ist trotzdem positiv: »Ganz gewiß war der Unionskongreß eine grandiose Aussprache der Intellektuellen über die vermeintliche Sendung der Dichtung, über die Idee des Humanen in der Literatur, über Wortkunst, über Inhalt, Gestaltung und Form des Dramas, des Romans und der Lyrik. Nirgendwo sonst hätten meine Mitverfemten, Mitemigrierten, ausgebürgerten deutschen Kameraden solche Reden halten können. Es waren Reden der Bedrängnis und der Freundschaft, sehr unterschiedlich und nicht immer ausgesprochen gescheit, aber mitunter – wie diejenige Bredels – von fast ergreifender Überzeugungskraft.«[19]

Klaus Mann äußert sich am zurückhaltendsten. In seinem Lebensbericht ›Der Wendepunkt‹ schreibt er ausführlich über seine Motive, der Einladung nach Moskau zu folgen, und leitet dies mit der Feststellung ein: »Ich bin kein Kommunist und bin nie einer gewesen. Ich bin auch kein Marxist.« Aber Klaus Mann war überzeugt, daß Hitlers Nationalsozialismus die größte Gefahr für die Welt darstellte, »daß es nur noch eine Möglichkeit gab, den Frieden zu retten: die Zusammenarbeit mit Rußland. Wenn der demokratische Westen und der sozialistische Osten sich verständigten, hatte der Angreifer in der Mitte keine Chance mehr.«[20] Von der Notwendigkeit der Volksfront, dem antifaschistischen Bündnis, über ideologische und parteiliche Grenzen hinweg überzeugt, reiste Klaus Mann nach Moskau. Er verstand seine Rolle als »linksbürgerliches Element« und spielte sie kritisch-distanziert, war bemüht, dem Kongreß und seinen Intentionen gerecht zu werden: »Es war eine eindrucksvolle Veranstaltung, eine Demonstration großen Stils, fast ein Volksfest, dies pompös aufgezogene Gala-Treffen der Sowjet-Dichter und Sowjet-Kritiker. Nicht nur die Regie imponierte; sie wäre kaum so wirkungsvoll gewesen ohne den Glauben, die Begeisterung bei den Rednern und Hörern. Offenbar war die Literatur in diesem

Lande eine Angelegenheit, für die nicht nur ein paar tausend Eingeweihte sich interessierten; die Massen nahmen Anteil an den Leistungen und Problemen der Schriftsteller.«[21]

Den populären Patriarchen Gorki verstand Klaus Mann als Teil der Inszenierung, er beschreibt den müden, schon todesnahen, »in seiner Glorie erstarrten Ehrengreis« ohne den Respekt, ohne die verehrungsvolle Referenz, die andere Berichterstatter dem Dichter erwiesen, aber doch mit Verständnis und Sympathie für die Begeisterung, die dem Autor des ›Nachtasyl‹ und der ›Mutter‹ allezeit entgegenschlug: »Er war ein Volksheld, seine Gegenwart bildete die große Attraktion, verlieh dem Kongreß Glanz und Würde.«[22]

Ganz negativ ist die Darstellung Gustav Reglers in seiner 1958 erschienenen Autobiographie. Der Autor, den Klaus Mann und Oskar Maria Graf auf dem Schriftstellerkongreß als orthodoxen Stalinisten erlebten[23], der nach einer zweiten Moskaureise zum Renegaten geworden war, schrieb 1934 noch gläubig und fasziniert: »Ich sitze, eingeladen von den Sowjetschriftstellern, im Osten Europas, speise mit Malraux, dem französischen Goncourt-Preisträger und spreche über Probleme des Todes und wie diese neue Jugend in Rußland zu ihm steht. Ich stehe mit dem Utopisten Weis auf der Tribüne des Roten Platzes und sehe, daß die Jugend, die dort vorbeimarschiert, in bunter, echter Fröhlichkeit, eine Menge der Probleme des Westens schon überwunden hat, ehe sie überhaupt an sie gekommen sind.«[24] Im rechtfertigenden Rückblick von 1958 war er strenger, zeigte sich entsetzt über Gorkis »kulturmordende« Kongreßrede (»Es war ein böser Zauber in den nackten Sätzen und all ihrer ungehemmten Banalität«[25]) und stilisierte das Staatsbankett im Hause Gorkis, zu dem Stalin im letzten Augenblick seine Teilnahme abgesagt hatte, als Fest der Verdammten.[26]

Freilich lag dazwischen die Erfahrung des Spanischen Bürgerkriegs und des stalinistischen Terrors. Regler hatte bei seiner zweiten Moskaureise 1936 die Schauprozesse erlebt. Der Schriftsteller Michail Kolzow, der Regler die Einladung zum Allunionskongreß 1934 verschafft hatte, gehörte ebenso zu den Opfern wie Sergej

Tretjakow, der die Gruppe mit Oskar Maria Graf auf der Reise durch die Sowjetunion nach dem Schriftstellerkongreß begleitet hatte. Die Renegatenliteratur, vor Reglers ›Ohr des Malchus‹ mit Arthur Koestlers ›Sonnenfinsternis‹ beginnend, nach ihm mit Manès Sperbers Trilogie ›Wie eine Träne im Ozean‹ fortgesetzt, verarbeitet diese Erfahrung der Abwendung vom Kommunismus.

Ernst Toller, der sicherlich am meisten beachtete deutsche Gast in Moskau, war nicht zum ersten Mal in der Sowjetunion. Im Frühjahr 1926 hatte er das Land bereist und seine Eindrücke in den ›Russischen Reisebildern‹[27] veröffentlicht. Toller war als revolutionärer Schriftsteller freundlich aufgenommen worden; ein Artikel in der ›Prawda‹ hatte seine Rolle in der Münchner Räterepublik 1919 aber auch heftig kritisiert.[28] Als engagierter Antifaschist, als öffentliche Person und durch zufälligen Aufenthalt in der Schweiz der Rache der Nationalsozialisten im Frühjahr 1933 entgangen, gehörte er zur Kongreßprominenz; dazu paßte, daß eine gewisse Distanz ihm gegenüber gehalten wurde, die er auch selbst wahrte. Distanz und kritische Solidarität charakterisierten auch seine Rede auf dem Kongreß: »Es ist wichtig, Künstlern, die furchtlos gegen den Faschismus kämpfen, die Türen weit zu öffnen, selbst dann, wenn ihre Werke nicht alle ideologischen Forderungen erfüllen, die ihr stellt. Denn die Werke dieser Männer erfassen jene bürgerlichen und intellektuellen Schichten, jene Teile der Jugend, zu denen proletarische Kunst nur selten dringt. Sie zeichnen die Leere, die Verzweiflung, die Müdigkeit der bürgerlichen Gesellschaft, sie führen die Einsichtsbereiten zur Besinnung. Auch sie sind Pioniere zu einer neuen Welt.«[29]

Toller, der nach seinem revolutionären Engagement in München als Opfer politischer Justiz wahrgenommen wurde, der seine fünfjährige Haft als Lyriker und sozialkritisch expressionistischer Dramatiker sublimiert hatte, damit in der zweiten Hälfte der Weimarer Republik großen Erfolg genoß, galt vielen als eitler Salonbolschewist. Er war aber einer der energischsten Verteidiger der Weimarer Republik und entschiedener Pazifist, der in der Emigration, zuerst in der Schweiz, dann in London und vor allem auf Reisen als Redner und Mahner gegen den Nationalsozialismus hervortrat, schließlich als Initiator einer Hilfsaktion für die Verteidiger des republikanischen Spanien das Exil als politischen Auftrag begriff.

Über seinen zweimonatigen Aufenthalt 1934 in der Sowjetunion ist wenig bekannt.[30] Graf machte sich, wie über den »Misanthropen« Ehrenstein und den »Außenseitler« Scharrer, auch über Ernst Toller lustig, der ihm wegen seines Erfolges, seiner Eitelkeit, seiner gönnerhaften Herablassung auf die Nerven ging. »Ich traf ihn meistens am Telefon. Er telefonierte unentwegt an alle möglichen Prominenten, verabredete sich mit ihnen, notierte. Die Post brachte täglich Stöße von Briefen und Zeitungen. Er telegraphierte fast stündlich ellenlange Botschaften in alle Windrichtungen, denn nichts ist ja in der Sowjetunion so billig als Telegraphieren. Sein Zimmer sah manchmal aus wie ein Pressebüro.«[31]

Als Zaungast des Kongresses befand sich eine 26jährige deutsch-österreichische Emigrantin in Moskau, die auf der Suche nach einer neuen Heimat in die Sowjetunion gereist war. Elisabeth Schwarz, in Wien geboren, seit 1927 in Berlin lebend, hatte als junge Schauspielerin auf deutschen und österreichischen Bühnen Erfolg gehabt, ehe sie eine zweite Karriere als Publizistin unter dem Namen Ruth Körner begann. Dazu hatte sie in Berlin an der Hochschule für Politik Kurse belegt, mit denen sie die Mängel einer etwas unorthodoxen Schulbildung beheben wollte. Zu ihren Plänen gehörte ein Buch über Indien, das sie 1932 bereist hatte (das Buch erschien 1937 bei der nach Zürich emigrierten Büchergilde Gutenberg). Ihre Pläne wurden, weil sie mit ihrer jüdischen Mutter zusammenlebte und weil sie sich zeitweise bei der KPD engagiert hatte, durch den nationalsozialistischen Machterhalt vereitelt. Sie floh im Frühjahr 1933 nach Wien und suchte nach der Erfahrung des Austrofaschismus Möglichkeiten künftiger Existenz in Sicherheit.

Die Moskaureise erwies sich als aussichtsloses Abenteuer, bei dem der Circulus vitiosus der Suche nach Arbeit und Wohnung nicht zu durchbrechen war: Ohne Arbeitsnachweis war keine Aufenthaltserlaubnis, ohne diese keine Wohnung, ohne feste Bleibe aber auch keine Arbeit zu erlangen. Ruth Körner suchte Hilfe im Hotel Metropol, dem Domizil der ausländischen Schriftsteller, und fand sie bei Ernst Toller. Die Erinnerung an diese Begegnung hat sie erst Mitte der sechziger Jahre zu Papier gebracht.[32] Dort sind die Zweifel des Pazifisten, die Depressionen des Exils beschrieben, die angesichts der Realität der Sowjetunion Stalins den Dichter überkamen: »Ernst Toller war niedergeschlagen, wurde immer bedrückter. Wozu diese Schaustellung militärischer Macht, diese Glorifizierung des Kriegerhandwerks? Die UdSSR war für uns – und sollte es doch für alle sein – das Symbol des Friedens, des Aufbaus, der besseren Zukunft. Wozu die Sonderstellung der Roten Armee – die am sichtbarsten in ihrem Kaufhaus, wo Rotarmisten alles bekamen, was sonst in Moskau unerreichbar war. Wozu das viele Kriegsspielzeug, das neuerdings in die Läden kam? Verteidigung – ja. Aber eigentlich: gegen wen? Wir waren überzeugt, daß die Regierungen aller Länder, auch die Hitler-Regierung, übergenug mit internen Problemen beschäftigt waren und nicht daran dachten, die Sowjetunion anzugreifen. Warum also die Ideale des Kommunismus, Frieden und Freiheit, nicht hochhalten? Sind sie nicht ebenfalls Verteidigung – genau genommen die allerbeste, der Weg zur Solidarität, zur internationalen Freundschaft? Wir sagten uns: Was wir sehen und hören, was uns unsicher macht, das sind doch nur ein paar Symptome der bekannten ›Kinderkrankheiten‹. Man hatte, noch in der KPD, viel von ihnen gesprochen: den unvermeidlichen Irrtümern, dem schweren Erbe, dem Mangel an Zeit zur Verwirklichung aller hohen Ziele. Und wir sahen doch auch viele gute Zeichen«.

Ruth Körner kehrte aus Moskau nach Wien zurück, engagierte sich für verfolgte Schutzbündler (der Republikanische Schutzbund, als Bollwerk der Arbeiterbewegung gegen den Faschismus gegründet, war am 30. März 1933 aufgelöst worden) und wurde Mitglied der im Februar 1934 verbotenen österreichischen Sozialdemokratie. Mit Vorträgen und Artikeln hielt sie sich über Wasser, unternahm Kurierfahrten nach Brünn und Bratislava, gewährte sozialdemokratischen Verfolgten Hilfe, stellte ihre Wohnung für illegale Zusammenkünfte zur Verfügung, arbeitete an einer Untergrundzeitung des Schutzbundes mit. Am 1. April 1938, nach dem »Anschluß«, floh Ruth Körner nach Prag, und am 17. Oktober 1938, nach dem »Münchner Abkommen«, gelang ihr die dritte Flucht, im Flugzeug nach London. Sie lebte mit Rolf Passer zusammen, dem renommierten Verleger in Wien und Prag, den sie 1946 in London heiratete.

Ihr Exil in Großbritannien dauert bis 1951. Nach ausgedehnten Reisen durch Kanada und Australien läßt sie sich 1956 in München nieder, erwirbt die deutsche Staatsangehörigkeit, verdient den Lebensunterhalt mit Übersetzungen, Volkshochschulvorträgen und Artikeln (ein Buch über Kanada erscheint 1954, ihr letztes über Chile wird 1983 publiziert), hat zu Beginn der sechziger Jahre auch einmal einen festen Arbeitsplatz im Institut für Zeitgeschichte in München, lebt dann zwei Jahre lang in Israel, schließlich wieder in München.

Am 5. September 1995 endet ihr Leben, das sie, um unabhängig und frei zu sein, um keine Kompromisse schließen zu müssen, überwiegend an der Grenze des Existenzminimums gelebt hat, in Freundschaft mit Weggefährten und Gleichgesinnten, wie »die Lilie auf dem Felde«, mit welchem Bild sie ihre Selbständigkeit und die Verachtung bürgerlicher Konvention verstanden wissen wollte. Das eigentliche literarische Werk der politischen Reiseschriftstellerin Ruth Körner, deren Weg auf dem Moskauer Kongreß den der Exilprominenz kreuzte, ist arg fragmentarisch geblieben, nicht zuletzt als Folge der Entwurzelungen im mehrfachen Exil.[33]

Anmerkungen

1 Fondazione Giangiacomo Feltrinelli, Guerre, Carestie e Migrazioni Forzate nel Mondo Contemporaneo/War, Famine and Forced Migrations in today's World, Cortona 26.–27. Mai 2000.

2 Zitiert nach Tagesspiegel Berlin, 25.5.2000, »Die Grenzen der russischen Gastfreundschaft«.

3 Zitiert nach Süddeutsche Zeitung, 25.5.2000, »Der Gast. Rußland staunt über Grass«.

4 Simone Barck, Die sozialistische Kulturrevolution. Der Erste Allunionskongreß der Sowjetschriftsteller 1934, in: Exil in der UdSSR, Leipzig 1979 (Kunst und Literatur im antifaschistischen Exil 1933-1945, Bd. 1), S. 39.

5 Neue Deutsche Blätter (1934), Nr. 12, S. 713.

6 Klaus Mann, Der Wendepunkt. Ein Lebensbericht, Reinbek 1994, S. 377.

7 Vgl. Marcus G. Patka, Egon Erwin Kisch. Stationen im Leben eines streitbaren Autors, Wien, Köln, Weimar 1997, S. 167 f.

8 Gustav Regler, Das Ohr des Malchus. Eine Lebensgeschichte, Köln, Berlin 1958, S. 265.

9 Reisebeschreibungen aus der Sowjetunion sind in besonderem Maße von wahrnehmungstheoretischen Problemen der Autoren wie Anziehung und Ablehnung geprägt. Gegensätzliche Pole dieser Textsorte bezeichnen André Gide mit seinen Büchern ›Zurück aus Sowjet-Rußland‹ und ›Retuschen zu meinem Rußlandbuch‹, beide Zürich 1937, sowie Lion Feuchtwanger, Moskau 1937. Ein Reisebericht für meine Freunde, Amsterdam 1937. Vgl. Bernhard Furler, Augen-Schein. Deutschsprachige Reisereportagen über Sowjetrußland 1917–1939, Frankfurt a. M. 1987.

10 Oskar Maria Graf, Reise nach Sowjetrußland 1934. Berlin (DDR) 1977, S. 90.

11 Das Referat über die sowjetische Literatur (17. August 1934) und die Schlußrede (1. September 1934) Maxim Gorkis auf dem »Ersten All-

unionskongreß der sowjetischen Schriftsteller« sind abgedruckt in: Maxim Gorki, Über Literatur, Berlin, Weimar 1968, S. 371–427.

12 F. C. Weiskopf, Reportagen, hrsg. von der Deutschen Akademie der Künste zu Berlin (Gesammelte Werke VII), Berlin (DDR) 1960, S. 498 (ursprünglich: Aus allen vier Winden, Berlin 1954 und 1955).

13 Albert Ehrenstein, Werke, hrsg. von Hanni Mittelmann, Bd. 1, Briefe, München 1989, S. 277.

14 Balder Olden, Anno 34 in der UdSSR, in: Paradiese des Teufels. Biographisches und Autobiographisches. Schriften und Briefe aus dem Exil, Berlin (DDR) 1977, S. 219.

15 Ebenda, S. 220.

16 Ebenda, S. 223.

17 F. C. Weiskopf, Reportagen, S. 500.

18 Oskar Maria Graf, Reise nach Sowjetrußland, S. 49 f.

19 Graf, Reise nach Sowjetrußland, S. 48. Vgl. die Textvariante »Ganz gewiß war der Unionskongreß eine imponierende Manifestation des freien Geists der Welt.« Ebenda, S. 228.

20 Klaus Mann, Der Wendepunkt, S. 374 f.

21 Ebenda, S. 375.

22 Ebenda, S. 376.

23 Klaus Mann: »Regler ... ist noch derart kommunistisch, daß einem von soviel militantem Glaubenseifer etwas ängstlich zumute wird« (Wendepunkt, S. 375 f.); Graf: »Er wußte alles, sah alles, verstand alles und fühlte sich stets dazu verpflichtet, uns anderen, wenn wir etwas bemängelten, das vom sowjetischen und marxistischen Standpunkt begreiflich zu machen« (Reise nach Sowjetrußland, S. 35).

24 Deutsche Volkszeitung vom 5. August 1934, zit. nach Alfred Diwersy, Gustav Regler, Bilder und Dokumente, Saarbrücken 1983, S. 49.

25 Gustav Regler, Das Ohr des Malchus, S. 276.

26 Ebenda, S. 279–290; vgl. Michael Rohrwasser, Der Stalinismus und die Renegaten. Die Literatur der Exkommunisten, Stuttgart 1991, S. 81 f.

27 Ernst Toller, Gesammelte Werke, hrsg. von John M. Spalek und Wolfgang Grünwald, Band 1, München 1978, S. 233 f.

28 Vgl. Wolfgang Frühwald und John M. Spalek (Hrsg.), Der Fall Toller. Kommentar und Materialien, München 1979, S. 170 f.

29 Abgedruckt bei Wieland Herzfelde, Geist und Macht, in: Neue Deutsche Blätter 1 (1934), S. 741 f.

30 Vgl. Richard Dove, Ernst Toller. Ein Leben in Deutschland, Göttingen 1993, S. 249 f.; vgl. Carel ter Haar, Ernst Tollers Verhältnis zur Sowjetunion, in: Exilforschung. Ein Internationales Jahrbuch 1 (1983), S. 109–119.

31 Graf, Reise nach Sowjetrußland, S. 100.

32 Ruth Körner, Freundschaft in einem Sommer. Ernst Toller in Moskau, in: Zeitschrift für Geschichtswissenschaft 48 (2000), S. 633-641.

33 Der Nachlaß von Ruth Körner befindet sich in der Deutschen Bibliothek Frankfurt a. M. Ihre wichtigsten Werke: Fieberndes Indien, Zürich 1937; Kanada. Junge Welt, Wien 1954; Chile. Nach 10 Jahren Pinochet, Frankfurt a. M. 1983; ferner die Aufsätze Kanadische Außenpolitik, in: Vierteljahrshefte für Zeitgeschichte 3 (1955), S. 388-408; Der Westneuguinea-Konflikt, in: ebenda 13 (1965), S. 403-425; Indochina-Abkommen und Südostasien-Pakt. Ein Beitrag zur Vorgeschichte des Vietnamkrieges, in: ebenda 21 (1973), S. 200-230. Vgl. Wolfgang Benz, Die andere Seite des Holocaust. Frauen im Exil: Hertha Nathorff und Ruth Körner, in: Barbara Distel (Hrsg.), Frauen im Holocaust, Gerlingen 2001, S. 25–45.

Internierung und Deportation: Unfreiwillige Auswanderung nach Australien

Australien galt in erster Linie als weit abgelegen und exotisch; das Land spielte als Auswanderungsziel in den Hoffnungen deutscher Juden während der NS-Zeit nur eine sehr geringe Rolle. Erst Überlebende des Holocaust und Juden aus Mitteleuropa, die in Shanghai eine Zuflucht gefunden hatten, strebten nach dem Ende des Zweiten Weltkriegs auf den Fünften Kontinent, wo insbesondere in Melbourne und Sydney jüdische Gemeinden bestanden, die durch den Zustrom der aus Hitlers Lagern befreiten Displaced Persons zu stattlicher Größe wuchsen. Nach dem Krieg fanden mehr als 20 000 Holocaust-Überlebende eine neue Heimat in Australien. Mit dieser Zahl nahm das Land im Verhältnis zu seiner Einwohnerzahl mehr Opfer des NS-Regimes als Einwanderer auf als alle anderen Länder mit Ausnahme Israels.

Die jüdische Einwanderung vor 1939 hielt sich dagegen in Grenzen. Insgesamt kamen als Einwanderer etwas mehr als 7 000 Juden aus dem deutschsprachigen Raum (knapp 5 000 aus Deutschland, 2 000 aus Österreich, andere aus Böhmen und Mähren. Die meisten kamen nach dem Novemberpogrom 1938). Die Berichte der Flüchtlinge aus Deutschland heben die Fremdartigkeit des Landes hervor, aber auch die äußeren Umstände des langen Weges in die neue Heimat. Das siebenjährige Mädchen Salomea aus Berlin, ostjüdischer Herkunft und durch Armut insofern privilegiert, als ihr die jüdische Gemeinde mit Mutter und Schwester rechtzeitig die Passage nach Australien mit einem italienischen Schiff im Frühjahr 1939 ab Genua ermöglichte, gehörte zu den frühen jüdischen Einwanderern. Verwandte und eine ältere Schwester erwarteten sie in Melbourne. Sie hat die schönsten Erinnerungen an die Überfahrt: »Vier Wochen verbrachten wir auf der ›Esquilino‹, einem italienischen Passagierschiff mit kleinen Schlafkabinen, Speisesaal, Tanzsaal, winzigem Schwimmbecken und vielen Liegestühlen an Deck. Im Gegensatz zu anderen Passagierschiffen war dieses demokratisch, denn es gab nur eine Klasse, und auch diejenigen, die die billigsten Kabinen belegten, durften sich überallhin bewegen. Dreimal täglich wurden wir von freundlichen Kellnern an weißgedeckten Tischen bedient. Es war ein wunderbarer und völlig unerwarteter Urlaub … In diesen Wochen fühlte ich mich so wohl wie niemals vor- und selten nachher.«[1]

Erich Liffmann wanderte im Frühjahr 1938 mit seiner Frau Ilse nach Australien aus. Er war zuletzt als Werbeleiter in Chemnitz in einer Trikotagenfabrik tätig gewesen, 27 Jahre alt und von Beruf Weber und Wirker. Er konnte ein Landungsgeld von 200 Pfund (das entsprach 20 000 Mark) vorweisen und hatte damit – im Gegensatz zu Leuten mit kaufmännischen oder gar intellektuellen Berufen – gute Chancen in Australien. Seine junge Frau berichtete ihrer Schwester in Nürnberg im Juni 1938, wenige Tage nach der Ankunft, über erste Eindrücke vom Alltag: »Melbourne und das Leben hier werden Dir sicher gefallen, es ist hundertprozentig anders, als wir es kennen. Sport, Sport und nochmals Sport! Sonnabend mittags, wenn alle Geschäfte geschlossen sind, geht es los. An fast jeder Ecke in den Wohngegenden sind Tennisplätze. Jedes kleine Mädel treibt Sport, manchmal sogar Sportarten, die sich bei uns [in Deutschland] nur große Damen leisten können. Mitten auf einer Straße trifft man Reiter und Reiterinnen. Pferde sind nämlich sehr billig … Die Mädels sehen zum größten Teil sehr hübsch aus, unheimlich aufgemacht; eine Frau mit nicht roten Fingernägeln trifft man selten, sie werden zum Kleid passend getragen. Ich falle vorläufig durch mein nicht zurechtgemachtes Gesicht auf. Die Männer sind gar nicht gut angezogen und sehen auch nicht gut aus. Die entschieden am besten aussehenden Männer sind die Bobbys.«[2]

Seinem ehemaligen Chef, der selbst Pläne für die Emigration nach Australien hatte, sandte Erich Liffmann eine ausführliche Schilderung der ökonomischen Möglichkeiten und Aussichten auf Existenzgründung, die mit der Beschreibung des australischen Lebensstils endete: »Das Leben hier ist sehr schön. Natürlich entbehrt man manches in bezug auf ›kulturelle Genüsse‹ – überhaupt kein Theater oder gar Oper! … Aber man ist 100 Prozent frei und – nach dem, was man so gefühlsmäßig erlebt – auch wohl für lange Zeit! Der Sport beherrscht das Leben, Golf, Kricket, Tennis, Reiten ist von Samstag mittag 1 Uhr bis zum Montag der Pol, um den sich alles dreht. Man lebt hier, nach unseren Eindrücken, sorgenloser oder – tut so! … Der Lebensstandard ist – in den Kreisen, die für Einwanderer erreichbar sind – gering. Das einzig Teure ist das Wohnen, aber auch dann nicht, wenn man Möbel (alle mitbringen!) hat und sich ein hübsches kleines Haus mietet, das man schon ab 2 Pfund pro Woche haben kann. Das Essen kostet gar nichts, alle Lebensmittel sind billig … Die Kaufkraft des Geldes ist gering. Alle Dinge außer Essen sind teuer, es wird kolossal viel gepumpt. Mit Abzahlung können Sie alles haben: Radio, Auto, Möbel. Ein Auto kostet ab 30 Pfund. Man zahlt 5 Pfund an, dann weiter pro Woche 5 Pfund oder weniger. Das kann man ein, vielleicht auch zwei Jahre lang machen.«[3]

Im April 1939 kam Erich Liffmanns Bruder Herbert in Australien an. Er hatte Volkswirtschaft studiert und tat sich mit der Existenzgründung erheblich schwerer. Im Juli 1939 schrieb er an Freunde in Köln: »Die Lage ist alles andere als rosig, um so mehr, als es hier gar keinen Arbeitsschutz, keinen Kündigungsschutz, keine Arbeitslosenversicherung etc. gibt. Man kann von einem Tag zum anderen gekündigt werden. Dafür eben die hohen Löhne. Am meisten leiden natürlich die Emigranten. Die objektiv nicht hohe Zahl der jüdischen Emigranten wirkt sich ungeheuer aus, weil die Emigranten zu dem weitaus größten Prozentsatz gehören, der in Melbourne und Sydney Arbeit sucht … Eine Folge der Not, in der viele leben, ist, daß sie Arbeit annehmen um jeden Preis, also auch unter Tarif.

Das ist nun das Schlimmste, was man hier, im Lande der Unions, machen kann.«[4]

Im folgenden ist von einer besonderen Form jüdischer Immigration in Australien die Rede, die sich von der mühseligen, aber auf Dauer doch nicht ausschließlich freudlosen und hoffnungslosen Situation der Ankunft der Vorkriegseinwanderer deutlich unterschied. Während diese allmählich in den Australian way of life überging, war für die Deportierten und Internierten, die sich gegen ihren Willen eines Tages in Australien fanden, eine Einwanderung gar nicht vorgesehen.

Angst vor Spionen, die Furcht vor der »fünften Kolonne«, ist beim Ausbruch eines jeden Krieges Bestandteil der öffentlichen Stimmung. Zum Kriegsausbruch gehört wohl die Massenhysterie, die überall Feinde im eigenen Land vermutet, in allen möglichen Varianten Agenten und Spione wittert, und es ist der Brauch, daß man sich so gut wie möglich dagegen zu schützen versucht. Üblich ist es auch, daß waffenfähige junge Männer, die am Krieg als Feinde teilnehmen könnten, so sie sich im eigenen Lande befinden, daran gehindert werden, in ihre Heimat zurückzukehren. Man interniert sie. Deutsche Staatsbürger wurden in Großbritannien wie in allen kriegführenden Staaten als »enemy aliens« behandelt.

Grotesk wird die Situation allerdings, wenn es sich um Flüchtlinge aus dem Land der Feinde handelt, die um Asyl und Schutz ersucht haben. Für eine Gruppe von Menschen enthielt die Internierung zu Beginn des Zweiten Weltkriegs diese bittere Ironie, es handelte sich um jüdische Flüchtlinge, die, um ihr Leben und ihre Haut zu retten, aus dem Heimatland ausgetrieben, geflohen waren, und die jetzt im Asyl gewährenden Land als Feinde behandelt wurden. Dieser Fall trat für viele ein, die in der Tschechoslowakei, in Frankreich, in Belgien, in den Niederlanden, in Luxemburg usw. auf der Flucht vor Hitler eine Bleibe gefunden hatten. Sie traf dieses Schicksal, als sie sich aufs neue vor Hitler retten mußten, sie waren entweder auf die andauernde Duldung und Benevolenz des Gastlandes angewiesen oder sie mußten in zweiter oder dritter Flucht ihr

Heil suchen. Mit dem Einmarsch der Wehrmacht oder mit der Kriegserklärung wie im Falle Großbritanniens wurden die Asylsuchenden jedoch erst einmal als Angehörige einer Feindnation betrachtet und entsprechend behandelt. (Interniert als »enemy aliens« und nach Australien deportiert wurden auch jüdische Flüchtlinge, die sich in den britischen Kolonien aufhielten.)

Aus der Literatur kennen wir die bewegte Klage Lion Feuchtwangers, der 1933 als Staatsgast in Frankreich aufgenommen wurde wie andere Literaten, Musiker, Prominente und Demokraten aus Deutschland. Feuchtwanger hatte ein ziemlich angenehmes Exilleben an der Côte d'Azur in Sanary-sur-Mer geführt; nach dem Kriegsausbruch, nach der Invasion der deutschen Wehrmacht, wurde er plötzlich aus den Höhen des Willkommenen und Prestigeemigranten, der von der Regierung begrüßt worden war, hinuntergestürzt in die Tiefen der Internierung. Er geriet in das Lager Les Milles bei Aix-en-Provence, wo 4 000 Männer in einer elenden, durch nichts für diesen Zweck eingerichteten ehemaligen Ziegelei hausten, mit nur zwei Wasserstellen für die hygienischen Bedürfnisse so vieler – man kann sich das Chaos, die Schlamperei, das Elend kaum schlimm genug vorstellen.[5] Internierung im Lager gehörte auch in Großbritannien nach Kriegsausbruch zum Emigrantenalltag.

Es war ganz natürlich, daß sich die Flüchtlinge vor Hitler zunächst in die Nachbarländer Deutschlands begeben hatten, rechneten sie doch anfangs noch nicht mit einer langen Dauer des NS-Regimes und hatten sie doch noch Hoffnung auf baldige Rückkehr. Es gibt aber auch noch andere Gründe, denn die Überseeländer waren vorwiegend restriktiv in ihrer Politik gegenüber Immigranten. Die Quoten und Restriktionen, die es bei Einwanderungsländern wie den USA und Australien gab, wurden bei weitem nicht ausgenutzt, sie sollten auch nicht ausgenutzt werden. Dafür sorgten Konsulate, die Visa-Anträge zögerlich behandelten. 1938 wurde für Australien festgelegt, daß 15 000 Flüchtlinge insgesamt aus Hitlerdeutschland aufgenommen werden sollten, 5 000 pro Jahr, wobei 1 000 »landing permits« für Nichtjuden reserviert waren. Wegen der noch nicht überwundenen Weltwirtschaftskrise herrschte allgemeines Desinteresse an Asylbewerbern, es sei denn, sie hätten eine spezielle Qualifikation aufzuweisen gehabt, an der bestimmte Länder Interesse hatten. So machte etwa ein südamerikanischer Staat die Offerte, zehn Juden aus Deutschland aufzunehmen, aber sie mußten zwischen 25 und 30 Jahren alt sein, sie mußten unverheiratet sein und sie mußten dieses oder jenes Handwerk nach genauer Spezifizierung beherrschen. Einfach an Immigranten aus Deutschland, an deutschen Juden, war niemand interessiert. Aber die meisten Länder in Übersee waren, mit Ausnahme der Vereinigten Staaten, für die Flüchtlinge aus Hitler-Deutschland auch nicht besonders attraktiv.

Großbritannien war grundsätzlich bis 1938 kein Immigrationsland. Das änderte sich im November 1938 für eine Gruppe von Juden aus Deutschland: Nach dem November-Pogrom, der »Reichskristallnacht«, gewährten die britischen Behörden eine außergewöhnliche und einmalige Quote von 10 000 Personen für junge Menschen. Es waren die »Kindertransporte«, die zur Erleichterung der Eltern jüdischen Kindern und Jugendlichen ein schnelles Entkommen aus Deutschland ermöglichten.[6] Die jungen Menschen wurden in Heimen und Pflegefamilien betreut, teilweise wanderten sie mit ihren nachkommenden Eltern dann weiter – in der Regel in die USA[7] –, viele wurden aber in den nachfolgenden Jahren, wenn den Eltern die Flucht aus Deutschland nicht mehr gelang, zu Waisen.

Die Bilanz der Immigration nach Großbritannien ist statistisch gesehen und im Vergleich zu anderen europäischen Staaten positiv, aber auch Angehörige dieser Kindertransporte, die aus Humanität aus Deutschland geholt worden waren, fanden sich im Frühjahr 1940 zusammen mit etwa 2500 Männern und Frauen aus Deutschland in den Internierungslagern auf britischem Boden (unter anderem auf der Isle of Man). Nach Kriegsausbruch galten sie wegen ihres deutschen Passes als »enemy aliens« und wurden festgesetzt, auch wenn der deutsche Paß schon ungültig war. Die britische Internierungspolitik wurde später revidiert, aber zunächst galt die Vermutung, alle aus Deutschland Kommenden seien gefährlich; es wurde nicht unterschieden, ob sie Nationalsozialisten waren, die sich z. B. gerade als Geschäftsleute oder aus anderen Gründen in Großbritannien aufhielten, oder ob sie Flüchtlinge vor Hitler waren. Generell galt, wer einen deutschen Paß hatte, wurde als feindlicher Ausländer betrachtet, kam ins Internierungslager und wurde anschließend, um die Gefahr vom Heimatland zu entfernen, mit Schiffen in die ehemaligen Kolonien Australien und Kanada deportiert.

Zwei dieser Schiffstransporte wurden legendär. Das eine Schiff war die »Arandora Star«, die nach Kanada bestimmt einem deutschen Torpedoboot zum Opfer fiel. Alle Internierten gingen auf dem Nordatlantik zugrunde, etwas pathetisch könnte man sagen, Hitler habe sie mit Hilfe der Engländer noch eingeholt. Das andere berühmt gewordene Schiff war die »Dunera«. Sie legte am 11. Juli 1940 in Liverpool ab, die 2 500 Internierten (darunter 2 000 Flüchtlinge aus Hitler-Deutschland) an Bord wurden bewacht und behandelt wie Gefangene. In den ersten zwei Wochen durften sie überhaupt nicht an Deck (viele wußten anfangs auch nicht, wohin die Reise ging), dann war ein kurzer Aufenthalt täglich erlaubt, im Laufschritt und in dem Ritual, unter dem Strafgefangene in Gefängnissen Hofgang haben.

Die Besatzung hegte offensichtlich keine Sympathien für ihre Passagiere. Der Kapitän pries in seinem Bericht zwar die 251 Deutschen, die von der britischen Regierung als »politisch höchst gefährlich« charakterisiert waren, wegen ihrer Disziplin und ihres anständigen Charakters – es handelte sich um Nationalsozialisten und Sympathisanten Hitlers –, machte dafür aber aus seiner Abneigung gegen die jüdischen Flüchtlinge kein Hehl: Man müsse sie als abgründige Lügner einschätzen, sie seien »frech und arrogant«, er habe Schritte unternommen, sie auf Vordermann zu bringen. »Sie benennen jedermann, vom Premierminister bis zum Präsidenten der Vereinigten Staaten, als Bürgen für ihre Person, man darf ihnen aber unter keinen Umständen Glauben schenken.«[8] Auf der »Dunera« befand sich auch eine Gruppe von etwa 200 Orthodoxen unter Führung des Münchner Rabbiners Jona Ernst Ehrentreu, der nach der »Kristallnacht« nach London geflohen war. Als er gegen Mißstände auf dem Schiff protestierte, drohte ihm ein Offizier der Besatzung, er werde ihn am Mast aufhängen, am Bart um den Mast schwingen und ins Meer schmeißen.[9] Am 6. September 1940 erreichte das Schiff Sydney.[10] Die Männer wurden per Eisenbahn in Internierungslager gebracht, dort hatten sie es dann ganz gut, nicht nur im Vergleich zu den Bedingungen auf dem Schiff.

Australien war aber nicht das Ziel der Ankömmlinge gewesen, und man kann ihre Reise kaum als den Beginn einer hoffnungsvollen Immigrationssituation bezeichnen. Es war eine Deportation. Und willkommen auf dem Fünften Kontinent waren die Deportierten auch nicht. Über Australien als Einwanderungsland, als einem Immigrationsland für Hitlerflüchtlinge, lesen wir in dem berühmten ›Biographischen Handbuch zum deutschsprachigen Exil‹ nur den lakonischen Satz: »Australien, lange schon um seine angelsächsische Substanz besorgt, versagte sich allen, die kein großes Kapital besaßen, oder nicht fähig waren, unter schwierigen Bedingungen Landwirtschaft zu betreiben«.[11]

Die Situation der mit der »Dunera« nach Australien Deportierten war mit dem kläglichen Dasein in den französischen Lagern wie Les Milles oder Gurs trotzdem nicht vergleichbar, ganz abgesehen davon, daß sie vor dem Nationalsozialismus definitiv gerettet waren. Die Internierten in Australien hatten den Status von Kriegsgefangenen, der Stacheldraht um das Lager machte ihnen dies jederzeit klar. Sonderbar wurde die Situation, als die Briten im Herbst 1940 die Internierung der Flüchtlinge vor Hitler in neuem Licht sahen: Die Deportation nach Australien sei ein Mißverständnis gewesen, hieß es aus London. Zur Rückkehr nach Großbritannien bzw. zur Migration in andere Länder gab es freilich bis Kriegsende wenig Möglichkeiten, und die australischen Behörden erinnerten die unfreiwillig Eingereisten daran, daß sie keine Einwanderungserlaubnis in Händen hatten.

Eine Alternative zum Nichtstun war die Verpflichtung bei der australischen Armee (8th Australian Employment Company), die Internierte zu Transportaufgaben und anderen Hilfsdiensten übernahm.[12] Eine andere Möglichkeit bestand bei entsprechender Qualifikation in kriegswichtigen Industriebetrieben. Von den 2 000 Flüchtlingen der »Dunera« blieb knapp die Hälfte für immer in Australien. Die »Dunera Boys« fühlen sich immer noch als Gemeinschaft, die den Zusammenhalt über Befreiung und Kriegsende hinaus wahren, auch wenn sie sich über die ganze Welt zerstreut haben. Dem Zusammenhalt dienen regelmäßige Treffen in Sydney und das Mitteilungsblatt ›Dunera News‹. Im September 2000 gab es, wie schon zehn Jahre zuvor, eine feierliche Zeremonie im Hafen von Sydney anläßlich der 60. Wiederkehr der Ankunft des Schiffes.

An einem exemplarischen Fall sollen die Flucht und der Emigrationsweg von Berlin über London nach Australien beschrieben werden, um einen Eindruck der Schwierigkeiten und der Zufälle, die walteten, zu vermitteln. Es handelt sich um den damals 15jährigen Gerhard Bernstein aus Berlin-Charlottenburg, der mit einem Kindertransport nach England gelangt. Im Dezember 1938 kommt er in London an. Den Transport haben die Quäker organisiert. Er durchläuft eine ganze Reihe von Camps für Refugee-Children, ist dann in einer Jugendherberge, die von einer privaten Organisation betreut wird, untergebracht und hat eine Lehrstelle in London als Instrumentenmacher, für Mikroskope und andere feinmechanische optische Geräte. Nach Kriegsausbruch wird er registriert und kommt in die Kategorie C, das bedeutet »nicht gefährlich«.

Nach Frankreichs Niederlage im Juni 1940 jedoch ruft die Polizei eines Tages am frühen Morgen in dieser Jugendherberge an und befiehlt, alle über 16jährigen – und Gerhard ist gerade ein weniges darüber – müßten sich innerhalb von zwei Tagen für die Internierung melden. Vier von ihnen werden aus irgendwelchen Gründen vorab aufgerufen, sie müssen sich, es ist Mittwoch, schon am Donnerstag früh melden. Eigentlich war für Donnerstag abend eine Abschiedsparty geplant. Das Los bestimmt, wer zu den ersten gehört, und unser Gerhard ist dabei. Er kommt also schon am Donnerstag früh ins Internierungslager. Die anderen folgen am Freitag, weil aber das Fahrzeug der Polizei nicht Platz für alle bietet, werden diejenigen, die übrigbleiben, aufgefordert, im Heim zu warten und am nächsten Montag wiederzukommen. Inzwischen haben sich jedoch die Kategorien der Internierungspolitik geändert, die Zurückbleibenden kommen nie nach Australien. Diejenigen, für die aus Zufall kein Platz im Polizeiauto war, haben ein vollständig anderes Immigrationsschicksal. Sie bleiben vorerst in der britischen Jugendherberge, und Gerhard trifft sie erst nach dem Kriege wieder.

Gerhard Bernstein meldet sich freiwillig, er will unter den ersten sein, als es heißt, daß die Internierten nach Australien verschifft werden. Er wird einer der Passagiere der »Dunera«. Im Oktober 1940, gleich nach der Ankunft in Australien, meldet er sich aber zur Rückkehr nach Großbritannien. Es gibt jedoch die bekannte Schwierigkeit, daß kein Schiffsraum zur Verfügung steht und daß er auch keine persönliche Priorität – Frau, Kinder, irgendein Geschäft – geltend machen kann. Gerhard bleibt deshalb bis zum Dezember 1941 im Internierungslager. Sein Rechtsstatus ist, wie bei allen anderen Deportierten zu diesem Zeitpunkt, eher ungeklärt. Im Dezember 1941 wird ihm eine Schiffspassage nach England angeboten, aber militärische und politische Ereignisse, der japanische Überfall auf Pearl Harbor, kommen dazwischen. Sie sind nicht nur auf der südlichen Hemisphäre folgenreich. Amerika tritt in den Zweiten Weltkrieg ein, der Pazifik wird Kriegsschauplatz. Zur gleichen Zeit, im Dezember 1941, ergehen in Deutschland die Einladungen zur Wannseekonferenz und damit beginnt der Höhepunkt des Holocaust, des Völkermords an den europäischen Juden.

Gerhard Bernstein, der ehemaligen Berliner, kann mit dem Schiff, das ihn Ende 1941 von Australien nach Großbritannien bringen soll, nicht fahren, weil es statt nach Liverpool nach Singapur geht, um Munition zu transportieren – ein weiterer Zufall in seinem Internierungs- und Deportationsschicksal. Er wird Obstpflücker, dient bei der 8th Australian Employment Company, und das wird entscheidend für ihn, denn er bleibt nach dem Krieg in Australien, was er eigentlich nie beabsichtigt hatte. Er lebt heute in Canberra.[13]

Die Geschichte der Emigration aus Deutschland ist die Geschichte einzelner Menschen[14], die verfolgt waren, die sich durch Flucht retten konnten, an denen aber auch nach der Verfolgung das ehemalige Vaterland kein Interesse mehr hatte. Zurückgerufen wurde kaum einer. Die freiwillig Zurückgekehrten wurden oft mit Argwohn und Mißtrauen betrachtet. Nur wenige wirkten am Neubau der beiden deutschen Nachkriegsstaaten mit. Größer und nachhaltiger war der Einfluß der Emigranten in den Ländern ihres Exils.

Australien ist in mancher Hinsicht ein Sonderfall, auch weil der Anfang der Emigration in dieses Land für viele durch Internierung und Deportation charakterisiert war. Um so höher ist der Anteil zu werten, den die Emigranten in die Kultur ihrer neuen Heimat einbrachten.[15] Ein halbes Jahrhundert nach der Einwanderung hat sich die kleine deutsch-jüdische Diasporagemeinde in Australien vollkommen akkulturiert und ist Teil des australischen Judentums geworden.[16]

Anmerkungen

1 Salomea Genin, Abfahrt und ein neues Leben, in: Dachauer Hefte 9 (1993), S. 123–127.

2 Volker Elis Pilgrim, Doris und Herbert Liffman (Hrsg.), Fremde Freiheit. Jüdische Emigration nach Australien, Briefe 1938-1940, Reinbek 1992, S. 13f. (Die Höhe des Landungsgeldes war unterschiedlich, die Umrechnung ist auch anders überliefert.)

3 Ebenda, S. 17.

4 Ebenda, S. 157.

5 Lion Feuchtwanger, Der Teufel in Frankreich. Ein Erlebnisbericht, München 1983, S. 36.

6 Rebekka Göpfert, Der jüdische Kindertransport von Deutschland nach England 1938/39. Geschichte und Erinnerung, Frankfurt a. M., New York 1999.

7 Das Tagebuch der Hertha Nathorff. Berlin – New York. Aufzeichnungen 1933 bis 1945, Frankfurt a. M. 1988.

8 Konrad Kwiet, »Be patient and reasonable!« The internment of German-Jewish refugees in Australia, in: On Being a German Jewish Refugee in Australia, hrsg. von Konrad Kwiet und John A. Moses. The Australian Journal of Politics and History, Special Issue 31 (1985), Nr. 1, S. 61–71, zit. S. 70.

9 Ebenda, S. 68 f.

10 Vgl. u. a. Cyril Pearl, The Dunera Scandal, Sydney 1983; B. Patkin, The Dunera Internees, Sydney 1979; Paul R. Bartrop/Gabrielle Eisen (Hrsg.), The Dunera Affair. A Documentary Resource Book, Melbourne 1990.

11 Biographisches Handbuch der deutschsprachigen Emigration nach 1933, hrsg. vom Institut für Zeitgeschichte München und von der Research Foundation for Jewish Immigration New York unter der Gesamtleitung von Werner Röder und Herbert A. Strauss, München, New York, London, Paris, 3 Bde., 1980–1983, Einleitung Band 1, S. XXXI; vgl.

Konrad Kwiet, Australien, in: Handbuch der deutschsprachigen Emigration 1933–1945, hrsg. von Claus-Dieter Krohn u. a., Darmstadt 1998, S. 162–167.

12 Vgl. Klaus Loewald, The Eighth Australian Employment Company, in: On Being a German Jewish Refugee in Australia, hrsg. von Konrad Kwiet und John A. Moses. The Australian Journal of Politics and History, Special Issue 31 (1985), Nr. 1, S. 78–89.

13 Bern Brent, wie Gerhard Bernstein seit langem heißt, danke ich außer für diese Informationen für seine Gastfreundschaft.

14 Wolfgang Benz (Hrsg.), Das Exil der kleinen Leute. Alltagserfahrung deutscher Juden in der Emigration, München 1991.

15 Vgl. Albrecht Dümling (Hrsg.), Zu den Antipoden vertrieben. Das Australien-Exil deutschsprachiger Musiker, Saarbrücken 2000.

16 Konrad Kwiet, Die Integration deutsch-jüdischer Emigranten in Australien, in: Ursula Büttner (Hrsg.), Das Unrechtsregime. Festschrift für Werner Jochmann, Hamburg 1986, Band 2, S. 309–323; Suzanne D. Rutland, »Are You Jewish?« Post-war Jewish Immigration to Australia 1945–1954, in: Australian Journal of Jewish Studies 5 (1991), H. 2, S. 35 ff.

Nachweise

›Asyl und Meinungsfreiheit‹ ist in der Festschrift für Eberhard Kolb, Gestaltungskraft des Politischen, Berlin 1998, erschienen.

›Ausgrenzung, Verfolgung, Vertreibung‹ ist eine für diesen Band geschriebene Zusammenfassung und Erweiterung mehrerer Arbeiten.

›Widerstand im Exil – Exil als Widerstand‹ wurde in einer ersten Fassung am 19. Juli 1991 im Otto-Braun-Saal der Staatsbibliothek Preußischer Kulturbesitz in Berlin als Vortrag gehalten und von der Gedenkstätte Deutscher Widerstand publiziert.

›Die Vertreibung jüdischer Künstler und Wissenschaftler aus Deutschland‹ geht auf einen Beitrag zu einer Konferenz an der Universität Düsseldorf zurück, der im Sammelband ›Vertreibung jüdischer Künstler und Wissenschaftler aus Düsseldorf 1933–1945‹ veröffentlicht wurde (herausgegeben von Kurt Düwell, Angela Genger, Kerstin Griese und Falk Wiesemann, Düsseldorf 1998).

›Der Moskauer Schriftstellerkongreß 1934‹ erschien im Juliheft 2000 der ›Zeitschrift für Geschichtswissenschaft‹.

›Schwierige Wege nach Erez Israel‹ ist die Neufassung und Erweiterung mehrerer Arbeiten, die in der Zeitschrift ›Tribüne‹ und als Konferenzbeiträge in Sammelbänden erschienen sind.

›Politisches Denken im Exil‹ beruht auf einem Beitrag zu dem von Ursula Langkau-Alex und Thomas M. Ruprecht herausgegebenen Band ›Was soll aus Deutschland werden? Der Council for a Democratic Germany in New York 1944-1945‹ (Frankfurt a. M., New York 1995), der erheblich erweitert und überarbeitet wurde.

›Internierung und Deportation‹ war zunächst (1996) ein Vortrag beim Kolloquium »Musiker-Exil in Australien« im Dresdner Zentrum für Neue Musik und wurde in einer kürzeren Version veröffentlicht im Konferenzband ›Zu den Antipoden vertrieben. Das Australien-Exil deutschsprachiger Musiker‹, herausgegeben von Albrecht Dümling (Saarbrücken 2000). Für zahlreiche Hinweise bei der Überarbeitung des Textes für diesen Band danke ich Konrad Kwiet (Sydney) sehr herzlich.

Wolfgang Benz im dtv

Potsdam 1945
Besatzungsherrschaft und Neuaufbau
dtv 4522

Die Gründung der Bundesrepublik
Von der Bizone zum souveränen Staat
dtv 4523

Antisemitismus in Deutschland
Zur Aktualität eines Vorurteils
Herausgegeben von Wolfgang Benz
dtv 4648

Dimension des Völkermords
Die Zahl der jüdischen Opfer des Nationalsozialismus
Herausgegeben von Wolfgang Benz
dtv 4690

Legenden, Lügen, Vorurteile
Ein Wörterbuch zur Zeitgeschichte
Herausgegeben von Wolfgang Benz
dtv 30130

Deutsche Geschichte seit 1945
Chronik und Bilder
dtv 30705

Enzyklopädie des Nationalsozialismus
Herausgegeben von Wolfgang Benz, Hermann Graml und Hermann Weiß
dtv 33007

Deutschland, deine Kinder
Zur Prägung von Feindbildern in Ost und West
Zus. mit Ute Benz
dtv 36234